Christian Hennecke

Glänzende Aussichten
Wie Kirche über sich hinauswächst

CHRISTIAN HENNECKE

Glänzende Aussichten

Wie Kirche über sich hinauswächst

Aschendorff
Verlag

© 2010 Aschendorff Verlag GmbH & Co. KG, Münster
Das Werk ist urheberrechtlich geschützt. Die dadurch begründeten Rechte, insbesondere
die der Übersetzung, des Nachdrucks, der Entnahme von Abbildungen, der Funksen-
dung, der Wiedergabe auf fotomechanischem oder ähnlichem Wege und der Speicherung
in Datenverarbeitungsanlagen bleiben, auch bei nur auszugsweiser Verwertung, vorbehal-
ten. Die Vergütungsansprüche des § 54, Abs. 2, UrhG, werden durch die Verwertungsge-
sellschaft Wort wahrgenommen.
Gesamtherstellung: Aschendorff Druck und Dienstleistungen GmbH & Co. Kg, 2010
Gedruckt auf säurefreiem, alterungsbeständigem Papier ∞
ISBN 978-3-402-12853-4

Inhaltsverzeichnis

III. Was vom Himmel kommt, muss aus der Erde wachsen: Erfahrungen mit Kleinen Christlichen Gemeinschaften

IV. Die Zeichen der Zeit im Licht der verheißenen Zukunft

FÜR

Oswald, Fritz, Vijay, Dieter, Matthias, Bernd, Gaby, Mechthild, Angelika, Harald, Estela, Mark, Christoph, Dan, Martin, Marianne und die vielen Gefährtinnen und Gefährten auf dem Weg zu einer anderen Weise des Kirchewerdens

In besonderem Gedenken an Guido Brune

Vorwort

Die ersten Monate des Jahres 2010, in denen dieses Buch in Druck geht, zeigen ein Bild von Kirche, das von glänzenden Aussichten weit entfernt ist. Wer nur dem Titel des Buches begegnet, ohne seinen Inhalt aufzunehmen und zu studieren, könnte den Eindruck haben: Hier redet jemand schön, macht sich froh, weil er die Härte der rauen Wirklichkeit nicht erträgt oder sogar bewusst ausblendet.

In einer bedrängenden Situation ist es für einzelne Personen wie auch für Gruppen und Gemeinschaften hilfreich, in Distanz zu treten und Abstand zu nehmen von dem, was unmittelbar vor Augen liegt, und dies nicht, um zu verdrängen, sondern das Hier und Jetzt in den größeren Horizont zu stellen, vor dem sich das Leben abspielt. Gerade für einen glaubenden Menschen ist dies eine immer wieder notwendige geistliche Übung, sich zu fragen: In welchem größeren Horizont stehe ich und auf welchen Horizont hin habe ich das Heute meines Lebens zu gestalten? Wer auf den Horizont schaut, hat eine Aussicht, und er weiß selbst in einer nebligen Situation, dass es mehr gibt als das, was er im Augenblick sieht. Dies gilt in besonderer Weise für die Kirche.

Regens Dr. Hennecke hat in den zurückliegenden Jahren durch einige Publikationen der pastoralen Landschaft in der Bundesrepublik geholfen, diese Distanzübung zu leben. Er versteht sich ausdrücklich nicht als Pastoraltheologe, sondern als Theologe und geistlicher Mensch, als Priester, der die Erfahrungen, die er im Alltag des Lebens mit und für Gemeinden macht, zurückbindet, also re-flektiert, an die Sendung und den Grundauftrag, dem die Kirche verpflichtet ist.

In diesem Zusammenhang möchte ich ein Wort von Kardinal de Lubac erinnern:

»Nicht die Zukunft zu erraten ist wichtig, sondern zu sehen, was die Gegenwart fordert. Nicht seine Chancen zu berechnen tut not, sondern seine Sendung zu bedenken« (Henri de Lubac, Glaubensparadoxe, Einsiedeln, 1972, 40/41).

Zunächst könnten der Titel dieses Buches und die Perspektiven, die es entwickelt, diesem Wort des großen französischen Kirchenlehrers der Gegenwart widersprechen. Zugleich aber wird der aufmerksame Leser spüren, wie sehr der Autor bemüht ist, die Sendung der Kirche zu bedenken und zu helfen, damit jeder einzelne Christ, vornehmlich aber die, die hauptberuflich in ihr arbeiten, tun können, was die Gegenwart fordert. Allzu leicht ist man nämlich geneigt, nur das Negative, die Defizite, das, was schlecht ist, zu sehen. Dabei läuft man immer Gefahr, Aufbrüche zu übersehen und das, was *»aus der Erde wächst«* kleiner zu reden, als es an innerer Kraft enthält.

Wie in den bereits veröffentlichten Büchern von Regens Dr. Hennecke, so hilft er auch mit den hier vorliegenden Überlegungen, die Kirche im Jetzt wertzuschätzen und ihrer kommenden Gestalt in Hoffnung entgegenzugehen. Ich kann in diesem Zusammenhang von einer Erfahrung berichten, die ich am Rande einer Kommissionssitzung mit Regens Dr. Hennecke machen durfte. Wir hatten uns im Gespräch über die Situation der Kirche heute vorgenommen, diese Distanzübung zu machen und uns gegenseitig Erfahrungen zu vermitteln, in denen wir hoffnungsvolle Ansätze sehen, die der Herr der Kirche schenkt, damit sie weiterhin ihrer Sendung treu bleiben kann, am Aufbau des Reiches Gottes in dieser Welt zu arbeiten und dessen Keim in der Gegenwart zu sein, wie es das II. Vatikanische Konzil gesagt hat. Ich kann jedem Leser nur empfehlen, in einem guten Gespräch mit einem Glaubensbruder oder einer Glaubensschwester, eine solche Übung zu wiederholen.

Es ist erstaunlich, zu welcher kreativen Phantasie der Geist Gottes jeden Einzelnen von uns bewegen kann, so dass wir wie Abraham und Gideon durchaus erahnen können, welche Zukunft Gott denen bereitet hat, die Ihn lieben – eine Zukunft im Hier und Jetzt.

12. März 2010

Dr. Felix Genn
Bischof von Münster

I. Geschenkte Zukunft im Blick auf den Ursprung: Von der Gebärkraft einer Vision

1. »Seht, ich schaffe etwas Neues ...« *(Jes 43,18)*

Es könnten Stationen einer Weltreise sein: Mexiko, Südafrika, Singapur, Indien, Philippinen, Taiwan, Brasilien, USA, Frankreich, Italien – aber es sind Orte, die für mich in den letzten Jahren ein Gesicht bekommen haben im Blick auf eine neue Gestaltwerdung der Kirche. Ein Gesicht durch Menschen, die ich kennen lernen durfte und die allesamt leidenschaftlich für einen neuen Weg des Kircheseins leben und arbeiten: für kirchlich verwurzelte Basisgemeinschaften, die aus der Schrift schöpfen und in ihrem Lebensumfeld diakonisch und missionarisch wirken, und für Kleine Christliche Gemeinschaften als konkrete Lebensgestalt der Kirche im Umfeld, dort, wo die Menschen leben und für diese Menschen da.

Es könnten auch Stationen auf einem ökumenischen Weg sein: der Kongress der Arbeitsgemeinschaft missionarischer Dienste in Leipzig und die Begegnungen mit den Kollegen im Haus Kirchlicher Dienste in Hannover, die Begegnungen mit dem anglikanischen Bischof Finney, die Beziehung zu Prof. Michael Herbst in Greifswald und den Bemühungen seines Instituts für die Erforschung der Evangelisation, die Kontakte zu Bill Hybels und zur von ihm gegründeten Willow Creek Community Church in Chicago – in all diesen Begegnungen treffe ich auf Menschen, die Kirche in einem existenziellen Aufbruch sehen und ihre Bemühungen lenken auf kleine Gemeinschaften, Zellgruppennetzwerke und Hauskreise, die nach außen wirken und der Gesellschaft dienen wollen. Bei aller

Verschiedenheit ist hier eine Verbundenheit im Geist zu verspüren –
und eine überraschende Erkenntnis: Die Herausforderungen der
Kirchen wie die Lösungsansätze in der missionarischen Weltökumene
sind sich überraschend ähnlich.

Es ist auch wie eine Landkarte der geistlichen und kirchlichen
Bewegungen: Die Kontakte mit der Fokolarbewegung, der Gemeinschaft Emmanuel, der Schönstattbewegung, die Gemeinschaft
S. Egidio, die charismatische Gemeindeerneuerung – überall treffe ich auf spirituell im jeweiligen Charisma gegründete Netzwerke
kleiner Gruppen, die eine Vielzahl von lokalen und weltweiten
Initiativen tragen. Diesen charismatischen Gleichklang bei gleichzeitiger Unterschiedlichkeit ihrer Charismen haben die geistlichen
Gemeinschaften und Bewegungen ja schon entdeckt und auf euro-
päischer Ebene sogar ökumenisch erweitert: Die großen Kongresse
in Stuttgart 2004 und 2007 sind ein beredtes Zeugnis dafür.

Erfahrungen ganz anderer Art ließen sich ergänzen: Die katholischen Kirche in Lateinamerika wird herausgefordert durch das
exponentielle Wachstum freier pfingstlerischer Kirchen. Es wäre zu
einfach, nur auf die monetäre Unterstützung aus den USA zu verweisen, um ihr Wachstum zu erklären. Wahr ist nämlich auch, dass
diese Kirchen sich als personale und überschaubare Gemeinden entwickeln und dort sind, wo die Menschen sind. Diese Beziehungsnähe
im Lebensraum der Menschen spielt eine entscheidende Rolle auch
für die Tragfähigkeit der Diakonie und Nächstenliebe. Die Förderung der kirchlich verwurzelten Basisgemeinden in dieser Perspektive einer wohnortnahen und beziehungsreichen Kirche, die
spirituell im Wort Gottes gründet und mit der Gesamtkirche verbunden ist, ist ein wichtiges Anliegen der letzten lateinamerikanischen
Bischofsversammlung in Aparecida:

*»Die kirchlichen Basisgemeinden betrachten in der missionarischen Nach-
folge Jesu das Wort Gottes als Quelle ihrer Spiritualität und die Orientierung durch ihre Hirten als Leitung, die sie in der kirchlichen Gemeinschaft verankert. Sie setzen sich mit ihrem evangelisierend-missionarischen
Engagement unter den ganz einfachen und am Rande der Gesellschaft*

lebenden Menschen ein; sie machen die vorrangige Option für die Armen sichtbar. Aus ihnen sind verschiedene Dienste und Ämter für das Leben in Kirche und Gesellschaft hervorgegangen. Wenn sie in der Gemeinschaft mit ihrem Bischof bleiben ..., werden die kirchlichen Basisgemeinden zu Kennzeichen der Vitalität in der Ortskirche. Wenn sie so gemeinsam mit den Gruppen der Pfarrei, den kirchlichen Vereinen und Bewegungen handeln, können sie dazu beitragen, die Pfarreien wieder lebendiger zu gestalten und sie zu einer Gemeinschaft von Gemeinschaften zu machen.«
(Aparecida 2007, n179)

So ähnlich formulierten die asiatischen Bischöfe schon 1990 in Bandung:

»Die Kirche wird eine Gemeinschaft von Gemeinschaften sein, wo Klerus, Laien und Ordensleute einander als Brüder und Schwestern anerkennen. Sie sind gemeinsam versammelt und vereinigt um das Wort Gottes. Dabei teilen sie miteinander die frohe Botschaft und entdecken Gottes Wille für sich in ihrem unmittelbaren Lebensumfeld. Sie unterstützen sich gegenseitig in ihrem täglichen Leben. Es ist eine partizipierende Kirche, wo die Gaben und Charismen erkannt und aktiviert werden, um den Leib Christi aufzubauen, die Kirche in der Nachbarschaft.«
(FABC, Bandung 1990)

Papst Johannes Paul II. formulierte seinerseits im Zusammenhang der Notwendigkeit einer Erneuerung des missionarischen Auftrags der ganzen Kirche:

»Die kirchlichen Basisgemeinden ... sind Gruppen von Christen, die sich auf familiärer Ebene oder im begrenzten Umkreis treffen. Sie kommen zusammen um zu beten, die Heilige Schrift zu lesen, das Glaubenswissen zu vertiefen und menschliche und kirchliche Probleme im Hinblick auf ein gemeinsames Engagement zu besprechen ... Basisgemeinden sind Ausgangspunkt für eine neue Gesellschaft, die gegründet ist auf eine ›Zivilisation der Liebe‹. Sie werden zum Sauerteig zur Umwandlung der Gesellschaft.«
(Redemptoris Missio 51)

Diese – auch lehramtliche – Konsonanz ist überraschend. Wo Gott seine Kirche erneuert, wo der Geist Gottes das Angesicht der Erde erneuert, dort geschieht das offensichtlich im Gleichschritt. Bei allen Unterschieden zeichnet sich ein Weg und eine Gestalt ab, die überraschend ähnliche Strukturelemente aufweist: Überall dort wächst Kirche, wo diese nicht gesteuerten Aufbrüche rezipiert werden – und ihnen Raum gegeben wird.

Der weltkirchliche Resonanzraum kirchlicher Erneuerung, der an verschiedenen Strängen entwickelt werden könnte, soll hier nur an einem Beispiel kurz skizziert werden: an dem komplexen Entwicklungsweg der Kleinen Christlichen Gemeinschaften[1].

— *Ein afrikanisch-deutscher Erstimpuls ...* —

Schon in den 60er Jahren, im Umfeld des Konzils, waren – wie auch in Lateinamerika – in Ostafrika an vielen Orten Kleine Christliche Gemeinschaften entstanden. Bei aller Vielfalt nahmen sie dennoch alle einige Grundakzente des II. Vatikanums auf: Vor allem ging es darum, dass möglichst viele Christinnen und Christen einen Zugang zum lebendigen Wort Gottes finden konnten. Auf diese Weise konnte – in den großen pastoralen Räumen Ostafrikas – Kirche wachsen, die das gemeinsame Priestertum aller Gläubigen ernst nahm.

Die beiden Regensburger Priester Fritz Lobinger und Oswald Hirmer waren Ende der 50er Jahre nach Südafrika gekommen. Nach zehn Jahren Missionsarbeit wurde ihnen deutlich, dass eine bayrisch-barocke Kirchengestalt kein Weg in Südafrika war. Nach ersten Versuchen kehrten beide nach Münster zurück und promovierten in Pastoraltheologie über die Fragen der Gemeindeleitung und Gemeindebildung. Dabei nahmen sie Impulse der gemeindetheologischen Diskussion auf, die in Deutschland durch F. Klostermann, K. Rahner und andere in den sechziger Jahren entwickelt worden waren. Die eigentliche Arbeit in Südafrika begann danach.

Angesichts der geringen Zahl der Priester und der Gefahr, dass auch der Einsatz der Katechisten zu einer Versorgungskirche nach europäischen Muster führte, stellten sich im wesentlichen drei Fragen, die die deutschen Priester *(und späteren Bischöfe)* bewegten: Wie können alle Gläubigen einen eigenen Zugang zum Wort Gottes erhalten? Wie kann Kirche in den Dörfern wachsen und am Leben bleiben? Wie kann das gemeinsame Priestertum aller Gläubigen sich entsprechend den Charismen und den Gaben der Einzelnen entfalten? Das »gospel-sharing« – die »Gemeinschaft im Wort Gottes« – entwickelte sich »zufällig« nach vielen Versuchen und Flächentests. Der Weg der sieben Schritte erwies sich aber sehr schnell als ein Weg, der eine große Resonanz bei den Menschen hatte. Gleichzeitig war der Anspruch viel größer: es ging um die Erneuerung der Kirche im Geist des II. Vatikanums – gerade auch im Blick auf die gesellschaftlichen Herausforderungen in Südafrika. Die Vision, die die beiden Priester gemeinsam und im Dialog mit vielen anderen entwickelten, ging – so wird hier schon deutlich – weit über die eine Restrukturierung der Kirche in ein Netzwerk Kleiner Gemeinschaften hinaus.

Wer Oswald Hirmer und Fritz Lobinger kennen lernen durfte – und mir ist das geschenkt worden –, dem wurde vielleicht deutlich, dass es hier um weit mehr ging – und geht! –, als um eine pastorale Methode oder einen bibelpraktischen Impuls. Auf vielen Reisen nach Deutschland waren das BibelTeilen und die Kleinen Gemeinschaften als pastorale Neuheiten mit »im Gepäck«, aber sie wurden von ihrer umfassenden pastoral-visionären Perspektive losgelöst und »eingepasst« in das Prokustesbett deutscher Gemeindegefüge. Damit wurden sie aber auch unfruchtbar gemacht – und stellen ein Beispiel dafür dar, wie Inkulturation nicht gelingen kann.

— *... nach Asien* —

Anders erging es Oswald Hirmer in Asien. Seit den 90er Jahren nahmen die asiatischen Bischöfe den südafrikanischen Impuls auf. Auf der Versammlung der asiatischen Bischöfe 1990 wurden die Kleinen Christlichen Gemeinschaften als ein Weg der notwendigen Erneuerung der asiatischen Kirche benannt. Diese Erneuerung war aber fundamentaler angelegt und entsprechend sollten die südafrikanischen Impulse auch in den asiatischen Kontext übertragen werden. Ein solcher Weg der Inkulturation braucht Zeit. In der Tat siedelte Oswald Hirmer für mehrere Jahre nach Singapur um. In Singapur, in den Philippinen, in Indien und Korea vor allem wurde dann in den nächsten Jahren in sorgfältiger Weise der zugrunde liegende Pastoralansatz weiterentwickelt und in die verschiedenen asiatischen Kulturräume inkulturiert. Eigene Pastoralinstitute und Fortbildungsstätten entstanden, eine umfassende Visionsarbeit mit Bischöfen und Priestern und »pastoral workers« entwickelte sich, die Ansätze einer von diesen Erfahrungen geprägten Theologie und Ekklesiologie entwickelten sich.

Für mich sind die Begegnungen und Freundschaften, die mit Wendy Louis *(Singapur)*, Fr. Thomas Vijay *(Indien)*, Estela Padilla und Fr. Mark Lesage *(Philippinen)* und Cora Mateo *(Taiwan)* entstanden, noch wichtiger geworden als die Übernahme eines pastoralen Konzepts. Denn sie sind lebendige Zeugen einer Entwicklung, Experten eines Inkulturationsprozesses mit einem langen Atem. Bei ihren Besuchen in Deutschland *(und bei manch einem Gegenbesuch)* konnten wir in ihnen Gesprächspartner finden, die um die Herausforderungen des Ansatzes in doppelter Weise wussten:

Zum einen war klar, dass der hier zugrundeliegende Gesamtansatz das Antlitz der Kirche und ihre Gestalt verändert und dabei Maß nimmt an den Intuitionen des Zweiten Vatikanischen Konzils und der Konsonanz weltkirchlicher Aufbrüche. Allein schon diese Dimensionierung der Pastoral ist eine große Herausforderung: Es geht um einen ekklesiologischen und ekklesiopraktischen Paradigmenwechsel, der hier in praktischer »kleiner Münze« umgesetzt wird. Die vorausliegenden Bewusstseinsänderungen brauchen ihre Zeit – und ihre Bemühungen, denn sie kommen nicht von selbst.

Zum anderen haben sie immer darauf verwiesen, dass sie wohl Grundprinzipien und Leidenschaft an uns Europäer weitergeben können, dass der eigentliche Inkulturationsprozess aber in unseren Händen liegen muss.

Wenn man bedenkt, welche langen Wege dieser Ansatz seit den 60er Jahren gegangen ist, und dabei um die ganze Welt gekommen ist, dann wird auch deutlich, dass ein solcher Erneuerungsprozess, der zugleich ein immerwährender Prozess der Inkulturation ist, leidenschaftliche Visionäre braucht, die nicht mit kurzfristigen Erfolgen rechnen.

— *... und nach Europa?* —

Genau das stellte sich als Herausforderung für diesen Pastoralansatz in Europa heraus. Erst in den letzten Jahren wurde deutlich, dass die Idee der Kleinen Christlichen Gemeinschaften und das so genannte BibelTeilen nicht einfach als neue Pfeile im Methodenköcher der Gemeindeentwicklung dienen können. Der Reiz des Neuen und Exotischen hat ja nur eine kurze Halbwertzeit. Offensichtlich findet die Idee dort immer mehr Resonanz, wo die Krisensymptome des volkskirchlichen Gemeindeparadigmas überdeutlich werden. Zwar ist nicht zu erwarten, dass die Perspektive der Kleinen Christlichen Gemeinschaften in den nächsten Jahren zum Durchbruch kommen kann. Aber in den letzten fünf Jahren sind an verschiedenen Orten Experimente gestartet worden. Sie stellen den spannenden Versuch eines Inkulturationsprozesses dar. Angesichts der weltkirchlichen Erfahrungen stellen sich zunächst sehr viele neue Fragen. Die Mitwirkung an diesem Prozess ist sehr herausfordernd. Offensichtlich braucht man viele Fehler und Versuche, um einen echten visionären Weg gehen zu können. Inkulturationsprozesse sind offene Wege des Geistes, die es zu riskieren gilt.

— *Uniformität oder Inkulturation?* —

Aber es gibt eine intuitive Abwehr gegen Impulse, die einen Paradigmenwechsel erahnen lassen. Man könnte formulieren: Je intensiver dieser Abwehrprozess ist, desto klarer ist, welche revolutionären Potentiale in einer neuen Idee stecken. Natürlich gibt es Versuche verkürzter Inkulturation, die lediglich die angebotenen Ideen und Erfahrungen in das schon bestehende Eigene integrieren wollen. Dieser Versuch der Assimilation ist verständlich, wird aber dem Anspruch des Pastoralansatzes, der hinter dem Bemühen um Kleinen Christlichen Gemeinschaften steht, nicht gerecht. Die Ergebnisse solcher Assimilation sind ernüchternd – und bestärken die eigenen Vorurteile: eine selfullfilling prophecy. Schnell wird aus dem BibelTeilen eine naive Methode der Bibelarbeit, die sogar gefährlich sein kann, schnell werden aus den Kleinen Gemeinschaften Kuschelgruppen und Selbsthilfegruppen des Glaubens, schnell wird aus einer kirchlichen Spiritualität eine rein individuelle geistliche Tankstelle.

Es lohnt sich aber, die weltkirchliche Perspektive nicht vorschnell abzuwehren. Es lohnt sich, der eigenen zuweilen provinziell amutenden Enge zu entgehen und sich zu öffnen dafür, dass wir in unserer katholischen Perspektive wirklich eine weltkirchliche Lerngemeinschaft sind. Gerade am Thema einer lokalen und partizipativen Kirchenentwicklung lässt sich entdecken, dass in einer solchen weltkirchlichen Lerngemeinschaft die Aufnahme einer Gestaltrevolution der Kirche nicht durch eine naive Übernahme der Ideen gelingt, sondern durch einen langen Prozess der Inkulturation. Dieser Prozess ist an der Zeit. Er ist spannend und voller Risiken. Er macht die Herzen brennen – ein echtes Abenteuer des Geistes, an dem wir teilnehmen dürfen.

2. Noch länger vor dem Jordan

Es ist eine Schlüsselsituation in der Kundschaftererzählung, wie sie Numeri 14 berichtet. Wie kommt es, dass das Volk Gottes, angesichts der reichen Früchte aus dem verheißenen Land, sich nicht entscheiden kann, der Verheißung zu folgen und ins verheißene Land einzuziehen? Diese paradoxe Situation soll noch einmal intensiv in den Blick genommen werden. Sie verheißt Erkenntnisse, gerade angesichts der Wahrnehmungen, die sich im Blick auf die aktuelle Situation des Übergangs aufdrängen.

— *Im Prinzip weiter so!* —

Denn was ist zu beobachten? Auf der einen Seite beschäftigt sich die Kirche vornehmlich mit der strukturellen Umgestaltung. Ein geordneter Rückzug wird geplant und durchgeführt: Zusammenführungen von Pfarreien, Bildung von Seelsorgeeinheiten, Umwidmung und Profanierung von Kirchen, weniger Einstellungen von pastoralem Personal – all das ist schmerzlich und protestfördernd bei vielen Christen angekommen. Gleichzeitig ist seit zehn Jahren die Rhetorik der missionarischen Kirche en vogue – ohne dass leicht erkennbar würde, welche Strategie dabei einzuschlagen wäre. Verwunderlich ist: Piloterfahrungen und erste Früchte liegen vor – aber die Hauptsorge liegt eher darin, wie das, was bisher getan wurde, auch weiterhin getan wird. Es ist deutlich, dass für einen Neuaufbruch der Pastoral oft Energie und Kraft fehlt – vor allem fehlt eine Vision, vor allem fehlen Visionäre. Was vorliegt, ist der Versuch, das bestehende Setting weiterzuführen. Und das gelingt an vielen Stellen durchaus überzeugend.

Gleichzeitig wird die Spannung größer. Denn mit der Veröffentlichung der Ergebnisse der Sinus-Milieustudien wurde deutlich, dass das bestehende pastorale Gefüge zwar noch funktionieren kann – auch über weitere Jahrzehnte – , dass so aber ganz deutlich die jüngere Generation aus dem Blick verschwindet.

Die jüngere Generation: Wer genau hinschaut, entdeckt das, was die jüngsten Studien wie der Religionsmonitor belegen. Zu dieser Generation gehören im wesentlichen alle unter sechzig. Der Bruch mit dem selbstverständlich übernommenen Glaubenserbe ist kein neues Ereignis – »Pilger und Konvertiten« sind inzwischen die große Mehrheit der Christen. Nur noch ein kleiner Teil der Katholiken findet sich in der – oft sehr persönlich modifizierten – Glaubenspraxis katholischer Kerngemeinden.

Das mag all jene erschrecken, die sich so intensiv um die gemeindlichen Aktivitäten bemühen. Und es wird nicht gerne wahrgenommen. Und in der Tat: Sind es nicht weiterhin die kleiner werdenden und dennoch großen Zahlen am Sonntag und in den Gruppen und Verbänden, die das Leben unserer Kirche ausmachen? Und sind nicht vielgepriesene Aufbrüche mikrobische Randerscheinungen?

Einem deutschen Bischof wurde zu seinem Abschied im Jahr 2008 ein wunderschöner Bildband überreicht. Er beschrieb einen Tag – den Geburtstag des Bischofs – im Leben des Bistums. Wer dieses wunderbare Buch durchblättert, der wird angesichts des hier deutlichen Reichtums und der überbordenden Fülle des kirchlichen Lebens fragen, aus welchem Grund hier irgendein Handlungsbedarf zur Veränderung besteht. Warum darf nicht alles so weitergehen, wenn weiterhin so volles Leben allerorten zu beobachten ist?

Das ist zweifellos genauso wahr wie das Gegenteil. Je nach Blickweise wandelt sich das Bild. Taufe und Erstkommunion, Firmung und Trauung, Feier der Gottesdienste, Leben und Engagement von Gruppen machen keineswegs den Eindruck, dass hier etwas nicht stimmt: weiterhin Fülle.

So erklärt sich aber auch, dass alles getan wird, um diesen Zustand und dieses Leben zu erhalten. Bei geringer werdenden Zahlen von Priestern, Mitarbeitern und Mitarbeiterinnen, bei laufend geringer werdenden Zahlen von Gottesdienstbesuchern werden dann strukturelle Maßnahmen in den Mittelpunkt gestellt. Während die Gestalt und das Gefüge kirchlichen Lebens als Konstante gilt, ändern sich nur die Strukturen: Pfarreien werden größer, die Zahl der Kirchen nimmt ab. Und was der Pfarrer nicht mehr machen kann, das machen jetzt die Ehrenamtlichen. Haben die nicht immer noch dem Pfarrer bei seinen Aufgaben geholfen?

— Und warum missionarisch sein, warum Neues wagen ...? —

Hingegen gibt es ein weitverbreitetes Unverständnis: Warum sollten wir angesichts einer solchen Lebendigkeit missionarisch sein? Warum

Neues wagen? Warum noch etwas Neues dazutun? Sind wir nicht schon mit allen Kräften damit beschäftigt, das Bewährte zu bewahren? Angesichts der strukturellen Herausforderungen geht es doch zunächst darum, den Bestand zu sichern und zu begleiten. Es kann keine missionarische Priorität geben, wenn alle Kraft darin steckt, jetzt die mehrfache Anzahl von Taufen, Kommunionen, Beerdigungen gut zu gestalten, die Gruppen und Verbände miteinander in Verbindung zu bringen – die Gebäude zu finanzieren.

Im Frühsommer 2008 durfte ich bei einem Prozess der Prioritätenfindung in einem Dekanat mitwirken. Ein interessanter Prozess. Die jeweiligen Pfarreien hatten in einer Gruppenarbeit unter sich jeweils fünf Punkte zu benennen, wo etwas wächst, wo etwas stirbt, wo etwas irritiert. In einem zweiten Schritt sollten sie klären, welche drei Prioritäten und welche eine Posteriorität zu setzen wäre.

Ganz überraschend waren die Ergebnisse dann auch nicht: während klassische Gruppen und Verbände, gewohnte Muster gemeindlichen Lebens im Rückgang, ja Sterben begriffen waren, wuchsen einige Initiativen, die neu dazugekommen waren. Dennoch wurde deutlich, dass eine Prioritätensetzung, und schon gar eine Posterioritätensetzung nicht möglich waren. Es gab auch hier – in einem Dekanat, das sich seit mehreren Jahren auf einen Weg der Bewusstwerdung der veränderten Situation befindet – eine klare Option für die Weiterführung des Bewährten.

Das gilt aber für alle Ebenen kirchlichen Lebens. Beispiele sind Legion. Die Personalplanung vieler Diözesen orientiert sich weithin an der angenommenen und zukünftig stark abnehmenden Zahl der Pfarrer und auch die Strukturplanung orientiert sich daran. Mit anderen Worten kommt dies der Weiterführung des Bestehenden bei gleichzeitiger Ausdünnung gleich. So geschieht es auch an anderen Orten der Pastoralplanung: Ob es um den Erhalt theologischer Fakultäten oder von Priesterseminaren geht, ob es um Fragen des konfessionellen Religionsunterrichts geht – immer wieder wird deutlich, dass das bewährte Gefüge bis zum Paradox ausgereizt und erhalten werden soll. – Ist das logisch? Ist das vernünftig? Die Antwort kann nur ein deutliches »Ja« sein.

— *»In dieser Wüste werden sie sterben … «:*
Die dramatische Logik der Erneuerung —

An dieser Stelle unserer Überlegungen kommt die Kundschafterge-
schichte erneut in den Blick, mit ihrer schon benannten Paradoxie.
Eine kurze Erinnerung. Moses hatte Kundschafter gesandt, die in der
Tat mit reichen und schweren Früchten zurückkehrten. Sie brachten
auch Nachrichten aus dem verheißenen Land mit:

»Wir kamen uns selbst klein wie Heuschrecken vor, und auch ihnen erschie-
nen wir so. Da erhob die ganze Gemeinde ein lautes Geschrei, und das Volk
weinte die ganze Nacht …«(Num 13,33–14,1)

Und das schon gewohnte Murren beginnt. Der Glaube an Gottes
Geschichtsmächtigkeit verlässt das Volk erneut. Wieder neu orientiert sich der Blick an der bewährt-verklärten Vergangenheit. Gott
reagiert. Aber nach inständigem Bitten Mose reagiert er barmher-
zig und verzeiht den Unglauben. Er hebt die Verheißung nicht
auf. Das verheißene Land ist weiterhin Ziel Seines Weges mit dem
Volk:

»Da sprach der Herr: Ich verzeihe ihm, da du mich bittest. Doch so wahr ich
lebe und die Herrlichkeit des Herrn das ganze Land erfüllt. Alle Männer,
die meine Herrlichkeit und meine Zeichen gesehen haben, die ich in Ägypten
und in der Wüste vollbracht habe, und die mich jetzt schon zum zehntenmal
auf die Probe gestellt haben und doch nicht auf mich gehört haben, sie alle
werden das Land nicht zu sehen bekommen, das ich ihren Vätern mit einem
Eid zugesichert habe.« (Num 14,20–23)

Die Dramatik der Erfüllung der göttlichen Verheißung entfaltet
der Herr jetzt in deutlicher Weise. Angesichts der unglaublichen
Vergangenheitsprägung des Volkes und seiner Unfähigkeit an Gottes
Verheißung zu glauben, erfüllt sich an diesem Volk die ihm eigene Prägung. In der Tat wird Gott sie nicht in das verheißene Land
bringen, weil sie an Seine Verheißung nicht glauben. Aber er wird
sie auch nicht umbringen. Es findet vielmehr das langsame und na-

türliche Sterben einer ganzen Generation statt – ein langsamer und schwieriger Prozess vor allem für die Jungen:

»Eure Söhne müssen vierzig Jahre lang ihr Vieh in der Wüste weiden lassen, sie haben solange unter eurer Untreue zu leiden, bis ihr alle tot in der Wüste liegt. So viele Tage, wie ihr gebraucht habt, um das Land zu erkunden, nämlich vierzig Tage, so viele Jahre lang ... müßt ihr die Folgen eurer Schuld tragen ... Ich, der Herr, habe gesprochen. Unwiderruflich werde ich es mit dieser ganzen bösen Gemeinde so machen, die sich gegen mich zusammengerottet hat: in dieser Wüste finden sie ihr Ende; hier müssen sie sterben.« (Num 14,33–35)

Das ist eine dramatische Ansage – auch im Blick auf unsere Situation. Worin genau besteht hier die Untreue, die Gott seinem Volk vorwirft? Es ist ein Mangel an Vertrauen auf Gottes Zusage, sein Volk zu führen. Stattdessen regiert eine Angst: dass die Gegenwart und Zukunft des Volkes Gottes hinter der gewohnten Vergangenheit zurückbleibt. Es gibt eine Fixierung auf die Vergangenheit der Sklaverei, die nicht zulässt, sich auf Gottes Zukunft einzulassen. Diese Vergangenheit holt das Volk gewissermaßen in jeder schwierigen Situation – samt seinen Verantwortlichen – wieder ein und verhindert einen Aufbruch.

Gegen diese Prägung könnte Gott nur handeln, wenn er das Volk vernichten würde, wenn er ganz neu anfangen würde – und genau dies ist seine Absicht *(vgl. Num 14,11–12)*, um doch mit einem neuen Volk seinen Verheißungsweg gehen zu können.

Da Moses ihn an seine Treue erinnert, gibt es nur einen anderen – den beschriebenen – Weg: Das notwendige Sich-Öffnen auf Gottes Zukunft geschieht durch eine Warteschleife. Die Zukunft kann erst betreten werden, wenn diejenigen, die sie durch ihre Prägungen verhindern, den Weg des natürlichen Sterbens gegangen sind. Warten muss dabei die nächste Generation: »Eure Söhne müssen vierzig Jahre lang ihr Vieh in der Wüste weiden lassen ...«

Eine solche Strategie der Erneuerung wirft ein helles Licht auf unsere Situation: Dort, wo Prägungen überwiegen, wird offensichtlich eine Zukunftsverheißung nur im Blick auf die gewohnte Vergangenheit wahrgenommen. Die Angst zu verlieren und zu sterben, die Angst gewohnte Muster loszulassen, verhindert neue Wege, selbst wenn sie Gottes Zukunftswege sind.

Für mich ist diese drastische und dramatische Innovationstheologie der Schrift ein Schlüssel, die ambivalente Zukunftsorientierung der gegenwärtigen Situation zu verstehen. Offensichtlich besteht eine hohe Sorge um den Bestand eines Gefüges, die es Zukunftsorientierungen mehr als schwer macht. Aus dieser Sorge lässt sich die faktische Gestaltung pastoraler Umbrüche gut erklären: Die Strukturierung neuer pastoraler Räume, die langwierige und schrittweise Reduktion des Immobilienbestandes und der Institutionen geschieht zunächst intentional nicht, um Raum für das Neue zu eröffnen. Ganz umgekehrt wird versucht, das bestehende Gefüge auf einem niedrigeren Level weitestmöglich zu erhalten. Dass dies auf Dauer nicht gelingen kann, ist allen Verantwortlichen wahrscheinlich klar. Und dennoch werden alle Kräfte zurzeit in genau diesem Systemerhalt gesteckt – während neue Impulse es oft mehr als schwer haben.

Die Schrift gibt eine Perspektive an: Osffensichtlich ist es nicht möglich, das Systemgefüge und die damit verbundenen Prägungen zu verlassen, selbst wenn man das Neue schon erlebt und gelebt hat. Veränderung ist also dann nur in einem lebenslangen Prozess des Sterbens der Geprägten möglich – und umgekehrt wird der Einzug in das Neue erst für eine neue Generation möglich, die im Schutz der geprägten Generation heranwächst. Erneuerung ist also keine aufklärerisches Ereignis und auch nicht die Transformation eines Gefüges in ein neues Gefüge durch pastorale Strategien, sondern ein dramatischer Prozess des Sterbens und Neubeginnens, der sich über einen langen Zeitraum erstreckt.

Offensichtlich ist es nicht möglich, das geprägte Gefüge umzuformen. Es muss seinen Weg bis zum Ende gehen. Auf dieser Folie also wird deutlich, warum die Bemühungen der deutschen Kirche sich oft so überwiegend in Strukturprozessen erschöpfen: Was auch immer gestaltend geschieht, wird eingeholt von den systemischen Prägungen: Es geht darum, dass geprägte und normative Gefüge ererbter

Christlichkeit mit all ihren systemischen Elementen weiterzuentwickeln.

In dieser Sichtweise lässt sich verstehen, warum bisher missionarische Gestaltungsversuche wie der Katechumenat, wie Kleine Christliche Gemeinschaften oder eine mystagogische Gestaltung der Sakramentenpastoral und vor allem auch die Ausrichtung der Katechese auf Glaubenwege Erwachsener sich noch nicht durchsetzen konnten. Wie auch die neuen geistlichen Gemeinschaften gehören diese Elemente missionarischer Pastoral auch einem anderen, noch kommenden Gefüge und einer neuen Gestalt der Kirche an – einer Zukunft, die Gott im Augenblick nur als Erstlingsfrüchte sichtbar machen kann –, denn wir stehen noch vor dem Jordan und sind im Moment damit beschäftigt, den Zerfall des milieuchristlichen Kirchengefüges durch einen geordneten Rückzug zu verlangsamen. Immerhin ist zahlenmäßig und ansichtig die milieuchristliche Kirchengestalt weiterhin erfolgreich – auch wenn ein Ende absehbar ist.

— Wie der Weg über den Jordan gelingen kann:
Strategien der Erneuerung —

Ich denke inzwischen, dass ein anderer Weg zurzeit nicht denkbar ist – und auch nicht verantwortlich: Denn in der Tat braucht es eine vielfache Anstrengung. Zum einen muss gewürdigt werden, dass die prägende Gestalt der milieuchristlichen Variante ein stimmiges Gefüge für die unmittelbare Vergangenheit darstellt – und viele Christen diese Gestalt als normativ erachten. Noch über längere Zeit wird diese gewachsene Gestalt Bestand haben – und an manchen Orten langsam sterben

Um auf eine andere Weise Christ zu werden und Kirche zu sein, bräuchte es eine Vision der Zukunft, die ihrerseits mehr ist als eine Fantasie oder Utopie, und die den großen biblischen Verheißungen entspricht. Woher kann eine solche Vision kommen, die nicht nur einfach eine liberalere oder konservativere Variante des Bestehenden ist? Sie entspringt nicht einfach den planerischen Überlegungen,

die – wie schmerzlich deutlich wird – eher im Strukturellen stecken
zu bleiben drohn. Ganz in der Logik der biblischen Erkenntnisse
ginge es hier wohl eher darum, die Erstlingsfrüchte als Vorboten
der Zukunft wahrzunehmen und ihnen das Wachstum zu ermöglichen. Damit meine ich vor allem jene Aufbrüche, die es in unserem
Kulturraum eher schwierig haben. Genau die sperrigen Erfahrungen
der Weltkirche sind gemeint wie auch charismatische Aufbrüche.
Kirchengeschichtlich gehört es zu den Standards, dass Erneuerung der Kirche ein geistgewirktes Geschehen ist, das nicht ohne
Widerstand des etablierten Kirchengefüges eine evangeliumsgemäße
Antwort auf die Zeichen der Zeit gibt. Die Geschichte der Orden ist
voll von solchen Beispielen, aber auch die jüngste deutsche Kirchengeschichte. Man denke nur an die Spannungen im Umfeld der
Entstehung der Kolpingsfamilie. Das betrifft heute die Kirchlichen
Bewegungen wie auch pastorale Ansätze der Weltkirche. Hier zeichnen sich Perspektiven einer Zukunftsgestalt der Kirche ab, denen
auch mitten im verständlichen Erhaltungsprozess ein Schutzraum
gegeben werden müsste.

Die Wege dafür öffnen sich paradoxerweise in dem Maß, in dem
die strukturellen Maßnahmen des Downsizing greifen: Es entstehen
Räume, die einer ungeahnten Vielfalt Raum geben und in denen deswegen Neues langsam – im Schutz des Alten – wachsen kann. Dies geschieht aber nicht von selbst. Zunächst müssen natürlich die Chancen
wahrgenommen werden, die in diesen Neuaufbrüchen stecken, und
zugleich müssen diese Neuaufbrüche und andere Piloterfahrungen
immer wieder gesichtet und begleitet werden: Die Einrichtungen
von Pilotprojekten und Austauschräumen erweisen sich in dieser
Hinsicht als wichtig. Denn es wird nicht möglich sein, tout court
eine Pastoral der Erneuerung zu gestalten. Wahrscheinlicher, aber
auch realistischer ist es, wenn im Schutz des Bestehenden Neues
langsam wachsen darf – dies setzt aber charismatische Personen und
Piloterfahrungen voraus.

Dabei wird sich zeigen, dass die unveränderliche und substantielle
Tradition des Glaubens zu unterscheiden ist von den geschichtlichen
und zeitgebundenen Gestaltwerdungen dieser Tradition. Denn es

werden sich – so zeigt die aktuelle Situation deutlich – neue Gestaltungen und Gestalten des Christseins, Christwerdens und Christbleibens inmitten der bewährten, aber zu Ende gehenden Gestalt des Kircheseins entwickeln. Es ist eben nicht zu erwarten, dass die derzeitigen Übergänge nur eine Modifikation der bisherigen Gestalt bedeuten.

Eine solche Übergangssituation ruft geradezu dazu auf, sich erneut der zugrunde liegenden Vision zu vergewissern, damit sowohl die Stärken der bewährten Gestalt wie auch das Aufscheinen einer neuen Gestalt wahrgenommen werden können, und damit es inmitten der Dramatik des Übergangs die begründete Hoffnung auf eine gottgeschenkte Zukunft geben kann: eben »Glänzende Aussichten«.

3. Ohne Vision verkommt das Volk

Der Tisch wird gedeckt. Der alte Diener stolpert bei jedem Schritt über den Kopf des Tigerfells, der auf dem Weg zur Anrichte liegt. Endlich ist alles bereitet. Miss Sophie, festlich gekleidet, betritt den Speiseraum. Am Tisch setzt sie sich – die anderen Plätze bleiben leer. Leer? Sie lässt sich von James die abwesend-Anwesenden vorstellen. Sie sind alle schon gestorben, und trotzdem sind sie ja »da«. Und das festliche Dinner findet statt, nur dass jetzt der Diener die Rolle des jeweils Abwesenden übernimmt. Zu essen gibt es nur für Miss Sophie, aber offensichtlich wird in jeder Runde ein Trinkspruch ausgesetzt – und die Trinkrunde ist real: James macht es möglich. Berechtigte Nachfrage von James: »The same procedure as last year, Miss Sophie?« »The same procedure as every year, James«, kommt es deutlich von Miss Sophie.

Aus dieser tragikomischen Konstellation lebt der Sketch »Dinner for one«, der bis zur Betrunkenheit des Dieners führt, der immer wieder – in seiner Rolle als einer der vier virtuellen Gäste – sein Glas erheben muss. Was hier stattfindet, ist aber auch ein Bild für manche Situation in der Pastoral.

Beispiele? Man denke an eingerillte Rituale der Sakramentenpastoral. Seit Beginn der 90er Jahre spätestens wird gewarnt vor der Alternative zwischen »Ausverkauf und Rigorismus« *(Dieter Emeis)*. Immer wieder ähnliche Fragen stehen seit mehr als 20 Jahren auf der Tagesordnung: Warum eigentlich ist am Sonntag nach der Erstkommunion alles wie vor der Erstkommunion? Warum lassen sich Jugendliche nicht einbinden in Jugendgruppen? Darf man eigentlich Kinder taufen, wenn Eltern kaum mehr glauben?

Man denke aber auch an manche Hilflosigkeit der Verbands- und Gemeindearbeit. Seit Jahrzehnten altern Gemeindegruppen vor sich hin, geraten Verbände in immer größere Überalterung. Seit Jahrzehnten gelingt es Kinder- und Jugendarbeit nicht mehr, Menschen zu Christen zu formen. Seit Jahrzehnten sinkt die Zahl derer, die Gottesdienste mitfeiern – und seit Jahrzehnten definiert sich ohne eine klare Linie neu, was katholisch sei: Faktisch werden in den Gemeinden Standards klassischer Kirchlichkeit fallen gelassen: Da Kirchgang kein »Muss« mehr ist, bleibt subjektive Bedürftigkeit – und vielen Eltern, Kindern und Jugendlichen ist Christsein und Kirchlichkeit zum Hobby geworden, nicht zur Lebensform.

Seit Jahrzehnten engagieren sich viele Christinnen und Christen in den Gemeinden überzeugend nach innen – und es bleibt eine Blindheit nach außen, ins Umfeld hinein. Unter der Hand ist das Christsein oftmals privat gewordene Religiosität geworden.

Es ist kurzsichtig, mahnende, bedrohende und einfordernde Appelle zu lancieren. Es ist sinnlos, jeweils aktuelle Schuldige zu suchen. Aber es wäre wichtig, einmal grundsätzlich in die Lehre von »Dinner for one« zu gehen und von hierher die Situation zu deuten.

— *The same procedure as every year ...* —

Die Tragikomik solcher Pastoral liegt darin, dass sie Verhältnisse voraussetzt, die nicht mehr da sind. Ja, denn auch die Perspektive milieuchristlicher Pastoral lebte von Voraussetzungen, die sie nicht schuf: die selbstverständliche und ererbte Christlichkeit, die alternativlos das Leben der Menschen prägte, gehört der Vergangenheit an. Der Rahmen, der dem Gesamtgefüge die Logik gab, geht verloren. Das ist keine neue Erkenntnis, aber das Gesamtgefüge der Kirchlichkeit lebte davon, dass Christsein für eine gesamte Gesellschaft gegeben war, und eigentlich nur noch ausgefaltet und später angemahnt werden musste. Nach dem Abschmelzen der rahmengebenden Milieus und ihren Voraussetzungen begann ein langer Kampf um den Erhalt des Gefüges. Man kann die Pastoralgeschichte der letzten vierzig Jahre als die Jahrzehnte einer solchen tragikomischen Bemühung sehen, die ihr tiefes Recht hat. Das Ziel war klar die Wahrung der sozialgestützten Selbstverständlichkeit des Christseins. Der Weg und die Methoden versprachen dies.

Zum einen wurden aus den Pfarreien »Gemeinden«: das Gemeindeleben in Gruppen und Verbänden sollte dafür sorgen, dass ein Milieu entstehen konnte, in dem Familien, Kinder, Jugendliche und Erwachsene den christlichen Glauben einüben und leben konnten – und so auch christlich durchgeprägt werden könnten. Aus der christentümlichen Vorgegebenheit wurde nun eine Wahlgemeinschaft, innerhalb derer sich Christwerdung ereignen können sollte.

Zum anderen wurden katechetische Prozesse entwickelt, die die Selbstverständlichkeit des Christwerdens über lange Jahrzehnte des selbstverständlich christlichen Milieus kondensierten in Kursen, die sowohl gruppendynamisch eine Gemeindeerfahrung als Gemeinschaftserfahrung simulierten und zum anderen in immer neuen Methoden die Defizite in Glaubensvollzug und Glaubensinhalt aufheben sollten.

Dass dies nicht gelingen konnte, hatte mit der Grundoption zu tun, die dem Grundmuster des »Dinner for one« entspricht: nicht die Grundvoraussetzungen wurden in den Blick genommen, sondern die Methode. Das Ziel war vorgegeben: Aus Getauften sollten geformte Christen werden.

Um im Bild zu bleiben: Das Dinner wurde weiter serviert, die fehlenden Gäste wurden zwar ersetzt, indem ein anderer ihre Rolle übernahm – ein richtiges Dinner aber war es nicht mehr – die grundsätzliche Voraussetzung hatte sich so geändert, dass nur noch eine tragikomische Imitation daraus werden konnte. Die grundsätzliche

Frage, wie sinnvollerweise Gäste am Tisch sitzen könnten, wurde ausgeblendet.

Und ebenso wurde pastoral übersehen, dass nicht nur das gegebene Milieu sich auflöste, sondern damit auch die Bedingungen des Christwerdens sich fundamental änderten. Es geht eben nicht mehr um Integration von ungeformten Christen in eine bestehende und lebendige Gemeinschaft, sondern viel fundamentaler um Wege der Initiation und der Ekklesiogenesis. Diese grundsätzliche Frage ist bis heute nicht eingeholt. Die seit den 90er Jahren ebenfalls neu ausgebrochene Diskussion um den Weiterbestand der Volkskirche und die Risiken einer elitären Entscheidungskirche bezeugen die Aporie. Und ähnlich gestaltet sich auch die jüngste Diskussion um das Thema der Vergemeinschaftung. In all diesen Überlegungen und Diskussionen ist übersehen, dass es nicht um Entschiedenheit versus Weite und auch nicht um Gemeinschaftlichkeit des Glaubens versus Individualität geht, sondern dass das Grundparadigma sich verändert hat. Auch die Diskussion um den Wert und Bestand der Gemeindetheologie übersieht dies zuweilen.

Was hingegen sich vollständig verändert hat, sind die Grundbedingungen des Christwerdens und des Christbleibens, also die Frage nach Initiation und Ekklesiogenesis. Der Übergang, in dem wir stehen, ist nicht zu gestalten als eine Weiterentwicklung, sondern als ein Paradigmenwechsel. Für diesen Wandel fehlt die Vision. Und ohne klare Vision verkommt das Volk.

— Ohne Vision verkommt das Volk (Spr 29,18) —

Was ist konkret damit gemeint? Es ist offensichtlich, dass angesichts fundamentaler Übergänge die herkömmlichen Wege des Christwerdens und Kirchewerdens versagen, und es ist zugleich offensichtlich, dass die sich abzeichnenden neuen Wege des Christwerdens und Kirchewerdens nicht verstanden werden, wenn sie in die gewohnten Parameter eingeordnet werden.

Zunächst fehlt eine Einsicht in diesen fundamentalen Umbruch. Das Spiel und die Spiellogik bleiben dieselbe, obwohl die Früchte ausbleiben. Es geht darum, gemeinsam die Einsicht zu wagen, dass wir in einem solchen fundamentalen Umbruch stehen. Dies ist ein langwieriger Prozess, der nur gemeinsam gewagt werden kann. Er ist aber die notwendige Voraussetzung dafür, sich für eine neue Perspektive zu öffnen.

Es ist geradezu fatal, wenn in den vergangenen Jahren auf kirchensoziologischer Ebene wie auch auf kirchenamtlicher Ebene immer wieder von der Krisis der Gemeinde gesprochen wird und dies schon geradezu mit aufreizender Selbstverständlichkeit, und andererseits kein Bewusstwerdungsprozess auf lokaler Ebene gewagt wird. In diesem Licht erscheinen manche derzeitigen Strukturmaßnahmen in der Tat als visionsloses Kleinkürzen, und es ist verständlich, wenn Ehrenamtliche sich dann als Lückenbüßer vorkommen. Eine Logik des langsamen Untergangs mit all den nicht verarbeiteten Trauerprozessen erscheint hier als normal.

Und umgekehrt wird –»the same procedure ...« – mühselig weiter gearbeitet, mit einer ungeheuren Frusttoleranz. Denn dass angesichts des fundamentalen Umbruchs der Rahmenbedingungen mehr als spontane Erfolgsmeldungen möglich sind, ist eben nicht zu erwarten. Der Trend zum langsamen Auslaufen kehrt sich nicht um.

Schließlich können die Früchte der kommenden Kirchengestalt nicht entdeckt werden. Im Gegenteil werden sie als schwierig, ja als sektiererisch und nicht katholisch abgewertet. Die Kritik an den geistlichen Gemeinschaften, am Weltjugendtag und an neuen Impulsen der Kirchwerdung einerseits, das Unverständnis für Wege des Katechumenats andererseits sprechen hier eine deutlich Sprache: Es fehlt Einsicht in das Woraufhin und also in die kommende Wirklichkeit und eine Einsicht in das Wovonher, also der prägenden Leitvision einer milieukirchlichen Gestalt des Christentums und den Gründen ihres Endes.

So verkommt das Volk, weil die grundlegenden Perspektiven, die grundlegende Vision einer gottgeschenkten Zukunft nicht vermittelt werden. Mir scheint, dass die erste Bemühung deswegen darin liegen müsste, diese grundlegende Vision des Christwerdens und Kirchewerdens, die uns geschenkt ist, zu vergegenwärtigen, um von hier aus den Übergang gestalten zu können. Aber: Wie könnten wir diese Vision vergegenwärtigen?

— *»Keep the vision clear«* —

In seiner unnachahmlichen Art hat Bill Hybels, der Gründer der freikirchlichen Willow Creek Community Church in Chicago, für mich deutlich gemacht, worum es uns gehen muss. Stimmen unsere Beobachtungen, und stimmt unsere Grundüberzeugung, dass Gott seinem Volk einen Weg auch heute in die Zukunft bahnt, dann käme alles darauf an, die Vision eines erneuerten Gesamtgefüges wahrnehmen zu lernen. Und dies kann in drei Schritten geschehen.

Zum einen sind die »Erstlingsfrüchte« nicht nur als »exotische Meteoriten« einer fremden Welt abzuschirmen oder auf ihre Brauchbarkeit für die bestandswahrerischen Bemühungen zurechtzuschneiden, sondern es ginge darum, sie wahrzunehmen als Hinweise auf eine Zukunftsgestalt des Christentums, und ihr innovatives Potential zu entdecken und in unserem Kontext zu entwickeln[2].

Zum anderen ginge es darum, an möglichst vielen Orten mit möglichst vielen Menschen gemeinsam in eine Visionsarbeit einzutreten. Dabei ist zu bedenken, dass in den vergangenen Jahrzehnten diese neue Gesamtgestalt des Christwerdens sich auch schon in vielen Biographien der Generation der unter Sechzigjährigen abzeichnet. Das ist mir deutlich geworden im Blick auf viele pastorale Mitarbeiter in meiner Generation. Dort, wo es gelingt, in ein Gespräch über die Ursprünge und Ideale ihrer Sendung einzutreten, stellt sich oft heraus, dass die innerlichen Antriebe nicht im Blick auf den Bestandserhalt einer milieuorientierten Kirche ans Licht kamen. Gleichzeitig ist die vielfache Enttäuschung pastoraler MitarbeiterInnen auch zu verstehen als Reaktion auf die Ausbildung zum pastoralen Bestandswahrer und die inneren Zwiespalte, die sich im Blick auf die eigene Vision ergeben hatten. Der Ausstieg in Nebenfelder der Pastoral oder auch die Spezialisierung auf kategoriale Seelsorge ist ein unmittelbares Resultat. Ähnliches lässt sich auch konstant seit mehr als dreißig Jahren an der latenten Unzufriedenheit in der Priesterausbildung feststellen. Es wäre unberechtigt, den Ausbildern mangelnde Sensibilität für die sich verändernde pastorale Situation vorzuhalten. Was hingegen fehlt, ist die gemeinsame Zielvision, die nur im geduldigen Hinhören und Anschauen der Biographien und Früchte gelingen kann.

Es braucht also Räume, in denen sowohl die Erstlingsfrüchte der Zukunft in visionärer Perspektive gehoben und entfaltet werden, als auch die inneren Visionen der Akteure in den Blick genommen werden müssen. Und schließlich braucht es einen Blick auf die biblische Ursprungsvision, die norma normans grundlegend für die kommende Gestalt des Christwerdens und des Kircheseins ist.

Mehr als die Fragen pastoraler Methodik und der Bereitstellung pastoralen Handwerkszeuges braucht es heute zentral diese vielgliedrige und nachhaltige Bemühung um die Vision, ohne die in der Tat alle pastorale Praxis blind wird: Auch wenn alles richtig wäre, wäre alles falsch.

4. Kirche wird österlich neu

Frankreich, Ende der 50er Jahre, in einem kleinen Dorf. Alle sind erblich katholisch. Milieukatholizismus plus Sozialkontrolle durch den Bürgermeister. Alle in der Kirche, vorne die Reichen, hinten die Armen... Die Fastenzeit beginnt, und es stürmt. Eine Frau mit einem Kind kämpft sich über den steilen Fussweg ins Dorf, blaurot gekleidet *(irgendwie erinnert sie ikonographisch an Maria)*. Sie eröffnet ein Schokoladengeschäft, selbstgemachte Spezialitäten. Die Story beginnt.

Je länger der Film »Chocolat« dauert – er spielt durch die gesamte Fastenzeit –, desto mehr zeigt sich hier eine Parabel für ekklesiale Entwicklung. Auf der einen Seite die traditionelle Gemeinde, die ›innerlich steif‹ überhaupt nicht mit dem Tabubruch eines Schokoladengeschäfts in der Fastenzeit umgehen kann, mit einer selbstbewussten und emanzipierten Alleinerziehenden, die auch noch dazu sonntags nicht in die Kirche geht. Auf der anderen Seite sammelt sich bei ihr eine andere Gemeinschaft: die Gemeinschaft der Armen und Ausgestoßenen, der Leidenden, der Kinder, der Verrückten: und alle werden aufgenommen und mit Schokolade getröstet.

Die Geschichte spitzt sich dramatisch zu, und ist natürlich vor allem und auch eine Liebesgeschichte. Und dennoch ist sie auch die Geschichte des Übergangs der Gesellschaft und der Kirche in ihr. Denn während bislang die Gesellschaft in sich geschlossen und homogen war *(und es auch nichts anderes gab)*, so kehrt mit der Provokation der Fastenzeitchocolaterie und der Frühhippies um Johnny Depp eine Pluralität, eine Selbstreflexivität und eine Wahlmöglichkeit ein, die bislang nicht zu denken war.

Und jene »Kirche von unten«, die sich in der Chocolaterie bildet, ist einfach nicht zum Aushalten: der Blick auf das Schicksal des Einzelnen, die Sorge um die oft verborgene Not, die Publikation der Heuchelei – all das hatte es noch nie gegeben. Unerhört.

Die Dynamik der Erzählung verdichtet sich in der Karwoche in einer dramatischen Konfrontation, in der die Sympathien klar verteilt sind: gegen die formalistisch-traditionelle Gesellschaft und Kirche steht die Menschlichkeit, Liebe und Zugewandtheit der »Kirche der Chocolaterie«. Und dann kommt Ostern. Im Pascha der Osternacht wird vom Bürgermeister, dem obersten Sozialcontroller der kirchlichen Gesellschaft, die Chocolaterie überfallen – doch er erliegt der dortigen Versuchung. Und es wird Ostersonntag. Fest der Auferstehung. Die Kirche ist gefüllt, der Pfarrer predigt über die Freiheit und die Liebe. Und auf dem Dorfplatz treffen sich alle zum Fest. Happy End, wie immer? Nein, ein Beispiel für die neue Vielfalt, die sich im eucharistischen Fest entdecken lässt und es bereichert.

— Wie im Himmel —

Schweden. Irgendwann Ende des Jahrtausends. Der berühmte Dirigent zieht sich zurück in sein kleines schwedisches Heimatdorf. Herzschaden. Keine Fortsetzung der Karriere mehr möglich. Langsam wird er wieder heimisch. Und natürlich bekommen die Menschen bald mit, dass ihr berühmtester Sohn zurückgekehrt ist: in die Provinz, in ein Dorf, dass aus einer traditionellen Stabilität lebt; in ein Dorf, in dem die Modernität unter dem Deckmantel der Tradition einkehrt, in dem Missbrauch, Gewalt und Heuchelei verborgen werden unter der Normalität landeskirchlicher Traditionen. Sonntagsgottesdienst »wie immer«, und natürlich ein schrecklich schräger Kirchenchor.

Eines Tages verschlägt es den Dirigenten in die Probe des Kirchenchors, und mehr aus Mitleid denn aus Überzeugung beginnt nun das Abenteuer, aus einem katastrophisch schlecht singenden Chor eine Gemeinschaft zu stiften, die singen kann.

Denn darum geht es hier eigentlich: um die Genesis eines Chores, einer Gemeinschaft – einer »Kirche« ... in der Kirche. Die Musik, die von der himmlischen Partitur auf dieser Erde zu interpretieren ist, ist jenes »Wort«, das Communio stiften kann. In einer wahnsinnig exakten und wunderschön inszenierten Parabel wird hier Chorbildung als Ekklesiogenesis beschrieben: Jeder und jede, mag er noch so krank oder schräg sein, bekommt seinen Platz, ist ein einzigartiger Solist und zugleich Mitsänger. Keiner ist überflüssig, jeder ist nötig. Die Freude wächst – die Gemeinschaft wächst, und immer mehr Menschen bringen ihre Gaben ein.

Und natürlich kommt es zu dramatischen Konflikten, die dazu führen, dass die traditionelle Kirchengemeinde – und sie besteht fast nur noch aus der Institution des traditionellen Pfarrers – diese neue Gemeinde hinausweist, und sie ihr neues Zuhause beim Dirigenten findet, als solidarische und tragfähige Gemeinschaft für andere.

Diese neue, existenzielle Erfahrung der eigenen Berufung, des eigenen Charismas, der gemeinschaftsstiftenden und zugleich konflikterzeugenden Neuheit einer neuen Gestalt des Miteinanders mündet in der geradezu himmlischen Schlussszene. Sie hat einen doppelten Schlüssel: »Singen kann man nicht im Wettbewerb. Man kann nicht ›gegen‹ andere singen«, sagt der Dirigent immer wieder. Und das führt zu einer himmlischen Szenerie eines Gesangswettbewerbs, der eben nicht gegen, sondern mit den anderen in eine himmlische Schlusssymphonie einmündet: Jeder und jede von den vielen tausend Sängern kann seinen Ton singen und so seinen Teil beitragen. Und den ersten Ton gibt der Schwächste, der Behinderte – der schwedische Chor wird Zeichen und Werkzeug der Einheit ...

Der zweite Schlüssel ist österlich: es ist der Dirigent, der am Ende einer Herzattacke blutig stirbt, und durch einen Lautsprecher noch die himmlische Melodie mithören kann. Wer hier, als aufmerksamer Christ und ekklesiologischer Zuschauer, diese Parabeln entschlüsselt, ist fasziniert von dieser Bildwelt, die uns erschließt, welche Perspektiven – gewollt oder ungewollt – sich für den Weg der Kirche hier erschließen. Natürlich finden sich auch viele andere Bildwelten in diesen Filmen, aber sie sind sicher auch im Blick auf den umfassenden Übergang – der österliche Übergang vom Tod zum Leben – unserer Kirche zu deuten. Es wird sichtbar, dass nach den Auflösungserscheinungen einer Kirche der Moderne nicht die Substanz verloren geht, sondern neu aufscheint, in einer neuen Lebendigkeit.

Die Paschadimension der Erneuerung ist im Blick zu halten, auch wenn dies gerade bedeutet, dass Erneuerung der Kirche eben kein menschlich geplanter Prozess sein kann, der sich als Weiterentwicklung bisheriger Gestalten und Formen zeigt. Das Pascha der Kirche ist kein harmloses Geschehen, sondern ein zutiefst verstörender und desorientierender Sterbeprozess, eine kollektive dunkle Nacht gewissermaßen, die aber im Blick auf den gewissen Morgen der Auferstehung »Glänzende Aussichten« verheißt.

— *Charismatische Erneuerung und traditionelle Beharrlichkeit: Ein Blick auf das Apostelkonzil* —

Wir wollen uns nicht ändern, wenn es nicht unbedingt nötig ist. Wir sind alle geprägt durch eine bestimmte Grunderfahrung. Und deswegen ist unser Blick gerade dann, wenn wir eine Wachstums-erfahrung in einem bestimmten Gefüge erlebt haben, immer miss-trauisch auf Veränderungen gerichtet. Denn gerade in Fragen kirch-licher Weiterentwicklung gibt es einen ausgeprägten Sinn für eine Kontinuität und einen Argwohn gegen jede Dialektik des Bruches. Und dennoch muss gesagt werden: Gerade weil es diese Konti-nuität gibt, wird es immer wieder Sterben und Auferstehen ge-ben: Die Kontinuität besteht in der Wandlung, in der Gegenwart des Auferstandenen. Gerade im Blick auf Wandlungsprozesse in Gesellschaft und Kirche ist auch der hermeneutische Hinweis in der eschatologischen Vision des Himmlischen Jerusalems zu beachten: »Und ihre Leuchte ist das Lamm« *(Offb 21,23)*: Das Lamm aber steht für den gekreuzigten und jetzt universal gegenwärtigen Christus. Von ihm, von seiner österlichen Lebensdynamik will Veränderung als Verwandlung und Weiterführung erlebt und gedeutet werden.

Der Blick auf die frühe Kirche kann diese schwierige und doch notwendige Krise und Dynamik sichtbar machen. Den Aposteln, deren Aufgabe ja entscheidend darin bestand, die Tradition der Gegenwart des Auferstandenen in dem sich wandelnden Szenario kirchlichen Wachstums zu bewahren, standen vor einer immensen Herausforderung. Für sie alle war die jüdische Tradition nicht nur eine Tradition. Die Thora, Gesetz und Propheten, die Lebensordnung war Ort der Gottesgegenwart – die Schrift und der Tempel waren definitive Orte der Gegenwart JHWHs. Und diese Tradition mit-samt ihrer Gestalt war also nicht zufällig und eben nur geschicht-lich gewachsen – sie war der von Gott gewiesene und eröffnete Weg der Begegnung mit ihm; sie war die Hoffnung auf die verheißene Zukunft, der man unbedingt treu bleiben musste.

Umso gewaltiger wirkt, was wir bei Paulus lesen dürfen. Ange-sichts der Begegnung mit Christus und der Fülle seiner Gnade kann Paulus all dies als »Mist« *(Kol 3,8)* bezeichnen, was vorher sein Heilsweg war und sich ausstrecken auf die Begegnung mit Christus. Aber dies ist kein statisches Geschehen, sondern fordert von ihm ein Eintreten in den Weg der österlichen Dynamik ein. Dies aber über-nimmt Paulus radikal:

»Da ich also von niemand abhängig war, habe ich mich für alle zum Skla-
ven gemacht, um möglichst viele zu gewinnen. Den Juden bin ich ein Jude
geworden, um Juden zu gewinnen; denen, die unter dem Gesetz stehen,
bin ich, obgleich ich nicht unter dem Gesetz stehe, einer unter dem Gesetz
geworden, um die zu gewinnen, die unter dem Gesetz stehen. Den Gesetz-
losen war ich sozusagen ein Gesetzloser – nicht als ein Gesetzloser vor Gott,
sondern gebunden an das Gesetz Christi – um die Gesetzlosen zu gewinnen.
Den Schwachen wurde ich ein Schwacher, um die Schwachen zu gewinnen.
Allen bin ich alles geworden, um auf jeden Fall einige zu retten. Alles aber
tue ich um des Evangeliums willen, um an seiner Verheißung teilzuhaben.«
(1 Kor 9,19–23)

Damit aber kann Paulus gerade im Blick auf die Treue zu Christus
kontinuierlich nur Gott treu sein, indem er sich auf jeden Menschen
einlässt und dabei seine heilige Tradition und somit seinen Heilsweg
zu Gott aufgibt, weil gerade in dieser Hingabe und in diesem
Loslassen der neue Heilsweg liegt, der ihn in die Gegenwart Christi
und seiner göttlichen Verheißung führt. Diese im Geheimnis des
Kreuzes und der Auferstehung und seiner österlichen Dynamik
eingewurzelte Grundhaltung ist das Wasserzeichen urchristlicher
Mission und Ekklesiologie.

Die Apostelgeschichte beschreibt die dramatische Logik im
Kontext des Wachstums der Kirche zu den Heiden hin. Die ersten
Christen lebten ganz selbstverständlich aus der Erfahrung, dass das
Wachsen der Kirche nicht das Ergebnis ihres Tuns ist – sondern
dass es darum geht, sich auf Gottes unvorhersehbares Handeln einzulassen. Was die Apostel also klar vor Augen hatten, das war die
Verheißung des Reiches Gottes und ihre aktuelle Verwirklichung
in der Gegenwart des Auferstandenen. Diese Spannung zwischen
aktueller Gegenwart des Auferstandenen und ausstehender Verwirklichung der Verheißung eröffnet den Raum für den nächsten
Wachstumsschritt, der aber nicht planbar, sondern geistlich zu
empfangen ist.

Doch diese charismatische Dimension des Wachsens setzt eine
österliche Geistesgegenwart voraus, die man nicht improvisieren

kann, sondern die als Haltung eingeübt werden will. Denn die charismatischen Wachstumsschübe der anfänglichen Kirche waren gerade für die Apostelgemeinschaft und ihre Suche nach dem Willen Gottes eine extreme Herausforderung. Die Vision des Petrus in Apostelgeschichte 10 durchbricht eben – wie bei Paulus – die Verwurzelung in der eigenen Tradition und also in der gewachsenen Gottesbeziehung. Es ist eine Lerngeschichte, die einfordert, dass Petrus und auch die gesamte Jerusalemer Urgemeinde sich auf einen Lernprozess einlässt, der ihr den Verlust der eigenen geprägten Vorstellungen abverlangt.

Genau darum geht es beim Apostelkonzil. Denn trotz aller Erfahrungen des Heiligen Geistes, trotz der deutlichen charismatischen Aufbrüche unter den Heiden, blieb das Skandalon des Bruches mit der allerheiligsten Tradition. Wie die Apostel sich auf diesen scheinbaren Bruch eingelassen haben, soll im Blick auf unsere Überlegungen noch einmal genau betrachtet werden: Die Konfliktlinien sind zu Beginn des Apostelkonzils mehr als deutlich. Immer wieder werden Paulus und Barnabas, aber auch Simon Petrus mit dem Anspruch der Thora und also mit dem überlieferten Anspruch Gottes konfrontiert, der ihnen ja selbst heilig ist.

Doch Paulus und Simon verweisen auf ihre Erfahrung: Der heilige Geist hat diese Tradition durchbrochen, indem er jenseits – und nicht gegen diese Tradition – Menschen erfüllt und zum neuen Volk Gottes ruft. Nicht die Diskontinuität, sondern die unglaubliche Erweiterung Seines Handelns ist zu akzeptieren. Und das bedeutet nicht, dass die heilige Tradition nicht mehr gilt, sondern dass sie umfasst wird von einem größeren, vom weiterreichenderen Handeln Gottes. Wo die Wandlung des Denkens geschehen muss, ist hier mehr als deutlich: im Denken und entsprechenden Handeln angesichts der erbarmenden Gegenwart Gottes. Wie Paulus schreibt:

»Angesichts des Erbarmens Gottes ermahne ich euch, meine Brüder, euch selbst als lebendiges und heiliges Opfer darzubringen, das Gott gefällt; das ist für euch der wahre und angemessene Gottesdienst. Gleicht euch nicht

dieser Welt an, sondern wandelt euch und erneuert euer Denken, damit ihr prüfen und erkennen könnt, was der Wille Gottes ist; was ihm gefällt, was gut und vollkommen ist.« (Röm 12,1–2)

Von daher wird klar: In der verwandelnden Gegenwart des auferstandenen Herrn werden die Apostel selbst in eine neue Existenzform der Hingabe hineingenommen, und mithin auch in ein neues Denken, was ihnen ermöglicht, nicht dialektisch, sondern österlich eine neue charismatische Wirklichkeit aufzunehmen, ohne damit die gewachsene Wirklichkeit zu verlieren. Doch das geht nur in der Erneuerung des Denkens, die im Verlieren der bisherigen Kategorien ihre Substanz neu findet.

So können die Apostel hier nachvollziehen und einbergen, was Erneuerung durch den Geist schon verwirklicht hat. Halten wir fest: Das Apostelkonzil schafft keine neue Wirklichkeit – das ist Aufgabe des Geistes Gottes, der dies unbequem überraschend tut. Das Apostelkonzil muss sich vielmehr damit auseinandersetzen, die Gestalt gewordene allerheiligste Tradition der Thora in Beziehung zu setzen mit dem unableitbaren charismatischen Aufbrüchen, die Gott schenkt. Das geschieht nun auf eine mehrfache und nicht konfliktfreie Weise: Zum einen geht es darum, dieses Handeln Gottes als Handeln Gottes wahrzunehmen. Die Sensibilität dafür, so der Römerbrief, ist existenziell eingebunden in die eigene Existenz aus der Erfahrung des lebensverwandelnden Geistes Gottes. Dieser göttliche Geist schafft neue Fakten:

»Brüder, wie ihr wisst, hat Gott schon längst hier bei euch die Entscheidung getroffen, dass die Heiden durch meinen Mund das Wort des Evangeliums hören und zum Glauben gelangen sollen. Und Gott, der die Herzen kennt, bestätigte dies, indem er ihnen ebenso wie uns, den Heiligen Geist gab. Er machte keinen Unterschied zwischen uns und ihnen, er hat ihre Herzen durch den Glauben gereinigt ...« (Apg 15,7–9)

Von daher – und nochmal im Rückblick auf die Erfahrung, dass der Auferstandene die lebendige Mitte des Apostelkollegiums ist –

braucht es weniger Pastoralpläne, sondern vielmehr Räume der Verantwortlichkeit, in denen geistliche Wahrnehmung und Unterscheidung in der Gegenwart des Auferstandenen geschehen kann, um die charismatische Produktivität und Kreativität des erneuernden Handelns Gottes zu entdecken und anzunehmen, auch außerhalb der bisher traditionshaft geprägten Räume des Kircheseins. Dieses Handeln zu entdecken, und dabei die eigene Tradition im Verlieren neu zu gewinnen, darauf käme es an, auf allen Ebenen des Kircheseins.

Aber der Modus der Wahrnehmung wird im gesamten Prozess der Aneignung des unableitbar Neuen der Heidenchristen begleitet durch eine intensive narrative Kultur: die Mitteilung, Anteilgabe und Anteilnahme an den Erfahrungen mit dem Neuen. Eine solche Kultur der wechselseitigen Teilhabe ermöglicht dann erst das, was beim Apostelkonzil als eigener charismatischer Durchbruch des Geistes verstanden und erfahren wird: die Neuaneignung der niemals gefährdeten Tradition:

»Als sie geendet hatten, nahm Jakobus das Wort und sagte: Brüder, hört mich an! Simon hat berichtet, dass Gott selbst zuerst eingegriffen hat, um aus den Heiden ein Volk für seinen Namen zu gewinnen. Damit stimmen die Worte der Propheten überein, der geschrieben hatte ...« (Apg 15,13–15)

Die Emmauserfahrung ereignet sich neu – die Erfahrung, dass der Auferstandene seinen Jüngern, eben gerade in der Perspektive von Tod und Auferstehung, neu den Sinn der Schrift erschließt. Und damit wird dann auch der dritte Aspekt der Entscheidungsfindung erklärt: Die Apostel entdecken dieselbe Gegenwart des Geistes, die ihnen in der Gegenwart Jesu so bekannt ist. So fällen sie einen Beschluss, der bestätigt, was der Geist gewirkt hat. Und sie nehmen sehr ernst, dass dieser Geist nicht im Sinne eines Bruches das Vergangene für nichtig erklärt zugunsten des Neuen, sondern sie nehmen wahr, dass sie schützen, was Gott gewirkt hat und nun auch neu wirkt. Das führt dann aber zu einer neuen unabgeschlossenen Pluralität der Tradition – zu zwei Weisen des Christseins, die aber in der Communio der einen Christuswirklichkeit zu stehen kommen.

Dieser Blick auf das erste Konzil kann hilfreich beitragen, auch für die heutige Wirklichkeit des Übergangs gerüstet zu sein. Nicht wir sind die Erneuerer der Kirche, sondern der Geist Gottes. Von daher braucht es eine demütige und offenherzige Wahrnehmung des charismatischen Handelns Gottes in seiner Kirche und in seiner Welt. Dass dieser Prozess des Wahrnehmens geknüpft ist an österliche Lebensvollzüge, wurde schon deutlich. Er ist ebenso gebunden an Prozesse der erzählenden Vergewisserung und Bewusstwerdung, und er setzt voraus, dass sich das Denken erneuern muss: Es muss bereit sein zum Loslassen eigener geprägten Voreinstellungen, um das Neue wie auch den Grund der eigenen Prägung neu wahrzunehmen. Aus all dem entsteht die Freiheit zu einer in der Wahrheit und Communio der Christusgegenwart verwurzelten Vielfalt der Gestaltwerdungen. Angesichts der anstehenden Umbrüche braucht es genau eine solche Kultur.

5. Dem neuen Jerusalem entgegen

Ohne Vision verkommt das Volk. Warum? Wenn sich kein Zukunftsbild schenkt, dann bleibt nur der revisionistische Blick zurück, oder jener utopistische Blick nach vorn, der aus eigener Kraft vorausschaut, eigene Ziele verwirklichen möchte – und dabei doch in den eigenen Prägungen der Vergangenheit gefangen bleibt.

Doch durch die epochalen Veränderungen in unserer Gesellschaft ereignet sich ein kirchlicher Umbruch, der eine Orientierung an die noch bestehende Konfiguration des Kircheseins im milieugestützten Kontext eben gerade nicht sinnvoll erscheinen lässt. Eine Fixierung auf die historische Konstellation milieugestützter Christlichkeit, die das Klagen über deren Niedergang hervorbringt und zu merkwürdigen Anstrengungen führt, die Vergangenheit wieder zu vergegenwärtigen, führt deshalb nicht weiter. Dass so weiterführende Wege nicht beschritten werden können, hängt damit zusammen, dass hier die visionäre Grundperspektive des Christentums untrennbar verknüpft wird mit einer bestimmten geschichtlichen Verwirklichungsgestalt, und umgekehrt die Betroffenen sich nicht über den Unterschied zwischen grundlegender Vision und zeitgebundener Gestalt im Klaren sind. In anderen Worten: Aus der Vision des Reiches Gottes ist hier eine normative geschichtliche Gestalt geworden. Was sich in jeder Zeit neu ereignen muss – eine »Gestaltwerdung« der Vision in der Geschichte, verwandelt sich unter der Hand in eine statische Identifizierung, die nicht hintergehbar scheint.

Was es braucht, ist deswegen ein Zweifaches: ein genauer Blick in das, was Gott heute wirkt – und ein neuer Blick auf jene Vision, die uns aus der Schrift entgegenkommt. Der Blickwechsel ist radikal: Nicht von der kontingenten Vergangenheit mit ihrer zweifellos genialen Inkulturationsgeschichte fällt ein Licht auf die Gegenwart und die Aufgaben der Zukunft – sondern geradezu umgekehrt: von Gottes kommender Neuschöpfung her fällt ein Licht auf die ambivalenten Umbrüche und macht es möglich, die Zeichen der Zeit im Licht des Evangeliums zu deuten und auf eine neue Weise Kirche zu sein.

— *Wahrnehmen, was Gott schenkt* —

Doch der Blick auf das, was Gott uns zeigt, wie auch der Einblick in die eschatologische Perspektive der Schrift wird nur dann zu einem visionären Blick, wenn er nicht nur ein analytischer und unbeteiligter ist: Das Reich Gottes ist eben nicht »von außen« zugänglich, sondern nur von innen. Die Schrift gibt deutliche Hinweise:

»Der Gott Jesu Christi, unseres Herrn, gebe euch den Geist der Weisheit und Offenbarung, damit ihr ihn erkennt. Er erleuchte die Augen eures Herzens, damit ihr ihn erkennt. Er erleuchte die Augen eures Herzens, damit ihr versteht, zu welcher Hoffnung ihr durch ihn berufen seid, welchen Reichtum die Herrlichkeit seines Erbes den Heiligen schenkt und wie

überragend groß seine Macht sich an uns, den Gläubigen, erweist durch das Wirken seiner Kraft und Stärke.« (Eph 1,10ff.)

Nur aus einer selbst gelebten Perspektive des Glaubens lässt sich jene Zukunft erblicken, die noch aussteht, die sich aber jetzt schon vorausschenkt. Das »schon« des Reiches Gottes, das die Jünger in der Gegenwart Jesu erleben, lässt die prophetischen Verheißungen neu aufleuchten und das ausstehende Reich Gottes und sein Kommen ersehnen. Und dies gilt nicht nur für die Jünger zu Zeiten Jesu. Das ist auch die nachösterliche Grundperspektive und legt die Auslegungsperspektive der Schrift fest. Die Auferstehungsgeschichten bei Lukas verdeutlichen dies nachdrücklich: Die Jünger treten in die Gegenwart des Auferstandenen und können von daher die Verheißungen des Ersten Bundes neu verstehen.

»Da sagte Er zu ihnen: Begreift ihr denn nicht? Wie schwer fällt es euch, alles zu glauben, was die Propheten gesagt haben? Musste nicht der Messias all das erleben, um so in seine Herrlichkeit zu gelangen? Und er legte ihnen dar, ausgehend von Mose und allen Propheten, was in der ganzen Schrift über ihn geschrieben ist.« (Lk 24,25–27)

Die Vision der Zukunft, die Gott schenkt, lässt sich also nur dechiffrieren, wenn Christus als gegenwärtig erfahren wird – dann gewinnt sie Leuchtkraft. Von daher reicht es nicht aus, sich den Visionen der Propheten und der prophetischen Schriften aus einer unbeteiligten oder wissenschaftlichen Beobachterperspektive zu nähern – so wichtig eine korrekte Exegese auch ist. Es braucht eine »kirchliche« Perspektive, und also eine Perspektive, in der der lebendige österliche Christus schon als Mitte gegenwärtig erfahrbar ist. Es braucht die Erfahrung vorweggenommener Zukunft, um die Vision Seiner Zukunft deutlich zu erkennen und bewusst diesen Weg gehen zu können.

Durchgängig weisen die Schriften des Neuen Testaments diesen Standort aus: Der gegenwärtige Christus in seinem Leib, der Kirche, ist die eigentliche Mitte der Schrift. Und aus solcher Erfahrung heraus lässt sich nun auch tiefer beschreiben, wie die geheimnisvolle Zukunft Gottes mit den Menschen sich ausgestaltet. So lässt sich dann auch inmitten der Ambivalenz der Gegenwart erkennen, in welcher Weise Gott seinen Weg mit der Menschheit geht und so lässt sich dann auch all das prüfen und bewahren, was Gott seiner Kirche an Aufbrüchen schenkt *(vgl. 1 Thess 5,21)*. In dieser Perspektive wird dann auch die dezidierte Zukunftsperspektive der ersten Christen verständlich.

—*»Wir haben hier keine bleibende Stadt,*
wir suchen die zukünftige ...« *(Hebr 13,14)* —

»Voll Glauben sind diese alle gestorben, ohne das Verheißene erlangt zu haben, nur von fern haben sie es geschaut und gegrüßt und haben bekannt, dass sie Fremde und Gäste auf Erden sind. Mit diesen Worten geben sie zu erkennen, dass sie eine Heimat suchen. Hätten sie dabei an die Heimat gedacht, aus der sie weggezogen waren, so wäre ihnen Zeit geblieben, zurückzukehren; nun aber streben sie nach einer besseren Heimat, nämlich der himmlischen. Darum schämt sich Gott ihrer nicht, er schämt sich nicht, ihr Gott genannt zu werden, denn er hat für sie eine Stadt vorbereitet.« *(Hebr 11,13–16)*

Der Hebräerbrief benennt deutlich die endzeitliche Ausrichtung der Glaubenden, von Abraham angefangen, als das Kennzeichen des Weges. Es gibt also nicht die Bequemlichkeit einer bleibenden Stadt, eines bleibenden und schon vorhandenen gesellschaftlichen und darin auch kirchlichen Kontextes, der bewahrt werden muss. Ganz im Gegenteil. Glaube ist fast identisch mit einem sich sehnsüchtig ausstreckenden Aufbruch in die Zukunft, die Gott bereitet. Eine ungeheure Dynamik setzt die Vision der himmlischen Heimat frei – und sie befreit zugleich davon, sich an historisch kontingent Verwirklichungsformen des Aufbruchs vorhergehender Generationen zu binden. Nur im Aufbruch bewahrt sich die Vision des Reiches Gottes wirklich.

Kein Aufbruch um des Aufbruchs willen, kein blinder Progressismus *(der ja nur die Rückseite eines blinden Konservatismus wäre)*, sondern ein

Weg hin zur Verheißung, in den der Ruf Gottes führt. Diesen zu erkennen und ihm zu folgen, darum geht es auch heute. In der Tat: Im Kern steht nicht die Frage nach der Kirchengestalt, sondern die Frage nach der Wirklichkeit Gottes. Je wirklicher uns Gott wird, desto bereiter sind wir zum Aufbruch.

»Wir haben hier keine bleibende Stadt, wir suchen die zukünftige …« *(vgl. 13,10)*. Der Autor des Hebräerbriefes war sich der Zumutung durchaus bewusst, die in dieser Programmansage liegt. Er formuliert sie im Blick auf den gekreuzigten und auferstandenen Christus, im Blick auf sein Leben und sein Sterben.

Damit wird noch einmal deutlich, dass dieser Aufbruch, wie alle christlichen Aufbrüche, der Logik des Ereignisses von Kreuz und Auferstehung folgt. Um Frucht zu bringen, zerbricht die gegenwärtige Gestalt. Sie vergeht und ermöglicht so den Weg der Verheißung. Es gehört im Blick auf die entgegenkommende Wirklichkeit des Reiches Gottes dazu, immer wieder in der Geschichte die Verwandlung der Gestalt zu ermöglichen.

Das Wort aus dem Hebräerbrief erhellt also die eingenommene Perspektive unserer Überlegungen: Zum einen kann die gesellschaftliche wie die kirchliche Bestandswahrung nicht die eigentliche Herausforderung beinhalten. Ganz im Gegenteil würde sie verraten, dass die endzeitliche Dimension der christlichen Existenz und auch der Ekklesiologie verloren gegangen ist. Im Gegenteil gilt es immer wieder aufzubrechen zu den entgegenkommenden Verheißungen Gottes.

— *Reich Gottes konkret: die Vision vom Himmlischen Jerusalem* —

Diese Verheißungen, diese Zielperspektiven verweisen auf eine Sozialgestalt, eine Gestalt gesellschaftlichen Miteinanders in Gott. In der Offenbarung des Sehers Johannes verdichtet sich diese Perspektive im Blick auf Gottes neue Schöpfung und das himmlische Jerusalem, das von Gott den Menschen geschenkt wird und uns in der dramatischen Geschichte der Umbrüche entgegenkommt.

Der Kampf ist entschieden. Auch wenn die Menschen, und auch die Christen, auf der Erde fürchterliche Katastrophen durchleben, ist doch von Anfang an die Offenbarung des Sehers Johannes eine christologische Apokalypse: Der gegenwärtige Christus ist auch der, der kommen wird: Er ist Sieger, die Glaubenden werden in ihm gerettet. Dabei beschreibt die Offenbarung auch, dass die kommende Wirklichkeit der Herrschaft Gottes uns entgegenwächst, von Gott her auf uns zukommt und nicht das Produkt menschlicher Erneuerungsmaßnahmen ist. Aus dieser Erkenntnis heraus ist ja auch deutlich, dass der Umgang mit Visionen in der Pastoral den herkömmlichen Modus operandi ändert: Nicht Herstellung bestimmter Verhältnisse ist hier gefragt, sondern es geht darum, Gottes entgegenkommendes Handeln wahrzunehmen und zu begleiten und dabei gleichzeitig verwurzelt zu bleiben in der Grundperspektive der empfangenen Zielvision: So wird er in die Lage versetzt, Gottes Handeln wahrzunehmen und seine Zukunftsgabe zu entdecken, die doch schon ganz sein Leben ist. Aus diesen Prämissen heraus schauen wir nun näher auf die Beschreibung des Sehers:

»Dann sah ich einen neuen Himmel und eine neue Erde, denn der erste Himmel und die erste Erde sind vergangen, auch das Meer ist nicht mehr. Ich sah die Heilige Stadt, das neue Jerusalem, von Gott her aus dem Himmel herabkommen; sie war bereit wie eine Braut, die sich für ihren Mann geschmückt hat. Da hörte ich eine laute Stimme vom Thron her rufen: Seht die Wohnung Gottes unter den Menschen. Er wird in ihrer Mitte wohnen, und sie werden sein Volk sein, und er, Gott, wird bei ihnen sein ...« (Offb 21,1–3)

Es geht hier nicht um eine exegetische Auslegung des Textes[3], sondern um die Erarbeitung pastoraltheologischer Perspektiven der hier dargebotenen machtvollen biblischen Vision. Dies soll dazu dienen, Kategorien der Unterscheidung zu gewinnen für die Gestaltung des ambivalenten Übergangs.

Im Blick auf diese erste Vision des himmlischen Jerusalems wird natürlich wachgerufen, was schon die Propheten des Alten Testaments gesehen hatten: Die Zukunftsperspektive Gottes mit den Menschen zielt hin auf eine gesellschaftlich-gemeinschaftliche Wirklichkeit, in der die Gerechtigkeit Gottes sich unter den Menschen durchgesetzt hat *(vgl. Jes 2,1–5)*. Diese soziale Wirklichkeit eines Miteinander des Volkes im Blick auf alle Völker setzt auch eine Handlungsperspektive frei:»*Ihr vom Haus Jakob, kommt, wir wollen unsere Wege gehen im Licht des Herrn.*« *(Jes 2,5)*

— *Theologie der Stadt als Theologie der Gegenwart Gottes* —

Die Perspektive ist die des Glücks, ist die des Festes – vor allem aber zeichnet sich die hier beschriebene Vision durch die Gegenwart Gottes aus. Seine Gegenwart steht im Zentrum der Zukunftswirklichkeit, und klar beschrieben wird – in Fortführung alttestamentlicher Perspektiven – die innige Verbindung und Einheit Gottes mit den Menschen. Die Offenbarung des Johannes, die ja ohnehin eine Art himmlische Liturgie als Darstellungsrahmen verwendet, beschreibt die Wirklichkeit des Himmlischen Jerusalems als einen Tempel: Wie im Tempel Davids wohnt Gott hier inmitten des gesellschaftlichen Miteinanders der Menschen der neuen Stadt. Genau dies wird noch weiter ausgeführt:

»*Da entrückte er mich in der Verzückung auf einen großen, hohen Berg und zeigte mir die heilige Stadt Jerusalem, wie sie von Gott her aus dem Himmel herabkam, erfüllt von der Herrlichkeit Gottes. Sie glänzte wie ein kostbarer Edelstein, wie ein kristallklarer Jaspis.... Einen Tempel sah ich nicht in der Stadt. Denn der Herr, ihr Gott, der Herrscher über die ganze Schöpfung, ist ihr Tempel, er und das Lamm. Die Stadt braucht weder Sonne noch Mond, die ihr leuchten. Denn die Herrlichkeit Gottes erleuchtet sie, und ihre Leuchte ist das Lamm. Die Völker werden in diesem Licht einhergehen, und die Könige der Erde werden ihre Pracht in die Stadt bringen.*« *(Offb 21,10–11,22–24)*

Schon die Ortsangabe ist wichtig, nimmt sie doch die »Theologie des Berges« auf, die sich durch die Heilige Schrift zieht – hier geschieht

Begegnung mit Gott, hier geschieht definitive Offenbarung: aber nicht in Form einer Lehre, eines Wortes, sondern in der Gestalt einer Stadt: Das Wort verwirklicht sich in einer Sozialgestalt, die ganz erfüllt ist von der Herrlichkeit und der Gegenwart Gottes. Alles, was in dieser Stadt ist, wird durch Gottes Gegenwart ins Licht und so in seine eigentliche Wirklichkeit gehoben.

Worum es also entscheidend geht, das ist die herrliche, lebendige und alles verwandelnde Gegenwart des Herrn, der das soziale Miteinander der Menschen ins Licht rückt, erstrahlen lässt. Die alttestamentliche Vision der »Völkerwallfahrt zum Zion« erfüllt sich in dieser Stadt, die durch die Gegenwart des Herrn leuchtende »Stadt auf dem Berg« ist.

— *Das Himmlische Jerusalem als Ort der Offenheit und als Ursprung des Heils* —

»Die Stadt hat eine große Mauer mit zwölf Toren und zwölf Engeln darauf. Auf die Tore sind Namen geschrieben, die Namen der zwölf Stämme der Söhne Israels. Im Osten hat die Stadt drei Tore und im Norden drei Tore und im Süden drei Tore und im Westen drei Tore ... Die Völker werden in diesem Licht einhergehen und die Könige der Erde werden ihre Pracht in die Stadt bringen. Ihre Tore werden den ganzen Tag nicht geschlossen – Nacht wird es dort nicht mehr geben.« (Offb 21,12–13.24–25)

So intensiv sozial gestaltet die Zukunftsvision des Reiches Gottes in der Offenbarung gezeichnet wird, so deutlich ist auch, dass dieser Raum des Heils in der Gegenwart des Auferstandenen nach außen geöffnet ist, und wir hatten schon gesehen, dass damit die Wirklichkeit des Heils alle betreffen kann und soll. Das neue Jerusalem ist ein Ort, der anziehend und gastfreundlich wirkt – der Bezug zur alttestamentlichen Vision der Völkerwallfahrt auf den Zion ist hier evident. Aber dies gilt auch umgekehrt. Der Seher der Offenbarung greift auch die Tempelquellenvision des Ezechiel neu auf:

»Und er zeigte mir einen Strom, das Wasser des Lebens; klar wie Kristall; er geht vom Thron Gottes und des Lammes aus. Zwischen der Straße der Stadt und dem Strom, hüben und drüben, stehen Bäume des Lebens. Zwölfmal tragen sie Früchte, jeden Monat einmal, und die Blätter der Bäume dienen zur Heilung der Völker ...«

(Offb 22,1–2)

Dieser Hinweis zeigt in der Kontinuität des Alten Testaments, dass die Vision des Himmlischen Jerusalem auch ein »Außen« kennt: es geht darum, dass die Gegenwart des gekreuzigten und auferstandenen Herrn, des Lammes, sich heilend auswirkt auf die Völker und auf die ganze Welt.

So zeigen sich zusammenfassend drei Akzente einer Vision, die dem Orientierungsweg der Christen und der Kirche entgegenkommt. Sie ist tief verwurzelt im Alten Testament, wie die unübersehbare Referenz der Offenbarung des Johannes zeigt: hier werden die Heilserwartungen und die Prophetien der großen Propheten in ein Bild zusammengefügt.

Noch wichtiger aber ist, dass diese Vision sich auch in der Person des Gekreuzigten und Auferstandenen verdichtet: In seinem Leben und Sterben, vor allem aber in seiner Gegenwart als Auferstandener konnten und können die Christen just jene Wirklichkeit der Vision wiederfinden. Es erschließt sich also ein Zirkel des Verstehens: weil die Jünger in der Begegnung mit Jesus Christus genau die Wirklichkeit des Reiches Gottes schon erfahren haben, können sie wachsam der Vision gegenüberstehen, können sie entdecken, wie sich das Himmlische Jerusalem ihnen entgegenstreckt.

Damit wird noch einmal deutlich, dass ohne eine eigene Vorerfahrung auch die Vision des endzeitlichen Heils undurchdringlich bleibt. Was jetzt über die drei Grundakzente der Vision gesagt wird, setzt also entsprechende Vorerfahrungen voraus, damit auch eine »visionäre pastorale Arbeit« in dieser Perspektive möglich wird.

— »Kriterien der pastoralen Entwicklung« —

Aus der Vision des Himmlischen Jerusalems wachsen uns drei Grundakzente jeder Pastoral zu, die es im Blick auf die Herausforderungen einer neuen Kirchengestalt, und besonders im Blick auf die Entwicklung Kleiner Christlicher Gemeinschaften als Kirche in der Nachbarschaft, besonders zu beachten gilt.

Zunächst und vor allem anderen ist das Hauptkennzeichen dieser Vision die Gegenwart des Herrn. Das klingt recht banal, ist es meines Erachtens aber nicht. Natürlich ergibt sich aus jeder kirchlichen Ekklesiologie, dass die Kirche immer aus der Gegenwart des auferstandenen Christus lebt. Und seit dem Konzil wird – ausgehend von SC 7 – immer wieder auf die Gegenwart des Auferstandenen in der Mitte der Seinen *(Mt 18,20)* hingewiesen. Dennoch: was die Gegenwart des Auferstandenen wirklich meint und bedeutet, welche Erfahrungen sie freisetzt, darüber gibt es in der Kirche zurzeit eine mehr als große Unerfahrenheit.

Die Vision des Seher Johannes, aber auch schon das Alte Testament, die Erfahrungen der Jünger mit Jesus während seines Lebens, vor allem aber auch die Erfahrungen der Jünger mit dem Auferstandenen machen deutlich, dass die Begegnung mit dem Auferstandenen eine Verwandlung des Lebens impliziert, also erfahrbar ist: Hier liegt die eigentliche Pointe dieses ersten und zentralen Hauptmerkmals. Kirche, kirchliche Entwicklung und der Weg in die Zukunft ist gewissermaßen existenziell eingebunden in die Begegnung mit dem Auferstandenen.

Die weiteren Kennzeichen dieser Gegenwart des Auferstandenen in der Mitte der Seinen sind verknüpft mit einer existenziellen Ekklesiologie. Schon in den prophetischen Visionen des Alten Testaments war klar, dass die endgültige und eschatologische Begegnung mit Gott zu einer Sammlungsbewegung führt: Die Menschen werden in die universale Gemeinschaft der Familie Gottes gesammelt. Dies wird wiederum ja auch Erfahrung der Jünger, die sich in der neuen Familie Jesu wiederfinden, dies ist aber auch deutlich die Erfahrung der jungen Kirche. Die erfahrbare Gegenwart des

Auferstandenen schafft sich eine Gemeinschaft der Unähnlichen: vom Pfingstfest und der Beschreibung der Bildung der ersten Gemeinde *(die ja auch eine visionäre Normativität hat)* bis hin zur Vision des Himmlischen Jerusalem: das Zusammenfügen der Gemeinschaft Jesu als einer gelingenden und menschlich erfüllenden Gemeinschaft der Verschiedenen ist zweites wesentliches Kennzeichen, zweiter Leitstern der pastoralen Entwicklungsarbeit. In der Offenbarung des Johannes wird dies in der Metapher der ins Licht gerückten verschiedenen Schmucksteine ausgedrückt und zugleich mit der perfekten Gestalt der Stadt *(vgl. Offb 21,15–21)*.

Doch diese Bildung der Gemeinschaft in der Gegenwart des Herrn weist auch immer über sich hinaus: Es geht nicht nur darum, eine ausstrahlende und lichtvolle und gerechte Wirklichkeit des Zusammenlebens *(das Bild der Stadt)* eschatologisch zu etablieren. Noch mehr zielt das Geschenk dieser Gemeinschaft in Gottesgemeinschaft darauf ab, dass alle Menschen davon berührt werden. Die in der Offenbarung aufgegriffene alttestamentliche Vision der Tempelquelle macht deutlich, dass es nicht um eine hermetische, sondern eine geöffnete und für alle Suchenden offene Wirklichkeit geht, ja noch mehr: Diese Gemeinschaft des Herrn dient heilend den Völkern, wie ausdrücklich die Offenbarung beschreibt.

Die Gegenwart der Herrn, die in seiner Gegenwart sich zeigende Gemeinschaft, der Dienst an den Menschen – diese drei Elemente beschreiben recht gut Kriterien, die für eine Grundorientierung des zu gehenden Weges unentbehrlich sind.

Die Vision des Himmlischen Jerusalem, als Summe der von Gott geschenkten Vision des kommenden Gottesreiches, kommt uns entgegen. Doch zu fragen bleibt jetzt, wie und auf welche Weise wir heute die Zeichen der Zeit entschlüsseln können, um den Weg Gottes mit seiner Kirche zu entdecken und dabei auch ihre neue Gestalt erahnen können.

Denn im Blick auf diese Vision ist ja genau jene Perspektive eröffnet, die es erlaubt, die Umbrüche und Abbrüche der gegenwärtigen Situation zu sichten und ausfindig zu machen, welchen Weg Gott mit seiner Kirche heute gehen will.

6. Was der Geist (auch heute) den Gemeinden sagt ...

Einen Weg zu gehen setzt eine leitende Perspektive voraus. Ohne Vision verliert sich die Orientierung. Auch wenn weiterhin vieles richtig und viel Richtiges getan wird – es riskiert richtungsloser Aktivismus zu sein: »Als sie das Ziel aus den Augen verloren, verdoppelten sie ihre Anstrengungen«, wie es in der Managementsprache so schön heißt. Diese Verdopplung der Anstrengungen – bei gleichbleibenden und ausbleibenden Wirkungen – lässt sich gegenwärtig in der Pastoral beobachten. So sehr auffällig ist dies für die Akteure selbst, dass man fast den Eindruck hat, als würden Aktivismus und fatalistische Resignation einander ablösen. Was zu Recht vermisst wird, ist eine Vision, eine weiterführende Perspektive.

Nun gibt es – vom Evangelium der Gegenwart Gottes her – eine solche Vision, doch unser Problem scheint es zu sein, dass wir sie nicht erkennen, dass wir also – auch dies ist biblisch als Versuchung vermerkt – unsere Zisternen gegen den lebendigen Quell vertauscht haben. Und das bedeutet: wir bleiben blind, wir bleiben erstarrt – verstockt?

Zuweilen machen wir in unserem Wechselspiel zwischen »business as usual« und rastloser Ratlosigkeit einen solchen Eindruck:

»Euch ist das Geheimnis des Reiches Gottes anvertraut, denen aber, die draußen sind, wird alles in Gleichnissen gesagt, denn: sehen sollen sie, sehen, aber nicht erkennen; hören sollen sie, hören, aber nicht verstehen, damit sie sich nicht bekehren, und ihnen nicht vergeben wird.« (Mk 4,11–12)

Denn: offensichtlich gelingt es uns oft nicht, den Kairòs der Gegenwart, das Geschenk Gottes an unsere Zeit zu dechiffrieren. Es fehlt geistlicher Mut, und so bleibt alles beim Alten und veraltet. Und während der Kairòs vorübergeht, klagen wir ob mangelnder Perspektive. Dabei liegt es möglicherweise an uns selbst. Zu fragen ist nämlich, woran wir festhalten wollen um jeden Preis. Es ist nicht auszuschließen, dass die in einem anderen Kairòs gewonnene Gestaltwerdung einer reich ausgestatteten Volkskirche, einer reich gewachsenen Institution *(und es geht hier nicht um deren theologische Dimension)* und das gut ausgestattete Staat-Kirche-Verhältnis den Blick darauf verstellt, dass wir vor einem Umbruch stehen, der auf einen Paradigmenwechsel zielt.

Die prophetisch-charismatische Dimension des Christseins wird jedenfalls stark ausgeblendet und an den Rand gedrückt: Dass Verhältnis der verfassten Kirche zu Ordensgemeinschaften und geistlichen Gemeinschaften ist durchaus problematisch[4].

Im Blick auf die Gleichnisrede Jesu, deren Pointe wir oben zitiert haben, wird hier eine geistliche Grundherausforderung virulent: Kann es sein, dass unsere Kirche auch ohne Gottesgegenwart funktionieren würde? Braucht es den heißen Atem göttlicher Führung überhaupt, oder wissen wir immer schon, was wir zu tun haben? Es geht also um die Frage nach der Gegenwart des Auferstandenen und unserer Beziehung zu ihm – es geht um die Gottesfrage.

Um visionsfähig und damit wegfähig zu werden, braucht es eine Vergewisserung unseres Weges mit Gott – es braucht die Umkehr:

»Angesichts des Erbarmens Gottes ermahne ich euch, meine Brüder, euch selbst als lebendiges und heiliges Opfer darzubringen, das Gott gefällt; das ist für euch der wahre und angemessene Gottesdienst. Gleicht euch nicht dieser Welt an, sondern wandelt euch und erneuert euer Denken, damit ihr prüfen und erkennen könnt, was der Wille Gottes ist: was ihm gefällt, was gut und vollkommen ist.« (Röm 12,1–2)

So haben wir allen Grund, diese Ermahnung auch auf uns zu beziehen. Es ist bezeichnend, dass gerade im Kontext visionärer Vergewisserung und Ausrichtung der Christen der zweiten Generation, wie sie in der Offenbarung des Sehers Johannes erfolgt, genau die Herausforderung zur Umkehr ausgesprochen wird. Offensichtlich lassen sich Visionen und die in ihr verborgenen Wegweisungen nur dann erkennen, wenn man sich selbst wieder neu auf den Ursprung eingelassen hat. Nicht die gewonnene Kirchengestalt ist normativ, sondern die durch sie ermöglichte Nachfolgeexistenz. Sie steht jetzt zur Debatte, und unsere Kirche hat allen Grund, sich diese Mahnungen demütig anzuhören.

Die Offenbarung des Johannes richtet sich an die sieben Gemeinden in der Provinz Asien, aber intendiert, wie schon in der Siebenzahl verdeutlicht, sind alle Gemeinden, die dieses Schreiben erreicht. Die Zielperspektive der Ermutigung und der visionären Ausrichtung ist deutlich, zumal angesichts der beschriebenen Katastrophen und Bedrohungen von vornherein deutlich wird, dass Christus in seiner Gegenwart der kommende Sieger ist:

»Siehe, er kommt mit den Wolken, und jedes Auge wird ihn sehen... Ich bin das Alpha und das Omega, spricht Gott, der Herr, der ist und der war und der kommt, der Herrscher über die ganze Schöpfung.« (Offb 1,7–8)

Der Seher soll zunächst aufschreiben, »was ist« *(Offb 1,19)* – und gemeint ist damit die Situation der Kirche. Diese Situationsbeschreibungen sind Hilfe zum Weitergehen und eine Einladung zum Hinhören, wie refrainartig wiederholt wird: »Wer Ohren hat, der höre, was der Geist den Gemeinden sagt«.

Die Herausforderungen der jungen Kirchen werden benannt und anerkannt, die Beurteilung ist differenziert. Es geht also auch im Blick auf unsere Situation nicht um eine pauschale Verurteilung, sondern um eine Herausforderung, die es anzunehmen gilt.

— *Kirche ja, aber Christus?*
Von der Notwendigkeit der ersten Liebe —

Die Gemeinde von Ephesus gerät als erste in den Blick. Wiewohl sie von ihrem Tun und ihrem Engagement, ihrer Fähigkeit zur Auseinandersetzung mit falschen Propheten und ihrer Beharrlichkeit her gelobt wird, wird an sie eine Grundanfrage gerichtet:

»Ich werfe dir aber vor, dass du deine erste Liebe verlassen hast. Bedenke, aus welcher Höhe du gefallen bist. Kehr zurück zu deinen ersten Werken.« *(Offb 2,4–5)*

So sehr die Gemeinde von Ephesus also in ihrem Tun und Handeln glaubwürdig ist, wird hier eine Grundgefahr genannt: Offensichtlich kann all dies getan werden, offensichtlich kann wahre Tradition bewahrt werden, ohne dass dahinter eine innere Kraft der Liebe zu Christus steht – eben jene erste Liebe, aus der heraus ein angemessenes Handeln wachsen kann. Der Ruf zur Umkehr ist hier fundamental: Mit der Liebe zum lebendigen Christus steht und fällt auf Dauer die Kirche, auch wenn ihr alltägliches Handeln noch lange den Ursprung wiederspiegeln kann. Ekklesiale Christusvergessenheit aber droht überall dort, wo Christsein zu einer Selbstverständlichkeit wird, die nicht mehr mit der liebenden Gegenwart Christi rechnet.

Gerade dies ist eine Anfrage an unsere Kirchenwirklichkeit. Sehr lange schien es nicht nötig zu sein, eine Christusbeziehung der »ersten Liebe« zu leben, um Christ zu sein. Wenn schon seit längerer Zeit beobachtet wird, dass christliche Glaubensinhalte auch bei Christen je weniger Zustimmung finden, je spezifisch christlicher sie sind, spricht das eine beunruhigende Sprache. Doch wie sollte es auch anders sein: »Man« war ja Christ ohne je mit der Notwendigkeit einer persönlichen Hinkehr zu Jesus Christus konfrontiert worden zu sein. »Man« war Christ in Deutschland, wie man Hindu in Indien und Jude in Israel war: ohne Entscheidung und ohne Begegnung mit Christus.

Das wirkt sich aus: Die Vollzüge der Initiation sind in unserer Kirche seit mehr als einer Generation wirkungslos: wir beschäftigen uns mit speziellen Themen, aber es geschieht kaum je eine Hinführung in eine lebendige Christusbeziehung, die den einzigen Grund für das Christsein darstellt[5]. Kirche ja – aber Christus? Solches Risiko ist hier in der Offenbarung angedeutet. Das Risiko ist real und reich an Konsequenzen – damals wie heute. Die Bemühungen um eine »Pastoral der Dichte«[6], aber auch die deutliche Suche nach spiritueller Vertiefung verweisen darauf, dass die Mahnung der Offenbarung auch unsere Situation trifft.

Im Kontext visionärer Pastoral wird dies noch konkreter: Wie wir gesehen haben, hat gerade die Wahrnehmung der Vision wie die Wahrnehmung des Kairòs zuinnerst als spiritueller und geistlicher Vorgang in der Christusgegenwart zu gelten. Nicht nur die persönliche Christusbeziehung ist hier gemeint, sondern auch die kirchliche Erfahrung des Auferstandenen in der Mitte der Seinen. Es ist erschreckend, dass zwar einerseits immer wieder auf die »objektive« Präsenz des Auferstandenen verwiesen wird, wie sie sich im eucharistischen Mahl und in der Versammlung der Gläubigen gewährt, dass andererseits aber diese Christusgegenwart in ihrer verändernden Erfahrbarkeit und ihrer verändernden Kraft für die pastorale Praxis kaum bemerkt, geschweige denn in Rechnung gestellt wird.

Die Ambivalenz des Sitzungskatholizismus hierzulande ist ein gutes Beispiel unter vielen: Kirche ist ja, in allen ihren Vollzügen, als Kommunikation und Kooperationsraum angelegt, in dessen Mitte der Herr sich als Weg erweisen will – doch die Erfahrungen mit dieser Form apostolischer Unterscheidung sind eher gering. Eher zufällig werden solche Erfahrungen gemacht – insgesamt liegt im deutschen Sprachraum eine erschreckende Unerfahrenheit an dieser Stelle vor.

Die Rückkehr zur ersten Liebe konkretisiert sich also grundsätzlich in einer Rückkehr zu einer lebendigen persönlichen wie kirchlichen Christusbeziehung. Das wird uns weiter zu beschäftigen haben.

— *Kirche in Zeiten ambivalenter Esoterik:*
Von der notwendigen Eindeutigkeit —

Die Gemeinden in Pergamon *(Offb 2,12–17)* und in Thyatira *(Offb 2,18–19)* haben durchaus ähnliche Probleme. Auf der einen Seite geschieht in diesen Kirchen echte Nachfolge, auch echte Liebe und echtes Ausharren – aber die Herausforderung liegt hier an anderer Stelle:

»Bei dir gibt es Leute, die an der Lehre Bileams festhalten ... So gibt es bei dir Leute, die in gleicher Weise an der Lehre der Nikolaiten festhal-

ten ... Aber ich werfe dir vor, dass du das Weib Isebel gewähren läßt; sie gibt sich als Prophetin aus und lehrt meine Knechte und verführt sie.«
(Offb 2,14.15.20)

Offensichtlich koexistieren hier friedlich schiedlich Christen, die in der Christusnachfolge stehen mit anderen Christen, die aber Gefahr laufen, Götzendiener zu sein und aufgrund spezieller Lehren auch nicht mehr die ethischen Konsequenzen des Christseins zu leben. Problematisch ist dies für die Gemeinde insofern, als sie dieses ambivalente Zugleich lebt, und mithin kein stimmiges Zeugnis mehr zu geben vermag.

Die Situation ähnelt im Ausgang des 1. Jahrhunderts in gewisser Weise durchaus unserer nachchristlichen Epoche. Wie immer wieder betont wird, hat sich das Christentum – wie damals auch – auf einem Markt der Weltanschauungen zu behaupten. Dieser Markt aber ist inzwischen innerhalb der Kirche selbst eingekehrt, und es ist durchaus auch eine Herausforderung an uns heute, sich mit den Herausforderungen der Esoterik zu messen.

Je weniger deutlich ist, dass das Christentum eben nicht eine Religion unter vielen ist, sondern sich konstituiert aus einer personalen Beziehung zu Christus, desto eher ist es möglich, andere Elemente beizufügen. Die innere auch spirituelle Pluralisierung, die ja durchaus der Vielfalt christlicher Spiritualität entspricht, kommt da an ihre Grenze, wo Christus nicht mehr die unterscheidende Mitte ist.

Dass hier eine große Herausforderung auch unserer Zeit liegt, braucht im Einzelnen nicht unterstrichen zu werden – zu eindeutig ist, dass eine in Christus gegründete Eindeutigkeit fehlt. Hier rächt es sich bitter, dass das Christentum zu lange jegliche Religionsform in Europa überkleiden konnte, sie aber nicht wirklich durchdrungen hat. Unterscheidendes und eindeutiges Kriterium bleibt hier wiederum, »wer Jesus Christus eigentlich für uns heute ist« *(Dietrich Bonhoeffer)*. Nur aus der Verwurzelung in Ihm ergibt sich die notwendige Eindeutigkeit, die es dann versteht, die notwendige Ambivalenz religiöser Lehren in einem Akt der Unterscheidung der Geister zu sichten.

— *Christsein ohne Konsequenzen: Von der Notwendigkeit einer Umkehr zu radikaler Existenz* —

»Ich kenne deine Werke. Dem Namen nach lebst du, aber du bist tot. Werde wach und stärke, was schon im Sterben lag. Ich habe gefunden, dass deine Taten in den Augen meines Gottes nicht vollwertig sind. Denk also daran, wie du die Lehre empfangen und gehört hast. Halte daran fest, und kehr um! Wenn du aber nicht aufwachst, werde ich kommen wie ein Dieb, und du wirst bestimmt nicht wissen, zu welcher Stunde ich komme …« (Offb 3,1–3)

Der Gemeinde von Sardes wird eine Katastrophe angedroht: Sie wird den Kairòs der Gegenwart des Auferstandenen nicht mehr wahrnehmen können, weil sie sich nicht mehr existenziell aus der Begegnung mit Christus versteht. Die Christen von Sardes sind nur noch dem Namen nach Christen. Es fehlt ein existenzielles Einstimmen in die Nachfolge. Im Letzten fehlt auch hier eine lebendige Christusbeziehung.

Auch hier ist mutatis mutandis ein Blick auf die Situation unserer Kirche zu werfen. Die Unterschiede sind deutlich. Während die Christen des ersten Jahrhunderts durch eine Bekehrung überhaupt erst Christen geworden sind, ist das in der Regel in unseren Breitengraden nicht so. Sakramentalisiertes Christsein ohne jede Einführung in eine Christusbeziehung und eine Christusexistenz führt in Europa dazu, dass zwar mit Recht viele gesellschaftliche Grundwerte weiterhin christlich geprägt sind – und also irgendwie fast jeder sich noch als Christ zählen kann, auf der anderen Seite verkommt Christsein ohne Christusbeziehung zu einer blassen spirituellen und kirchlichen Praxis, zu einem blassen und sehr selektivem Gutmenschentum.

Doch in dieser Herausforderung standen auch die ersten Gemeinden. Die Vergegenwärtigung lebensverändernder Christusgegenwart bleibt zu allen Zeiten die entscheidende Herausforderung. Christsein gibt es wie das Manna nicht als speicherbaren Vorrat, sondern als lebendige Wirklichkeit im Jetzt.

Deswegen ist die Drohung an die Gemeinde von Sardes durchaus aktuell: Das Kommen des Herrn und also den Kairòs des Heute nicht wahrzunehmen, in der Dämmerung des Verdämmerns sich die Welt und ihren Gesetzmäßigkeiten anzugleichen, führt zum Untergang. Dies macht die Problemlage auch der Kirche von Laodizea aus, und die Formulierungen hier sind ausreichend drastisch:

>*Ich kenne deine Werke. Du bist weder kalt noch heiß. Wärest du doch kalt oder heiß. Weil du aber lau bist, weder heiß noch kalt, will ich dich aus meinem Mund ausspeien. Du behauptest: Ich bin reich und wohlhabend, und nichts fehlt mir. Du weißt aber nicht, dass gerade du elend und erbärmlich bist, arm, blind und nackt. Darum rate ich dir: Kaufe von mir Gold, das im Feuer geläutert ist, damit du reich wirst; und kaufe von mir weiße Kleider, und zieh sie an, damit du nicht nackt da stehst und dich schämen musst; und kaufe Salbe für deine Augen, damit du sehen kannst. Wen ich liebe, den weise ich zurecht und nehme ihn in Zucht. Mach also Ernst und kehr um!*« (Offb 3,15–19)

Die Pointe dieses strengen *(und dennoch liebevollen)* Aufrufs zur Umkehr liegt darin, dass die mangelnde Nachfolgexistenz der Christen von Laodizea zu einer entschiedenen Christusnacht führt: Sie werden ausgespien, sie haben keinen Zugang mehr und keine Nähe zu Christus und können sie von sich aus auch nicht mehr erreichen. Das geht einher mit einer krassen Fehleinschätzung der Situation, in der die Gemeinde sich befindet. Offensichtlich geht die Selbsteinschätzung des hier beschriebenen ekklesialen Atheismus von einer Autonomie des Kircheseins aus, die sich materiell abgesichert hat und ihre eigene Glaubensarmut nicht mehr in den Blick bekommt.

Wenn in der kirchlichen Diskussion des letzten Jahrzehnts das Geld und die Bezahlbarkeit der Strukturen eine so hohe Bedeutung eingenommen haben, dann besteht die Anfrage an die Gemeinde in Laodizea gewiss auch an uns. In der Tat hätte ohne Geldmangel die schon lange anstehende Diskussion um eine neue Weise des Kircheseins keine Kraft bekommen. Der institutionelle Rückbau hat aber einen Neuaufbruch zu einer anderen Weise des Kircheseins zumindest ermöglicht. Dennoch ist die materielle Sicherheit der Kirche unseres Landes kein Werkzeug gegen Glaubensmangel – immer mit der

Gefahr, dass dieser noch immer nicht in seiner Dramatik wahrgenommen wird. Außenwahrnehmungen von Christen anderer Kontinente sind hier mehr als deutliche Mahnungen.

Die Mahnungen an die Gemeinden sind ein Aufruf zur Umkehr: einer Umkehr zu einer Christusbeziehung und einer Neuausrichtung auf das Reich Gottes. Der Weg zu dieser Umkehr steht offen:

»Ich stehe vor der Tür und klopfe an. Wer meine Stimme hört und die Tür öffnet, bei dem werde ich eintreten und wir werden Mahl halten, ich mit ihm und er mit mir.« (Offb 3,20)

— *Visionsfähige Nachfolge* —

Wie das konkret geht, wird in den Sendschreiben an die Gemeinden in Philadelphia und Smyrna deutlich. Die Gemeinde von Philadelphia wird gelobt:

»Du hast nur geringe Kraft und dennoch hast du an meinem Wort festgehalten und meinen Namen nicht verleugnet... Du hast dich an mein Gebot gehalten, standhaft zu bleiben ...« (Offb 3,8.10)

Das Leben aus dem Wort und die Wirklichkeit der Gegenwart des Herrn sind die Stärke einer bedrängten Gemeinde in Kleinasien, und auch heute: Es wird zu fragen sein, in welcher Weise eine zukunftsfähige und an der Vision ausgerichtete Kirche heute das Wort des Evangeliums neu verstehen lernt und eine Erfahrung der Gegenwart des Herrn machen kann. Nicht nur für den Einzelnen gilt das Diktum von Karl Rahner, sondern auch für die Kirche als gemeinschaftliche Wirklichkeit: »Der Christ der Zukunft wird Mystiker sein, einer der etwas erfahren hat«. Und man darf Rahner wohl ergänzen: Die Gemeinschaft der Christen wird eine mystische sein, eine, die Christus in ihrer Mitte erfahren hat – oder sie wird nicht mehr sein.

Denn dort, wo dies nicht geschieht, bleibt Kirche leere Vereins-
meierei und Institution und wird auf Dauer keinen Bestand haben. Denn – so wird in der Offenbarung ja auch beschrieben – der
Kontext des Kircheseins ist ein Kontext der Bedrängnis und der
Verfolgung. Gerade in den tröstlichen Worten an die Gemeinde
von Smyrna, die reich an Bezügen zu den Evangelien, und besonders zu den Seligpreisungen sind, wird dies noch einmal deutlich:

»Ich kenne deine Bedrängnis und deine Armut; und doch bist du reich ...
Fürchte dich nicht vor dem, was du noch erleiden musst. Der Teufel wird
einige von euch ins Gefängnis werfen, um euch auf die Probe zu stellen,
und ihr werdet in Bedrängnis sein, zehn Tage lang. Sei treu bis in den
Tod, dann werde ich dir den Kranz des Lebens geben.« (Offb 2,9–10)

So wird deutlich, was Christusexistenz eigentlich im Letzten meint:
Es geht darum, in der Gemeinschaft mit Christus seine österliche
Existenz mitzuleben – dies ist die eigentliche Radikalität und der
eigentliche Reichtum des Christseins und der Kirche. Und dies ist
auch die Voraussetzung, um an der Vision teilhaben zu können.

Es könnte sein, dass die scheinbare Deckungsgleichheit von
Kirche und Gesellschaft diesen Aspekt der Leidensnachfolge in den
Hintergrund gerückt hat. Doch diese Zeiten sind auch für unsere Kirche und für unser Christsein mit dem Ende der Volkskirche
zu Ende. Das Bekenntnis und die Umkehr zu Christus können
mit dem Interesse, mit dem Widerstand und mit der Verfolgung
rechnen. Dass damit aber gerade eine Voraussetzung für die
Zukunftsfähigkeit eingelöst wird, ist deutlich geworden. Nur der
Christ, der sich auf eine lebendige Christusbeziehung einlässt, nur
die Kirche, die aus der Gegenwart des Auferstandenen lebt, ist fä-
hig, aus der Vision zu leben und den Kairòs der Gegenwärtigkeit
des Reiches Gottes zu entdecken. Zu dieser Geistesgegenwart sind
wir heute eingeladen:»Kaufe Salbe für deine Augen, damit du sehen kannst.« (Offb 3,18)

7. Unheimliche Begegnung mit der Vision Gottes?

Ich bin eingeladen. Der Verein der katholischen Männer im Bistum hat angefragt. Welche Konsequenzen hat die derzeitige Situation der Kirche für die Priesterausbildung? Und welche Vision liegt der Priesterausbildung zugrunde? Die Stimmung knistert. Das hat einen guten Grund:»Sie sind eigentlich immer unser Lieblingsfeind gewesen«, so erzählt mir später der Vorsitzende.

Ich kann es verstehen. Die forcierte Unterstützung für die Kleinen Christlichen Gemeinschaften, die in den vergangenen Jahren die Pastoral des Bistums kennzeichnet, wurde von den Verbänden und Vereinen als Kränkung aufgenommen. Das hat eine lange Geschichte: Schon in den neunziger Jahren standen die Verbände unter der belastenden Anfrage, keine lebendige Spiritualität zu vermitteln. Der Druck kam und kommt auch von innen. Denn es zeichnet sich deutlich ab, dass viele der Ortsverbände langsam und still verschwinden werden – das Durchschnittsalter bei den Männern liegt bei 63, günstig gerechnet.

Wenn dann ein noch ziemlich junger Referent in seiner ideologischen Phase das Ende der Verbände verkündet, dann kann das nur zu heftigen Irritationen führen. Dieser Referent war ich.

Doch heute ist es anders. Die Beschreibung einer Kirche im Übergang, einer Kirche, in der es Sterben, aber auch Neuaufbruch gibt, fasziniert. Ein angeregtes Gespräch beginnt, emotional sehr pointiert, aber durchaus mit immer mehr Hoffnung, gerade auch für diejenigen, die ihren Verband wohl zu Recht am Rand des Sterbens sehen. Ich empfinde Sympathie für die ehrlichen und geradlinigen Männern, deren Glauben durch und durch klassisch geprägt ist.

Und ich staune: die Perspektive des Sterbens und des Übergangs, die Hinweise auf die neuen Aufbrüche – all dies schreckt nicht, löst keinen Widerstand aus. Eher Dankbarkeit. Es ist erstaunlich, wie offen und bereit diese Männer sind, die doch für die Kirche von Hildesheim in den vergangenen Jahrzehnten eine wesentliche und tragende Rolle ausgeübt haben und ausüben.

Es gibt bei ihnen eine Sehnsucht nach dem offenen Wort, nach einer liebevollen Wahrheit. Und es gibt eine Sehnsucht nach einer Perspektive, die viele in sich ahnen, anspüren, aber ihr keinen Ausdruck verleihen können: eine geistliche Perspektive, eine Perspektive einer anderen Art des Christseins, die schon längst in den Herzen der Menschen eingesät ist. – Wie kommt das? Immer wieder erlebe sich dieses Phänomen. Überall: in Österreich, in der Schweiz, in katholischen Gebieten, mit Orden und Gemeinden, mit Priestern und vor allem mit Christen und Christinnen aller Altersgruppen.

Ich erinnere mich an einen frühen Film von Steven Spielberg: Unheimliche Begegnung der dritten Art. Außerirdische wollen mit den Menschen dieser Welt in Kontakt treten. Die ersten Berührungen sind so etwas wie »Überfälle mit Licht«. Im Laufe des Films stellt sich heraus, dass die Außerirdischen den »Kontaktpersonen« ein gleiches Bild eingeprägt haben: einen Berg. Und es stellt sich heraus, dass alle Kontaktpersonen den gleichen Berg vor Augen haben – und dass es diesen Berg tatsächlich gibt. Es wird der Berg der Begegnung sein: am Ende des Films sieht man ET aus dem Raumschiff winken …

Dieser Film kommt mir in den Sinn, wenn ich bedenke, was mir an vielen Orten begegnet. Unsere Welt, und in ihr unsere Kirche, befindet sich in einem nicht nur menschengemachten epochalen Übergang, auch wenn natürlich klar ist, dass Menschen Hauptakteure ihrer Geschichte sind und bleiben. Dennoch ist es ja der Geist Gottes, der uns Zukunft schenken will, der uns durch die Zeiten führt.

Die derzeitigen Prozesse des Umbruchs, des Sterbens und Neuanfangens kirchlicher Sozialgestalt, wollen verstanden werden aus dem verheißungsvollen Handeln Gottes an den Menschen und an Seiner Kirche. Dieses Wehen Seines Geistes geschieht eben auch so, dass Gott den Menschen einer Zeit Perspektiven seiner Vision schenkt, wie er die Menschheit erneuern will.

— *Wie Gott Visionen schenkt* —

Es geht darum, diese Perspektive zu Gesicht zu bekommen. Wie kann das gelingen? Dazu braucht es eine kurze Vergewisserung darauf, wie

Gott Visionen schenkt. Auf diesem Hintergrund ist ein Blick auf Apostelgeschichte 2 zu werfen. Hier werden wir mit der normativen Urerfahrung der Kirche konfrontiert, die – so die Exegeten – nicht einfach eine historische Wirklichkeit widerspiegelt. In der Tat erfahren wir ja im Weiterlesen, wie herausfordernd und auch konfliktreich die Wirklichkeit der ersten Christengemeinden war.

Wenn dann dennoch die idealtypischen Beschreibungen des Kircheseins ein verheißungsvolles normatives Gestaltmodell zeichnen, dann beziehen sich diese Aussagen auf die visionäre Grunderfahrung, die die ersten Christen mit der ersten Erfahrung des Kircheseins machen: es ist in der Tat eine Erfahrung in einer Erfahrung: Mitten in den ersten Widerfahrnissen des Kircheseins erahnten die ersten Christen Gottes Verheißung einer neuen Menschheit, die sich mitten in ihrer Alltäglichkeit ereignete und sie mitreißen konnte.

Diese Erfahrung mit der Erfahrung ist das eigentliche Geschenk einer Vision von Gottes Seite her. Es ist eine charismatische Gabe, die weit über das hinausreicht, was geschichtlich schon vorfindbar ist: eben eine Verheißungsgestalt der neuen Menschheit, einer »Zivilisation der Liebe«.

Genau dies geschieht durch die Geschichte der Kirche hindurch immer wieder in den charismatischen Aufbrüchen einer jeden Zeit, die zwar in einzelnen Personen beginnen, dann aber sehr viele Menschen mit einbeziehen: Man denke an Franziskus und den Aufbruch seiner Gemeinschaft, die in kürzester Zeit ganz Europa mit einbezog.

Genau so erscheint es mir auch heute. In vielen Menschen innerhalb wie außerhalb der verfassten Gemeinden gibt es ähnliche Visionsperspektiven, die eben der Heilige Geist in die Herzen der Menschen gelegt hat. Konzilien und Synoden sind Sprachversuche für diese neue Kirchengestalt, mit der das kirchliche Lehramt die Zeichen der Zeit im Licht des Evangeliums zu entdecken und zu deuten sucht.

Gewissermaßen parallel lässt sich in den Herzen der Menschen dieses visionäre Programm entdecken. Es ginge nun darum, Orte zu schaffen, an denen die Menschen – zunächst einmal losgelöst von ihrer herkömmlichen Erfahrung – ermächtigt werden, das Bild zu entwickeln und die Erfahrung zu erhellen, die Gott ihnen ins Herz gegeben hat. Es würde sich – so meine These – sehr schnell herausstellen, dass die unterschiedlichen Elemente einer neuen Kirchengestalt sich bereits in den Herzen der Menschen wiederfinden.

— *Auf den Versuch kommt es an* —

Szenenwechsel nach Hamburg im Dezember 2008. Zusammen mit den Priesteramtskandidaten fünf deutscher Diözesen arbeiten wir an der Frage nach der eigenen Vision. Im Blick auf die Konturierung einer Kirchengestalt der Zukunft bitte ich die Seminaristen, ihre eigene Grundvision zu beschreiben. Nach einer Phase der persönlichen Stillarbeit präsentieren sie einander ihre Grundvision. Und es zeichnet sich in der gegebenen Unterschiedlichkeit der Zugänge eine Kontur zukünftiger Kirchlichkeit ab, die sehr faszinierend ist – und die gleichzeitig im heftigen Kontrast zu der vorfindlichen Wirklichkeit der Gemeinden steht: eine Kirche der Präsenz, des Gebets, der tief gefeierten Liturgie und des mystagogischen Zugehens auf den suchenden Menschen; eine Kirche gelebter Gemeinschaft in Christus.

Den *(vielleicht gar nicht so großen)* Mut zu dieser Übung gewann ich durch Gespräche mit Vertretern der Priesterfortbildung im Bistum Paderborn. In einer beispielhaften Unternehmung wurden hier alle Priester des Bistums im Laufe eines Jahres mit den anstehenden Veränderungen geistlich vertraut gemacht, und zugleich entstand ein Forum, in denen die Klagen und Nöte der Priester, aber auch ihre Hoffnungen in den Blick gerieten. Die Priester wurden gefragt, welches ihre Posterioritäten, welches ihre Prioritäten sind.

Es ist das Ergebnis, das mich zutiefst anrührt und bewegt. Schaut man auf die Prioritäten und Posterioritäten, die die Priester in den Blick rücken, dann fällt auf, dass durch alle Altersstufen hindurch eine deutliche Abkehr von einer milieuchristlich geprägten Christlichkeit und der ihr entsprechenden Kirchengestalt zu beobachten ist. Dabei geht es eben nicht um grundlegende Züge priesterlicher Existenz und Wesensvollzüge des priesterlichen Amtes, sondern um anderes:

Es geht um die Rolle des administrativen Gemeindeverwalters einer klassisch geprägten und spätbürgerlichen Christlichkeit. Die Priester wünschen sich eine Kirchenerfahrung jenseits der Administration und jenseits der Sitzungen, jenseits der »Repräsentation« in Gruppen und Verbänden. Sie erahnen eine neue Gestalt des zukünftigen Christen und stellen damit das klassische Initiationsprojekt milieuchristlicher Kirche in Frage – ebenso wie die damit gegebene Fixierung auf die gemeindliche Eucharistie, die keinerlei stufenhafte Zugänge kennt. Ein Blick auf die Prioritäten macht deutlich, was in den Herzen der Priester brennt. Ihre Hoffnung zielt auf die Einzelnen und die Gruppen, die Sinn und Gott suchen, sie zielt auf eine klare Option für eine katechumenale Pastoral und auf eine Kooperation mit Engagierten, die geistlich gründet. Wenn daher die Einzelseelsorge und die spirituell-mystagogische Begleitung Suchender zu den ersten Prioritäten zukünftiger Pastoral gehören, wenn die Gestaltung der Liturgie zu den großen Optionen der Priester gehören, wenn dringend inspirierende Konzepte und Optionen für die Pastoral gesucht werden, dann entsprechen doch diese Desiderata genau der christentumssoziologischen Analyse, die von einem Zuendegehen der vorgeprägten und kerngemeindlich zentrierten Kirchengestalt ausgehen und neue Formen des Christwerdens diagnostizieren.

Ja, denn die »Pilger und Konvertiten« brauchen genau jene von den Priestern favorisierte Pastoral der Suchenden und der langen Glaubensprozesse. Dieser kurze Blick auf die Visionen der beteiligten Personen, Priester wie Suchende, eröffnet einige Fragen, die nicht alle angenehm sind:

Zum einen zeigt sich nämlich, dass sowohl viele Christen in den Pfarreien *(und solche, die es werden könnten)*, aber auch viele Priester in ihrem Herzen schon länger Visionen einer neuen Kirchengestalt tragen, die aber wohl in größerem Stil geweckt werden müssten. Es mutet geradezu tragisch an, wenn eine immer kleiner werdende Gruppe von Gemeindeaktiven den Eindruck erweckt, dass um jeden Preis eine Gemeindegestalt im Zentrum der Bemühungen stehen soll, die weder von den Priestern noch vom Großteil der Katholiken mitgetragen wird.

Zum anderen wird hier deutlich, dass die Möglichkeit einer Erneuerung nur dann vorliegt, wenn der »Raum« für eine solche gegenseitige Offenbarung gegeben wird. Genau dies scheint mir heute notwendig zu sein. Schließlich lässt sich ein Verdacht nicht ohne weiteres beiseite schieben. Die Ausbildungsprogramme für Priester wie für pastorale Berufe haben mindestens bis in die jüngste Vergangenheit hinein nicht dazu beigetragen, dass zukünftige Mitarbeiterinnen und Mitarbeiter in der Pastoral, aber eben auch junge Priester darauf vorbereitet wurden, die eigenen visionären und charismatischen Anteile ihrer Berufung zu entwickeln und einzubringen in die gemeinsame Entwicklung einer Pastoral der Zukunft. Ganz im Gegenteil wurden Priester wie pastorale Laien eingeführt in die Verwaltung einer Kirchengestalt, die ihren eigenen Grundvisionen schon nicht mehr entsprechen konnte. Es ist an der Zeit, deutliche Kursveränderungen an dieser Stelle vorzunehmen.

— Den Kairòs des Übergangs gestalten —

Zurück zum Film von Steven Spielberg. Die jeweiligen Protagonisten jener unheimlichen Vorbegegnungen mit der dritten Art wurden zusammengebracht, um an einem Ort miteinander zu spreche, und gemeinsam zu ergründen, was ihnen eigentlich begegnet ist: Es geht darum, den gemeinsamen Berg zu entdecken.

In den vergangenen Monaten ist mir drängend deutlich geworden, dass es genau eines solchen Prozesses bedarf. Überall dort, wo Menschen miteinander über Prioritäten und Posterioritäten ins Gespräch kommen können und wo sie gemeinsam über ihre Kirchenerfahrung in visionärer Perspektive ins Gespräch kommen können, bricht Hoffnung und Energie auf. Es geht darum, eine neue Grundhaltung und neue Blickrichtungen und Mentalitäten zu entwickeln. Dann wird aber auch deutlich, dass dies mit einem Vortrag oder einem Arbeitstag nicht getan ist. Es braucht Prozesse der Bewusstwerdung, die nicht nur im Theoretischen bleiben, sondern die gleichzeitig zum Aufbruch ermutigen.

So wird auch klar, dass dabei den Priestern eine große Bedeutung zukommt. Zum einen ginge es darum, mit ihnen gemeinsam den anstehenden Übergang deutlicher in den Blick zu nehmen und die darin liegende Transformation und Verpuppung der Kirchengestalt als Ereignis Gottes in den Blick zu nehmen. Zum anderen gelingt es nur dann, auch die anvertrauten Menschen in solche Prozesse mit einzubeziehen, wenn der visionäre Denkraum weit genug gespannt ist. Und lang genug.

Ja, denn den Kairòs des Übergangs wird nur der gestalten können, der sich auf einen langen Weg des mentalen und praktischen Übergangs einlässt. Unter zehn Jahren wird er nicht gelingen. Anstatt also in der eventhaften Logik des »Dinner for one« jedes Jahr sich in exkulturierten Prozeduren zu erschöpfen (»*the same procedure as every year*«), braucht es einen sehr weitgefassten und gestaltoffenen Prozess, der über Jahre mit möglichst vielen Menschen einen Weg geht, der vor allem eines ernst nimmt: Dass Gott unsere Zukunft schon längst geschenkt hat, und diese Zukunft als Vision in den Herzen der Menschen unserer Zeit liegt.

Es kommt darauf an, sie mystagogisch zu erschließen als das Zur-Welt-Kommen Gottes in unserer Zeit.

II. Vorgeschmack kirchlicher Zukunft: Stationen einer Entdeckungsreise

1. Oswalds Sterne

Wir kommen mit dem bayerischen Regionalexpress an. Ankunft in Amberg, am Freitag um 17.32 Uhr. Wir sind hier, um gemeinsam mit Bischof Oswald Hirmer einen Workshop vorzubereiten. Es ist der Beginn einer wunderbaren Freundschaft.

Die Idee war uns im Januar 2007 gekommen: Wir hatten irgendwie gehört, dass Bischof Oswald Hirmer im Juni an einigen Orten in Deutschland Workshops halten wird – und wir hatten via Mail einfach gefragt, ob er mit uns in Hildesheim nicht einen vertiefenden Workshop über Kleine Christliche Gemeinschaften durchführen könnte. Und er sagte »Ja«. Es gab nur ein Problem: Wann sollten wir mit einem südafrikanischen Bischof den Workshop vorbereiten. Es blieb nach einigem Fragen nur der Freitag/Samstag vor dem Workshop. Und deswegen sind wir jetzt in Amberg.

— *Erstkontakt* —

Wir – mein Kollege und ich – steigen aus dem Zug aus. Da steht ein älterer einfacher Mann. Nur das kann er sein. »Sind Sie Bischof Hirmer?«. Er führt uns zum Hotel, in dem wir übernachten werden. »Wir werden dann einfach essen gehen und können schon mal das Erste besprechen ...« Eine halbe Stunde sitzen wir in einem schönen Gartenlokal. »Ich bin der Oswald«, sind seine ersten Worte, mit denen er das Eis bricht. Wir verleben einige intensive Stunden, in denen wir natürlich auch den Workshop vorbereiten. Aber Oswald zeigt uns auch seinen Heimatort, den Pilgerberg und die Umgebung. Und er erzählt uns von seinem Weg. Wie er 1957 als fidei donum Priester nach Afrika wollte, und damals – mit einiger Energie – dieses Ansinnen zusammen mit seinem Jahrgangsgefährten Fritz Lobinger auch gegen eine widerspenstige Diözese durchgesetzt hat. Damals waren sie zu zweit nach Afrika gegangen, mit dem Ideal einer bayerischen Dorfpfarrei im Herzen. Erst nach dem Konzil und nach einem Promotionsaufenthalt in Münster kehrten sie nach Afrika zurück mit einem ganz anderen Denken. Ihnen war klar, dass das Konzil eine neue Weise des Kircheseins braucht. Zentral war dabei die Frage, wie die Würde des gesamten Gottesvolks in den Blick kommen kann.

Oswald erzählt ausführlich, wie das »Gospelsharing« entstanden ist. Lobinger und Hirmer war schnell klar, dass eine Kirchengestalt im Ausgang des II. Vatikanums nicht nur in Pastoralplänen entwickelt werden kann – es braucht auch einen Ort, an dem diese neue Weise des Kircheseins praktisch geschult werden kann. Denn nicht nur ein Element einer überlieferten Kirchenpraxis ändert sich mit der Ernstnahme des Konzils, ein anderes Gefüge entsteht: Weg von einem einseitigen Klerikalismus hin zu einer Kirche, die dem gemeinsamen Priestertum aller Gläubigen traut; weg von einer Versorgungskirche hin zu einer Kirche, in der alle ihre Gaben einbringen können und die dezentral lebt und wächst; weg von einer Kirche der Spezialisten, die Katechese und Wort Gottes dem Volk Gottes nicht zutraut, hin zu einer Kirche, in der alle am Evangelium teilhaben können, auch jene, die nicht lesen können.

»Das haben wir damals so gemacht. In unserem neuen Lumko-Institut haben wir aus ganz Süd- und Ostafrika die Erfahrungen zusammengebracht. Denn schon seit den 60er Jahren gab es in Zaire und vor allem in den ostafrikanischen Ländern Versuche, das Evangelium allen zugänglich zu machen. Und nachdem wir alle Experten gehört haben, haben wir unseren eigenen Weg entwickelt und wollten ihn in den Dörfern ausprobieren. Auf dem gemeinsamen Weg hat einer der Katechisten plötzlich ei-

nen neuen Vorschlag gemacht: Weil nicht alle lesen können, könnte man es doch so machen, dass nach einem ersten Lesen die Beteiligten ›by heart‹ den Text wiederholen, dann schweigen und sich dann über das austauschen, was ihnen wichtig geworden ist … Das war die Geburtsstunde des Bibel-Teilens – wir waren bei unseren Besuchen in den Dörfern gar nicht über diesen Versuch hinausgekommen, der unglaublich viel Resonanz erzeugt hatte. Danach haben wir in Lumko Schritt für Schritt den Weg des Bibel-Teilens entwickelt …«

Drei Tage später sind wir mit Oswald in Hildesheim. In seiner geistlich tiefen und einfachen Weise, gewürzt mit einer gelassenen Heiterkeit, werden wir in die Theologie und Praxis der Kleinen Christlichen Gemeinschaften eingeführt. Immer tiefer bemerken wir 20 Teilnehmer aus mehreren Diözesen Deutschlands, dass wir hier nicht vor einer pastoralen Methode stehen, sondern vor einem tiefen geistlichen Ansatz einer im Konzil verwurzelten Praxis des Kircheseins, die das Angesicht der Kirche prägen und umgestalten kann.

— *Exposure in Hannover* —

Zu einem der wichtigsten Erfahrungen dieses Workshops gehört der Abend, an dem wir ausschwärmten und Kleine Christliche Gemeinschaften besuchten. Ich fahre mit zwei anderen Teilnehmern nach Hannover. Freundlicher Empfang. Das BibelTeilen beginnt. Sofort können wir erfahren, dass gerade das BibelTeilen in eine Christusgemeinschaft führt, bei der es keine Rolle spielt, wie lange du schon dabei bist. Wir sind »gleich« in Christus. Und als wir zum sechsten Schritt kommen, geschieht etwas Neues. Bis dahin hatte die kleine Gemeinschaft nie genau gewusst, worin ihr Beitrag, ihre Sendung, ihr Dienst bestehen kann. Aber an diesem Abend erkennen wir gemeinsam etwas Neues – eben genau die Sendung, die die Kleine Gemeinschaft leben kann …

Am späten Abend kommen wir zurück. Wir spüren, dass sich die Atmosphäre geändert hat. Wir treffen die anderen – mit einem lä-

chelnden Oswald – in der Bierstube. Freude, genauso spüren es alle.
Vielleicht ist das eine der grundlegenden Erfahrungen der Kleinen
Gemeinschaften: Dort, wo wir nicht unter uns bleiben, wo wir gast-
freundlich sind und wo wir erfahren können, dass Christus einan-
der Unvertraute zusammenführt, bricht die Erfahrung einer neuen
Kirchlichkeit an, die einfach frohmachend ist.

— Die drei Leitsterne —

Immer mehr entdecken wir zusammen mit Oswald, dass es hier gar
nicht darum geht, Kleine Christliche Gemeinschaften als neue pastorale Initiative zu programmieren – nein, es geht um einen neu-
en Stil und eine neue Kultur der Pastoral, die das Wesentliche des
Kircheseins in allen Bereichen unserer pastoralen Aktivitäten auf den
Punkt bringt. Und das wird uns deutlich, als Oswald uns die »Drei-
Sterne-Pastoral« vorstellt:

»Überall, wo ihr in der Kirchengemeinde handelt, könnt ihr diese
drei Sterne einbringen. Mit ihnen kann man jede Aktivität durchpla-
nen, aber eben auch evaluieren …«, so Oswald. Er stellt sie uns vor.

Zuerst geht es bei allem Tun und Handeln in der Kirchengemeinde
um die Grundfrage: Ist die Christusgegenwart lebendig erfahrbar?
Dieser erste Leitstern berührt uns alle sehr. Ist die Pastoral, in der wir
alltäglich handeln und selbstverständliche Aktivitäten durchführen,
geprägt von dieser Leitfrage? Sind wir Erfahrene in Sachen Christusgegenwart? Sprechen wir über Christus als einem Anwesenden oder einem Vergangenen? Was genau heißt Christusgegenwart und wie kann
man sie erkennen? Es wird deutlich, dass hier »in nuce« das BibelTeilen,
wenn man es ernst nimmt, einen Erfahrungsraum gewährt. Im ersten
Schritt sind alle Teilnehmer eingeladen, den gegenwärtigen Herrn zu
begrüßen … Es ist – auch bei diesem Workshop – unsere Erfahrung,
dass schon mit diesem ersten Schritt die geistliche Atmosphäre sich ändert: Es findet so etwas wie ein Subjektwechsel statt. Waren wir vorher
eine Gruppe, die sich der Schrift aussetzt, wird hier Christus derjenige,
der uns sammelt und der uns den Sinn der Schrift erschließt.

Wie kann man das umsetzen? In kleinen Arbeitseinheiten überlegen wir, wie diese Frage nach der Christusgegenwart sich auswirkt auf Gemeindefeste, auf die Kommunionvorbereitung, auf den
Besuchsdienst … Spannend ungewohnt.

Der zweite Leitstern heißt Gemeinschaft:»Alles, was wir tun,
soll dazu beitragen, dass Gemeinschaft wachsen kann«, so in aller
Kürze Oswald. Für mich erweitert sich diese zweite Dimension der
Pastoral mit einem spezifischen Genitiv: Es geht nicht um eine Gemeinschaft der sich immer schon Vertrauten, der Milieugleichen,
der Ähnlichen, sondern es geht um eine Gemeinschaft, die Seine
Gegenwart stiftet, eine Gemeinschaft, die in ihm »Einer« ist, »ein
Herz und eine Seele«, »Christus in seiner vollendeten Gestalt« – es
geht um die Gemeinschaft der von Christus Zusammengerufenen,
um die Ekklesia als »Gemeinschaft der Unähnlichen«. Auch dies ist
eine Dimension, die wir in unserem Workshop durchspielen. Auch
hier ergeben sich – gerade angesichts der »milieubereinigten« Pfarrgemeinden – Herausforderungen für unsere pastorale Praxis: Wen
haben wir im Blick, wie können wir gastfreundlich sein, wie können wir eine Vielfalt ermöglichen und bewahren? Denn es ist gerade
das Kennzeichen der Kirche, dass nicht die Ähnlichkeit, sondern die
Unähnlichkeit – zumal in Zeiten postmoderner Pluralität – Kennzeichen und Zeugnis für Christus ist.

Und schließlich der dritte Leitstern: Charisma und Sendung.
Alles Tun und Handeln der Kirche zielt darauf ab, dass wir unsere Sendung für und in unserer Welt entdecken und entsprechend
handeln. Das setzt auf der einen Seite voraus, dass die Gemeinschaft
der Unähnlichen in der Gegenwart des auferstandenen Christus die
Gaben eines jeden und einer jeden entdeckt und ins Spiel bringt.
Doch diese innere geistliche Vergewisserung dient eben nicht dazu,
»Ehrenamtliche« für innergemeindliche Aktivitäten zu finden, sondern zugleich geschieht der Blick nach außen: Für wen sind wir gesandt, mit welchen Charismen können wir der Welt dienen?

Hier wird die Herausforderung einer neuen Kultur des Kircheseins mehr als deutlich: Weder der charismenorientierte Ansatz noch
der Blick auf die Weltsendung ist uns vertraut. Aber was könnte es

heißen, diese Dimension bei der Planung eines Gemeindefestes, bei der Durchführung einer Sakramentenvorbereitung, in einer Pfarrgemeinderatssitzung in den Blick zu nehmen? Der heiße Atem einer Kirchenerneuerung wird uns bewusst, und nicht umsonst kommen wir hier schnell in grundsätzliche Diskussionen.

So endet der Workshop. Wir sind bezaubert, ja durch die drei Sterne buchstäblich in ein neues Universum versetzt, das uns – so konkret und so geistlich zugleich – sehr anzieht. Aber vor allem haben wir in diesem Workshop nicht nur etwas gelernt, sondern etwas erlebt. Ein Teilnehmer sagt am Ende: »Ich habe zum ersten Mal in meinem Leben erfahren, was Ostern meint: Christus ist wirklich auferstanden – das habe ich erlebt«.

»The method is the message«, so heißt eine der Grundlinien der Fortbildungen, die aus Lumko durch die Welt geht. Ja, genau so war es. Danke, Oswald.

2. Wie Gott in Frankreich

Faszinierend. Bischof Josef Homeyer hatte kurz vor seinem Ruhestand im Jahr 2004 einen Artikel über die Diözese Poitiers verteilt. Faszinierend, was dort zu lesen war. Ein französisches Bistum hatte sich angesichts der Herausforderungen und Veränderungen auf den Weg zu einer umfassenden Erneuerung gemacht. Und insgesamt hatte das Bistum einen Schritt über das bisherige Pfarreiprinzip hinaus gewagt: Es strukturiert sich nun in größeren pastoralen Einheiten, die mehrere Pfarreien umfassen. Innerhalb dieser größeren pastoralen Einheiten können sich dann Basisgemeinden bilden, die von beauftragten Christinnen und Christen geleitet werden. Gerade die Beschreibung dessen, was hier an Selbstständigkeit der Gemeinden vor Ort möglich ist, und wie diese Entwicklung vom dortigen Bischof gefördert wird, elektrisierte uns alle – denn wir standen ja gerade vor gewaltigen strukturellen Einschnitten im Bistum Hildesheim, und hier bot sich eine weitreichende Lösung unserer strukturellen Fragen an. Beeindruckend der Mut und die geistliche Klarheit der französischen Akteure, und inzwischen kann man die Poitiers-Erfahrung an vielen Orten nachlesen[7].

— *Kann man Strukturen rezipieren und übertragen?* —

Doch so verständlich unsere Begeisterung ist, reicht sie weit genug? Wir wollten angesichts der anstehenden Strukturmaßnahmen den Gemeinden einen Weg anbieten, wie sie in einer neuen Situation die Ebenen der Pfarrei unterscheiden und dabei einen Weg finden könnten, die Ortsgemeinden neu zu strukturieren und so auf einer lokalen Ebene Verantwortungsstrukturen zu bilden.

Wir sind dabei aber offensichtlich zu kurz gesprungen. Denn ist das Bistum Poitiers vor allem ein Strukturmodell? Je öfter ich mit Experten wie Hadwig Müller oder Martin Lätzel zusammenkam, desto mehr ging mir auf, dass die Frage nach der Strukturierung einer Kultur lokaler Basisgemeinden nicht der Hauptfokus war. Unsere Rezeption dieser Erfahrung beschränkte sich – wie oft – auf die Struktur, aber dies ist ja nur die letzte Konsequenz eines viel grundsätzlicheren Wandels. Und wieder die Frage: Kann man gewissermaßen die strukturellen Blüten einer inneren Reform einfach so übertragen, ohne die vorhergehende fundamentale Phase des Wachstums hin zu einer neuen Kirchengestalt und letztlich auch zu einer neuen Verantwortungsstruktur wahrzunehmen und mitzugehen?

Ein solcher Rezeptionsprozess ist irgendwie typisch: Wir überspringen das langsame und grundlegende Wachstum einer neuen Art des Kircheseins und übernehmen einfach schnell das Ergebnis für unsere Zwecke. Das war schon mal so: Unter dem Leitwort »Auf eine neue Art Kirche sein« hatte unser Bistum seit 1990 versucht, Kleine Christliche Gemeinschaften und das BibelTeilen einzuführen. Aber es war ganz ähnlich. Damals galten Kleine Christliche Gemeinschaften als eine Möglichkeit, die bestehenden Gruppen in den Gemeinden zu geistlich verwurzelten Gruppen weiterzuentwickeln. Neue Gruppen entwickelten sich als geistliche Gemeinschaften und geistliche Selbsthilfegruppen. Und das BibelTeilen wurde missverstanden als einfache Methode, um Gruppen, Räte, Verbände und Gemeinschaften geistlich zu formen, –»zu einfach«: Etwas arrogant wurde oft gesagt, dass BibelTeilen eben eine zu simple Methode für uns bibelaufgeklärte Europäer sei. Das ging seinerzeit gründlich schief.

Natürlich liegt ein solcher verkürzter Rezeptionsprozess nah, aber er trägt alle Anzeichen eines fundamentalen Missverständnisses: die Ergebnisse ohne die Prozesse zu ihrer Entstehung zu übernehmen, im Interesse einer bestandswahrenden Weiterentwicklung des eigenen Modells – das erinnert nicht wenig an die Warnung Jesu, dass man doch nicht einfach von einem neuen Gewand Teile herausschnipseln kann, um damit die Löcher zu stopfen, die in einem alten Gewand entstanden sind ...

Gleichzeitig ist es aber vielleicht kein Zufall, dass wir für solch verkürzte Rezeptionsprozesse anfällig und versuchbar sind. Was fasziniert, kann man vielleicht schnell »umsetzen«. Damit wird das Ausmaß dieser pastoralen Versuchung deutlich: Unsere pastorale Kultur denkt sehr eventorientiert und ist an schnellen Ergebnissen interessiert – aber eben nicht an fundamentalen Wachstumsprozessen: Auf eine andere Art Kirche zu werden ist ohne einen langen partizipativen Prozess gemeinsamer Vergewisserung visionärer Perspektiven nicht zu haben.

— *Lernen von Frankreich* —

Auf dem Symposion zu Kleinen Christlichen Gemeinschaften im November 2008 in der Nähe von Hildesheim sprach der Hamburger Theologe Martin Lätzel über die Entwicklungen in Poitiers. Einen Satz habe ich behalten, der sich mir tief eingegraben hat:

»Diese Entwicklung ist nur möglich geworden, weil man in Poitiers Vertrauen investiert hat. Spricht man mit Bischof Rouet, dann sagt er immer: ›Ich habe Vertrauen in meine Mitbrüder und Mitschwestern dort vor Ort, in den Basisequipes.‹ Und redet man mit den Leuten in den Gemeinden am Ort, dann hört man: ›Wir haben Vertrauen in unseren Bischof – der

macht das schon.‹ Beides kann man in deutschen Diözesen nicht so oft hö-
ren, von beiden Seiten nicht«.

Diese etwas bittere Aussage ist nachvollziehbar. Vertrauen ist viel
zu oft seltene Währung, obwohl wir sicher auch wissen, dass ohne
Vertrauen keine Entwicklung möglich ist.

— *Frankreich in Hamburg* —

Aber diese vertrauende Kirche näher kennen zu lernen, das wurde und wird mir mehr und mehr wichtig: Und so finde ich mich
im März 2009 in Hamburg wieder, wo unter dem Titel »Wie Gott
in Frankreich« der Deutsche Katechetenverein einlädt. Ein frohes
Wiedersehen mit Hadwig Müller und Martin Lätzel macht neugierig
auf ihre Beiträge. Ich bin hier, um zu lernen:
Aber, so bringt Hadwig Müller schnell ans Licht, Lernen ist
eine gefährliche Sache. Es bedeutet immer neu Veränderung und
Überwindung der abwehrenden Haltungen, die doch so gewohnt
sind: »Bei uns ist das alles anders, und darum geht es nicht …« – »Wir
machen das schon lange so«. Das will überwunden werden. Nach
diesem Auftakt erschließt Müller dann die unterschiedliche Weise
der Wahrnehmung der kirchlichen Situation. So ähnlich nämlich
die Szenarien sind, die sich seit den goldenen 60er Jahren *(auch der
französischen Kirche)* ereignen, so ist doch die Analyse sehr verschieden.
Die französische Kirche gibt dem Mangel und dem Nichtwissen eine
positive Bedeutung, so dass Prozesse denkbar werden: Nicht die si-
cheren Antworten, sondern das tastende und auf Antwort hoffende
echte Fragen wird leitend, wie der Gesprächsprozess, der zum sen-
sationellen Schreiben der Bischöfe »Proposer la foi« führt, bezeugt.
Diese Kultur eines dialogischen Findens impliziert ein großes Vertrauen. Denn wie auch im deutschsprachigen Raum – aber mit un-
gleich weniger Mitteln, um den Prozess zu verzögern – erlebt die
französische Kirche das flächendeckende Zerbröseln einer ehemals
milieukirchlichen Struktur, die Danielle Hervieu-Leger brillant

analysiert hat, wenn sie das langsame Dahinschwinden der »praktizierenden Katholiken« diagnostiziert zugunsten der »Pilger und
Konvertiten« – mit allen Konsequenzen für die Kirchengestalt.

— *Der Blick auf das Paschageheimnis:*
   was erlischt und was ans Licht kommt —

»Aller au coeur de la foi«: die französische Kirche hat sich in diesen Dialogprozess mit den Christen und Zeitgenossen gestellt
und ist dabei auf den Grund des Glaubens zurückgekommen.
Und in die Mitte des Nachdenkens rückt das Paschageheimnis,
und die Konzentration auf die Liturgie der Osternacht und die
Taufkatechese führt dann auch zu einer neuen Perspektive im
Blick auf die Entwicklung von Glaube und Kirche. Denn, so wird
schnell deutlich, dieses Paschageheimnis bestimmt dann auch die
Perspektive der Zeitdeutung: Das Entschwinden und Zerfallen
und die damit verbundene Trauer wird nicht als Defizit und
Mangelerscheinung wahrgenommen, sondern in der Logik des
Sterbens und Auferstehens ist hier Abschied zu nehmen und zu
trauern, weil nur so das Neue wahrzunehmen ist, auch wenn es eher
unscheinbar und klein ist. Diese Perspektive lädt dazu ein, die neue
Wirklichkeit des Glaubens und der Kirche als Weg vom Tod zum
Leben zu erkennen, auf dem Kirche in neuer Gestalt wird – und dies
anzunehmen als Gottes Geschenk an uns und unsere Zeit. Kirche
und ihr Erhalt stehen dabei eben gar nicht im Mittelpunkt, sondern im Vertrauen auf Gottes Handeln im Rhythmus von Sterben
und Neuwerden wird zur entscheidenden Leitfrage, wie auch heute das Evangelium Glauben wecken kann. In diesem Versuch, den
je immer neu sich ereignenden Rhythmus des Osterereignisses
vertrauensvoll anzunehmen, zielt die Pastoral nicht mehr auf
eine »pastoral d'encadrement«, verstanden als flächendeckender
Pastoral, die um jeden Preis den Bestand zu sichert.
  Die französische Kirche hat deswegen ihre Pastoral aus der Perspektive des Osterereignisses neu verstanden als »pastoral d'engen-

drement«, als Pastoral, in der neues Leben gezeugt wird: Damit wird die Kategorie des Werdens, des Wachsens, des »Hervorkommens« bedeutsam. Wie der Glaube wächst, wie Kirche im Werden ist, das wird neu zu buchstabieren sein.

— *Elemente einer neuen Kirchengestalt* —

Zerfällt eine alte Kirchengestalt, so liegt das – wie die französischen Theologen beschreiben – an den fundamentalen Veränderungen der Gesellschaft und ihrer modernen Kultur, in der wir bislang gelebt haben. Doch dieser Zerfall führt nicht zum Ende, sondern zum Auferstehen sowohl einer neuen gesellschaftlichen Kultur wie einer Kirche, die in ihr, wie schon das II. Vatikanum prophetisch wahrnahm, »Zeichen und Werkzeug« ist und nicht mehr deckungsgleich mit der Gesellschaft.

Martin Lätzel formuliert dann an jenem Abend einige pastorale Konkretionen dieser kirchlichen Kulturwende: Wenn es nicht zuerst um kirchliche Bestandswahrung geht, sondern darum, wie Christus und seine frohe Botschaft heute den Menschen wirkungsvoll begegnen können, dann wird es mehr als früher darum gehen müssen, dass Kirche im sozialen Nahraum erfahrbar ist. Die Leitfrage pastoralen Engagements wird dann sein, wie christlicher Glaube vor Ort gelebt werden kann. Das Modell von Poitiers ist also eben nicht der Versuch, eine bisherige flächendeckende Versorgungspastoral weiterzuführen, sondern die nach dem Untergang dieser Möglichkeit entstandene Chance, die Christen und Christinnen in lokalen Gemeinschaften zu versammeln, deren Mitte der auferstandene Herr ist: Dies kann in verschiedener Weise sowohl katechumenale Gemeinschaften, die aus dem Wort Gottes leben, wie auch eucharistische Gemeinschaften betreffen. Die Leitungsstrukturen und die Fragen der Begleitung durch Priester und Hauptberufliche sind auf diesem Hintergrund neu gestaltet. Das Territorialprinzip wird damit nicht aufgegeben, sondern neu gestaltet mit der Priorität von lebensraumorientierten Lokalgemeinschaften.

Zugleich zeigt sich hier, dass nicht vor allem die Kirche im Werden ist und andere Gestalten annimmt in den Basisgemeinschaften der Christwerdenden, sondern das Christwerden insgesamt unter ein anderes Profil gerät: Christwerden ist eine Frage der Berufung – anstelle des Erbes, das übernommen wird. Eine neue Theologie des Rufens führt auch zu einem neuen Blick auf die grundlegende Charismenorientierung der Pastoral. Und natürlich wird klar, dass Katechese zu einer Hauptaufgabe wird, die sich deutlich an allen Berufenen, also sowohl an Kindern und Jugendlichen, vor allem aber auch an den Erwachsenen orientiert: Die französische Orientierung der Katechese am Osterereignis und der damit verknüpften katechumenalen Logik verweist auf einen lebenslangen existenziellen Aneignungsprozess.

Diese Perspektive verändert natürlich auch die Rolle der Priester und der Pfarrer, die vor allem für die Stärkung des Glaubens und für die Katechese wichtig werden, wie auch dafür, die Communio in all ihrer Vielfalt zu ermöglichen. Das führt aber auch dazu, dass es zu neuen Weisen der »Formation« und Ausbildung kommt: Die französische Kirche entwickelt deswegen das Format von »Kirchenvolkshochschulen«, in denen Christwerdungsprozesse, aber auch die Ausbildung der Priester im Zusammenklang geschehen, vor allem aber auch Prozesse des Kirchelebens erlernt und eingeübt werden.

— *Kann man von Frankreich lernen?* —

Wie immer, wenn ich in die französischen Erfahrungen eintauchen darf, bin ich am Ende dieses Abends mehr als begeistert. Und immer mehr wird mir deutlich, dass es dabei eigentlich nicht um die konkreten und kreativen Ideen der Pastoral geht – sondern um einen wirklichen Wandel der pastoralen Kultur: Vor allem zeichnet sich diese Kultur dadurch aus, dass sie Gottes Handeln in diesem Wandel, den wir durchleben, ernst nimmt und in der österlichen Perspektive des Sterbens und Geborenwerdens lesen kann.

Gleichzeitig wird aber auch mehr als deutlich, dass nicht das Ergebnis eines Lernprozesses einfach übernommen werden kann. Vielmehr sind die französischen Erfahrungen, und nicht nur diese, Einladungen, die eigene Kirchenkultur in einem Prozess des geistlichen Lesenlernens hineinzubringen, damit die Erfahrungen in den eigenen Kulturraum eingewurzelt werden können. Umgekehrt wird sich immer zeigen, dass die Übernahme von Entdeckungen scheitern wird, wenn wir uns nicht der Mühe eigener Bewusstwerdungs- und geistlicher Umkehrprozesse unterziehen.

3. Finding faith today: Begegnungen mit John Finney

Im September 2006 sind wir in Leipzig. Ein großer Kongress der Arbeitsgemeinschaft missionarischer Dienste *(AMD)*. Mehr als 800 Pastorinnen und Pastoren treffen sich drei Tage zu Workshops und Vorträgen. Zwei Teilnehmer sind katholisch – das sind wir. Allein eine solche Veranstaltung beeindruckt mich. Ich frage mich, ob und wie wir das in unserer Kirche organisieren könnten. Aber wir sind froh, hier zu sein. In so hoher Qualität und in solcher Dichte können wir hier in den Dialog treten mit missionarisch ausgerichteten Christinnen und Christen. Bei der Eröffnungsveranstaltung spricht Bischof Huber – und es hört sich genau so an, wie es auf einem katholischen Kongress klingen würde, wären da nicht die unvermeidlichen protestantischen Spitzen. Überhaupt, es ist interessant und bedeutsam, dass beide großen Kirchen ein Achsenjahr der Hinwendung zu einer missionarischen Perspektive kennen: 1999 fand in Leipzig die Synode der EKD statt, die eine Option für eine missionarische Kirche verabschiedete und damit die Freunde der AMD aus dem Geruch des Evangelikal-Sektiererischen herausholte und in den Mittelpunkt rückte. Und war es nicht »Zeit zur Aussaat«, das fast zeitgleich von Seiten der Deutschen Bischofskonferenz erarbeitet wurde?

— Ein anglikanischer Glaubenskurs —

In Leipzig werden in einem Workshop Glaubenskurse für Erwachsene vorgestellt. Und darunter ist auch der Emmauskurs, der kürzlich ins Deutsche übersetzt worden ist. Von allen Glaubenskursen elektrisiert er mich, weil er sich programmatisch als Anknüpfung an den altchristlichen Katechumenat versteht. Natürlich möchte ich mehr darüber erfahren, und so lande ich am Nachmittag desselben Tages in einer Veranstaltung mit dem anglikanischen Bischof Stephen Cotrell. Er wirkt hier fast exotisch mit seinem römischen Priesterkragen und gehört offensichtlich der anglikanischen Hochkirche an.

Der Emmausglaubenskurs ist entstanden aus einer Krise der anglikanischen Kirche. Anfang der 90er Jahre war wirklich eine missionarische Wende notwendig angesichts der deutlichen Auflösungserscheinungen der volkskirchlichen Gestalt und der massiven Finanzkrise. Doch mehr als ein Glaubenskurs ist der Emmauskurs eine Kirchenentwicklungsprogramm. Eine Arbeitshilfe wird an alle ausgeteilt:

»Wir beginnen immer so. Es geht in erster Linie darum, sich darüber klar zu werden, mit welchen Menschen wir leben, welche Kontakte wir in unserer Gemeinde haben. Deshalb ist es zuerst wichtig, sich überhaupt zu fragen, wie es den Menschen in unserem Stadtviertel geht. Wenn wir eine Kirchengemeinde sind, dann müsste es uns wichtig sein, wie wir den Menschen dienen können, mit denen wir leben: Braucht es in unserem Stadtviertel Hilfen für Alleinerziehende? Müssten wir uns um die älteren Menschen kümmern? Das geht natürlich nur, wenn wir die Menschen kennen, mit ihnen in Beziehung treten und ihnen dienen... Deswegen braucht es auch keine große Öffentlichkeitsarbeit, wenn ihr einen Glaubenskurs machen wollt. Kommen werden vor allem die, die mit euch in Beziehung stehen und euch trauen ...«

Darum geht es zunächst beim Emmauskurs in einer ersten Phase: in Beziehung zu treten mit den Menschen, mit ihnen leben und ihnen dienen. Und so startet Bischof Cotrell:

»Aber schaut doch bitte noch einmal auf eure Arbeitshilfe. Wisst ihr eigentlich, wie viele Menschen ihr in eurer Kirchengemeinde einfach so trefft, weil sie kommen: Schreibt doch einmal auf, wie viele Menschen im Laufe eines Jahres in die Kirchengemeinde kommen, aus den verschiedensten Anliegen, bei Hochzeiten, Beerdigungen, Taufen usw. … Es sind immer mehr als die Gemeinde Mitglieder hat. Wie geht ihr mit diesen Menschen um? Könnt ihr euch vorstellen, sie zu einem eurer Glaubenskurse einzuladen?«

Ein wenig verblüffend ist das, doch sehr überzeugend und faszinierend. Die Frage nach dem Glaubenskurs ist zuerst eine Frage an die bestehende Pfarrgemeinde, ihre Inkulturiertheit und ihre Beziehungsfähigkeit: Leben wir dort, wo wir als Christen zur Kirche zusammengerufen sind und erkennen wir unsere Sendung und Mission dort, wo wir leben. Auf katholisch: Teilen wir Hoffnung und Freude, Trauer und Angst mit den Menschen, mit denen wir leben? Und noch weitergehend: Trauen wir den Menschen, die uns bei den verschiedenen Gelegenheiten und Kasualien begegnen, eine Sehnsucht nach Glauben zu? Ich gebe zu, diese Frage ist mir in meiner Zeit als Pfarrer schon gekommen, aber … wie soll man damit umgehen? Was hier vorgeschlagen wird, reicht weiter: Es bräuchte eine konkrete Ausrichtung der Gemeinde auf die Menschen, die uns begegnen, einen Blick auf sie, der voller Hoffnung ist und der ihnen die Begegnung mit dem lebendigen Gott anbieten und schenken will.

Bischof Cotrell erzählt dann vom Emmauskurs, der sich signifikant von den Kursen unterscheidet, die ich schon kenne: der Alphakurs, aber auch die Kurse von Leo Tanner, Klemens Armbuster und Hubert Lenz kennen meistens einen längeren Input, eine Austauschrunde und das Plenumsgespräch. Hier ist es anders: der Emmauskurs umfasst 15 Einheiten, die ohne lange Inputs auskommen und stattdessen von Anfang an auf Gespräch und Dialog angelegt sind. Und sie unterscheiden sich dadurch, dass sie in ganz kleinen Hausgruppen wie auch in großen Settings funktionieren. Das alles spricht mich an. Am Ende der Veranstaltung gehe ich zu Bischof Cotrell und lasse mir die Adresse geben. Meine Neugierde ist geweckt.

— *Ein Bischof und seine nichtresidierende Domkapitularin* —

Kein halbes Jahr später sitzen wir – mein Kollege und ich – in Kassel. Eine Einführung in den Emmauskurs hat uns in Kontakt mit der hessisch-nassauischen Landeskirche gebracht. Aber nicht Bischof Steven Cotrell, sondern ein anderer anglikanischer Bischof ist da. John Finney, zusammen mit Felicity Lawson, die Mitentwickler des Emmauskurses sind. Mit Engländern zusammen zu sein, das ist immer ein besonderes Vergnügen. Augenzwinkern, Scherze, und gleichzeitig eine spirituelle Ernsthaftigkeit, die einfach anrührend ist.

Altbischof Finney hat den Kurs entwickelt, als er in den 90er Jahren die Initiativen der evangelisierenden Dekade der Kirche von England leitete. Im Vorfeld standen ausführliche empirische Untersuchungen zur Frage, wie erwachsene Menschen zum Glauben kommen: »Finding faith today«: Er untersucht in diesem Buch die deutlich säkularisierte Situation der englischen Gesellschaft und kann plausibel machen, dass nach den Versuchen der Megachurches und Evangelisationsveranstaltungen à la Willow Creek in der nun kommenden postmodernen Epoche eine beziehungsorientierte Kleingruppenevangelisierung das Gebot der Stunde ist – wobei zu bedenken ist, dass in der Postmoderne nicht ein Modell der Evangelisierung das andere ablöst, sondern mehrere Gestaltungen und Formwerdungen nebeneinander koexistieren.

Aber die Untersuchungen Finneys ergeben doch ganz deutlich, dass die meisten Erwachsenen zum Glauben kommen, weil sie durch Beziehungen zu einer anderen Person in eine Gemeinschaft geraten, in der sie sich angenommen fühlen: belonging before believing – zugehörig sein kommt vor dem Glauben, so die Finneysche Kurzformel.

Von daher ist der Emmauskurs konzipiert – und zeigt auch deutlich, dass die erste Frage an die Kirchengemeinde darin besteht, der veränderten Situation gewahr zu werden und sich dann zu fragen, in welcher Beziehungsdichte sie steht zu den Menschen, mit denen wir leben und die heute ja zumeist nicht Christen sind – und zu den Menschen, die uns im kirchlichen Kontext ohnehin begegnen bei den verschiedenen Gelegenheiten. Finney hat intensiv untersucht, was geschieht, wenn ein solcher Glaubenskurs zum Regelangebot der Pfarrei wird. Es hat sich in Umfragen unter den teilnehmenden Gemeinden gezeigt, dass bei den ersten Kursen vor allem Personen der Kerngemeinde mitmachen, die dann natürlich beim zweiten oder dritten Mal weniger werden.

»Das größte Problem«, ergänzt Felicity Lawson, *»besteht darin, dass Kirchengemeinden dann aufhören mit dem Glaubenskurs und sagen, dass ja jetzt zu wenige kommen. Doch nun wird es doch eigentlich interessant, denn nach dem fünften Mal steigt nämlich die Anzahl der Teilnehmenden erneut an. Jetzt sind es nämlich diejenigen, die über Beziehungen mit ehemaligen Kursteilnehmern kommen ...«*

— *Sich auf Entwicklungen einlassen* —

Ich lerne hier langsam, und nicht nur hier, dass die Perspektive einer evangelisierenden Pastoral die Mühe eines langjährigen Prozesses braucht. Die Pastoral, die ich erkenne, verfolgt meistens keine langfristigen Perspektiven, und ich kann mir auch erklären, warum. Die Antwort ist ganz einfach: In einer milieukirchlichen Perspektive war es gerade nicht eine Entwicklungsperspektive, die wir verfolgten, sondern eigentlich die Bewahrung eines für normativ gedachten Zustandes. Es ging darum, ein »Standbild« der Christlichkeit zu garantieren und zu bewahren – und alle Entwicklung orientierte sich daran, ob dieses bekannte Bild sich wieder einstellte. Ganz anders hier: Die Kirche von England hat aus der Not erkannt, dass sie diesen Zustand nicht bewahren kann und sich deswegen auf eine evangelisierende Pastoral verständigt. Sie ist explorativ, sie ist wagnisreich, sie denkt langfristig nach vorn – und sie rechnet damit, dass auch heute Menschen den Glauben kennen lernen und Christen werden wollen. Am Ende sind wir uns mit Bischof Finney einig: Er – und Felicity – werden zu uns nach Hildesheim kommen und den Emmauskurs vorstellen.

— Und wie geht es weiter? —

Und so treffen wir uns im September wieder. Ryanair macht es erschwinglich und ich darf die beiden in Bremen abholen. Das Treffen in Hildesheim ist voller Kraft und voller Tiefe. Wir können miteinander beten, miteinander den Glauben teilen und fast dreißig Personen werden in den Emmauskurs eingeführt. In diesem Zusammenhang lerne ich auch so wunderbare Wörter wie »Blumentopf-church«, mit dem Finney die Wende meint von einer einseitig hierarchischen Betrachtung der Kirche als Pyramide hin zu einer Kirche, in der das Amt dem gemeinsamen Priestertum und seiner Sendung dient.

Aber ebenso wichtig sind die Gespräche über die Nachhaltigkeit der Kurse. Was passiert eigentlich nach dem Emmaus-Glaubenskurs? Finney wäre nicht pragmatischer Engländer, wenn er nicht darüber nachgedacht und empirisch geforscht hätte. Für die Logik des Emmauskurses bedeutet dies, dass nach dem Grundkurs – der wörtlich »Aufpäppelkurs« *(nurture-course)* heißt – weitere Kurse angeboten würden, die die entstandenen Gruppen weiter nützen können, um ihren gewonnenen Glauben zu vertiefen. Für Leute aus der Kerngemeinde ist die Frage natürlich einfach zu beantworten. Sie können zurückkehren in ihre Gruppen, und wieso sollte nicht eine Frauengruppe oder ein Familienkreis einmal im Jahr einen vierwöchigen Kurs zur Vertiefung machen?

Aber die eigentlich spannende Frage ist ja, wie diese Kurse sich auf das Glaubenswachstum von Neuglaubenden auswirken. Die anglikanische Kirche, so Finney, hat Ende der 90er Jahre sorgfältig die Erfahrungen ihrer Evangelisationsdekade untersucht und einen Bericht verfasst: Mission shaped church – »Mission bringt Gemeinde in Form«, wie das deutsche Übersetzungsteam mutig übersetzt.

Es hat sich herausgestellt, dass die erfolgreichen evangelisierenden Bemühungen eben selten dazu führen, dass Menschen sich in die bestehenden Gemeinden einfügen. Eher bilden sich neue Gemeindeformen, die in den letzten beiden Jahrzehnten eine immer größere Vielfalt angenommen haben. Dabei ist deutlich, dass diese neuen Gemeinden nicht nur Ergebnis von »Gemeindepflanzungen«

sind, also die »Saat« einer Glaubensgemeinschaft in ein entkirchlichtes Gebiet, sondern häufiger noch Neuformationen an den verschiedensten Orten, als Hauskreise, Kneipengemeinden etc. sind, die manchmal nur passager, manchmal auch sehr beständig sich entwickeln. »Für uns – und für euch Katholiken müsste das auch so sein – ist das ekklesiologisch eigentlich kein Problem. Wir sind ja eine bischöflich verfasste Kirche, und deswegen können auch neue Gemeinden in einer Pfarrei neben den Kerngemeinden entstehen«, lächelt Finney.

Das entspricht vielen Erfahrungen, die in Frankreich und auch im freikirchlichen Sektor, aber auch unter Geburtswehen in den Landeskirchen wachsen: So wie Menschen heute Christen werden, so werden sie in einer anderen Weise als Glaubensgemeinschaft geprägt und werden sich nicht so leicht wiederfinden in den ihrerseits durch eine bestimmte Tradition geprägte Kerngemeinden. Der »genetische Code« religiöser und ekklesialer Genesis und Sozialisation entscheidet auch über die Art und Weise, wie Menschen Kirche erleben und feiern wollen. Und das stellt sich postmodern vielfältig dar …

— *Abschied, kein Abschied* —

»Es war der erste Kurs, den wir mit der katholischen Kirche gemeinsam gemacht haben, hier in Hildesheim. Wir sind sehr glücklich und froh …«, so sagen John Finney und Felicity Lawson am Ende unseres kleinen Kurses. Es gibt einen Abschied, der keiner ist. Irgendwie werden wir in Kontakt bleiben. Ja, denn dieser Bischof ist ein charismatischer Prophet, und meine weltkirchlich-ökumenische Erfahrung lässt mich ahnen, dass wir uns wiedersehen werden. Auch deswegen, weil noch längst nicht alles ausgetauscht und miteinander bedacht ist. Wir merken, dass wir gemeinsam auf den Spuren des Geistes sind. Gottes Geist legt diese Spuren überall und lässt Schritt für Schritt, im Rhythmus der Zeit, in der wir leben, und mit erstaunlicher Konsonanz in der katholischen wie multikonfessionellen Ökumene, eine neue Gestalt der Kirche offenbar werden.

Es ist eine Gestalt, die wir in diesen Begegnungen irgendwie schon erleben: eine geschwisterliche Gemeinschaft, die tief im Wort Gottes verwurzelt ist, die sehr offen Spiritualität lebt und gemeinsam beten kann. Und so lese ich dankbar, was John Finney als Summe seiner Erfahrungen zuletzt veröffentlicht hat: »Gemeinde, die über sich hinauswächst«. Ja, Kirche wächst über sich hinaus in neue Dimensionen – und bleibt gerade so ihrer Wurzel treu. Keine Frage ist es für John und mich: Eine Kirche der Zukunft wird immer leben und wachsen aus einer irgendwie monastischen Gemeinschaft von Jüngern, die die Radikalität des Evangeliums leben und Anteil nehmen an den Menschen, mit denen sie leben. Ganz alt und ganz neu zugleich.

4. Matthäus 25 in Mexiko

Herbst 2007. Anruf aus dem Haus des Altbischofs: »Der Bischof hat einen Gast aus Mexiko, einen alten Freund, und er bittet Sie zu kommen, wenn Sie Zeit haben«. So lerne ich Alfons Vietmeyer kennen. Seit Jahrzehnten lebt er in Mexiko und ist heute so etwas wie ein Kirchenentwickler und Gemeindeberater in der mexikanischen Kirche. Kirche in der Großstadt – das ist sein Thema. Wir kommen bei dieser ersten Begegnung intensiv ins Gespräch über kirchliche Basisgruppen und Kleine Christliche Gemeinschaften: »Wichtig ist, dass ihr kein Club oder Verein werdet, mit Banner und so ...«, wirft er immer wieder ein. Denn solche Gemeinschaften sollten offen sein für alle Menschen, die in einem bestimmten Lebenskontext miteinander verbunden sind.»... Und wenn ihr einen Verein macht, wenn ihr einen bestimmten Namen in den Vordergrund rückt, dann wird das Ganze schwierig für Außenstehende ...«

Es kommt es zu einer zweiten Begegnung. Im Winter 2008 ist er Gast von Adveniat und reist zum Jahresthema »Er wohnt in ihrer Mitte« durch Deutschland. Und es gelingt uns, ihn zu einem erinnerungswürdigen Abend nach Hannover in die entstehende »Kirche für Suchende« einzuladen. Er berichtet von der Kirche in Mexiko-Stadt:

»... Unsere Kirchen sind immer voll – aber das ist auch kein Wunder. Immer mehr Menschen ziehen nach Mexiko-Stadt, immer mehr Katholiken ziehen in die Stadt. Für die klassische Pfarreistruktur wird es immer unmöglicher, Gemeinde zu bilden – es entstehen gar keine Verbindungen und Beziehungen mehr. Die klassische Gemeindegestalt funktioniert hier nicht mehr. Kirche muss sich vielmehr in den Lebensräumen der Menschen ereignen ...«

Und hier beginnt er zu erzählen, wie er versucht, in Mexiko-Stadt auf diese veränderten Bedingungen zu antworten. Von diesem Abend in Hannover-Linden bleibt mir eine Erfahrung hängen, die mich tief berührt. Vietmeyer erzählt von einer ganz konkreten Pfarrei. Christinnen und Christen standen vor der Frage, wie sie mit chronisch Kranken der Pfarrei umgehen könnten. Natürlich wäre es möglich, diese Kranken einmal im Monat mit der Krankenkommunion zu besuchen, aber dann blieben sie weiter isoliert ... Und so hat die Gemeindeberatung einen anderen Weg gewählt. Sie haben zunächst nach Christinnen und Christen gesucht, die in der unmittelbaren Umgebung der Kranken wohnen und haben sie versammelt. Dann haben sie ihnen einen Vorschlag gemacht: Wie es denn wäre, wenn sie um die kranke Person herum eine Glaubensgemeinschaft bildeten, eine basiskirchliche Gemeinschaft, in deren Mitte der kranke Mensch stünde.

Sie waren einverstanden. So entstand eine Kirche in der Nachbarschaft um die einzelnen Kranken herum: Der Kranke, der Unbewegliche, der Nicht-Mobile wurde zum Zentrum einer Kirchenerfahrung. Die vielen Christen aus der Nachbarschaft treffen sich regelmäßig – einmal im Monat – und lesen gemeinsam aus der Schrift, zusammen mit dem Kranken. Darüber hinaus sorgen sie sich um den Kranken, kaufen für ihn ein, bringen ihm die Krankenkommunion und sorgen dafür, dass er die Krankensalbung erhält.

»Und so sind wir dabei, an vielen Orten Kirche wachsen zu lassen ...«, fährt Vietmeyer fort. Kleine oder größere Gruppen sammeln sich um Kranke, oder auch im Blick auf Anliegen ihres Lebensraums. So wird Kirche wirklich nah: Menschen leben aus der Schrift und nehmen ihren Auftrag, ihre Sendung wahr.

— Ekklesiogenesis in Matthäus 25 —

Während Vietmeyer erzählt, beginne ich meiner Betroffenheit nachzugehen. Ja, ich bin tief berührt. Ich bin erinnert an das 25. Kapitel des Matthäusevangeliums: Jesus beschreibt die Orte, wo er zu entdecken ist. Es sind die Orte, wo Menschen in Not sind – an diesen Orten verbirgt er sich. Die Bedürftigen sind Offenbarung Seiner lebensspendenden Gegenwart. Dort, wo Menschen den Armen, den verlassenen, gefangenen und hungernden Brüdern und Schwestern dienen, dort bricht das Reich Gottes auf. Aber niemals habe ich dieses Wort der Schrift ekklesiologisch verstanden, im Ausgang einer paschachristologischen Interpretation: Dort, wo der Gekreuzigte in seinem Leid sich verbirgt, dort ist der Ort, dort könnte der Ort sein, an dem Kirche geboren wird und wächst, die Gemeinschaft des Auferstandenen.

Ich bin innerlich sehr bewegt: Aus der Sendung, aus der konkreten Liebe zum Nächsten konstituiert sich Kirche in der Nachbarschaft, im konkreten Lebensraum der Beziehungen. Es ist nicht etwa so, dass Kirche – wie etwa in einer klassischen Gemeinde – erst einmal existiert und ihr Leben lebt und sich dann vielleicht noch einmal auch der sozialen Nöte annimmt, die es in der Gemeinde gibt. Ich habe zu oft erlebt, dass Caritaskonten überbordeten und zu Sparguthaben wurden, und andererseits pfarrgemeindliche Gremien behaupteten, es gäbe ja keine Armut in der Gemeinde. Was mich damals geärgert hat und mir unbegreiflich erschien, machte mir andererseits aber auch deutlich, wohin die klassischen Kirchengemeinden zu driften drohen: zu exkulturierten Vereinsstrukturen mit hermetischer Struktur: Armut gibt es nicht, weil die Frage nach dem Leben im Stadtteil eine privatisierte Frage des Einzelnen ist.

Aber auch insgesamt zeigt sich hier ein pastoralpraktisches Problem. Ist die Wahrnehmung von sozialen Nöten, von Ausgrenzung und Immobilität, von chronischer Krankheit überhaupt möglich für eine Gemeinde, wenn gerade die, die es betrifft, eben nicht da sind – und also nicht mehr wahrnehmbar. Aber gibt es Kirche ohne konkrete Sendung im Lebensumfeld?

»Während es also völlig unmöglich ist, dass alle Christen und Christinnen sich zur Eucharistie versammeln können, einfach weil kein Platz in den Kirchen ist, und während sich so die Christinnen und Christen einer Pfarrei auch nie alle als Kirche erfahren können, währenddessen haben wir damit begonnen, danach auszuschauen, wie – in unterschiedlicher Größe und aus unterschiedlichsten Anlässen – sich Christen an den Orten, an denen sie leben und arbeiten, sammeln und ihre Sendung wahrnehmen können. Immer spielt das Wort Gottes bei ihren Zusammenkünften eine entscheidende Rolle. So wächst bei uns die Kirche neu ...«

Diese abschließenden Worte Vietmeyers geben mir einen neuen Zugang zu möglicher Kirchwerdung. Es geht eben nicht zuerst darum, dass Menschen in kleinen spirituellen Selbsthilfegruppen zusammenkommen, wie es sich seit mehr als zehn Jahren als ekklesiale Tiefenstruktur in unseren Gemeinden abzeichnet, sondern wie Kirche in den konkreten Lebenssituationen der Not wächst. Und am tiefsten beeindruckt mich eben, dass hier eine Ekklesiogenesis im Angesicht und im Ausgang des Gekreuzigten wächst: Der Schwächste, der Unbewegliche wird der Mittelpunkt der Sammlungsbewegung Gottes in den konkreten Lebensräumen.

— Caritas Forum Demenz —

Einige Wochen später. Frühstück im Priesterseminar, das zugleich auch Tagungsstätte des Bistums ist. Ich setze mich an einen Tisch, an dem zwei Damen sitzen. Wir kommen ins Gespräch. »Wir sind vom Caritas Forum Demenz in Hannover«, berichten mir die beiden Damen. Sie erzählen mir von ihrer Tagung. »Es gibt ja immer mehr Demenzkranke in unserer Gesellschaft, und es ist auf Dauer unmöglich, dass wir sie alle in Heimen unterbringen ...« »Aber ist das nicht eine Überforderung für die Angehörigen ...«, werfe ich ein. »Natürlich, deswegen setzen wir ja auch auf eine neue Nachbarschaftsbewegung und versuchen, Kirchengemeinden und andere lokale Institutionen mit einzubeziehen ...« »Wissen Sie, ich glaube, wir haben etwas gemeinsam ...«, setze ich ein, und erzähle von dem Ansatz der Kleinen Christlichen Gemeinschaften, als einer Kirche in der Nachbarschaft, die ihre Sendung an den konkreten Herausforderungen entdeckt.

Ich sehe das Einvernehmen und das Lächeln auf den Gesichtern meiner Gesprächspartnerinnen. Wir tauschen unsere Visitenkarten. Ein paar Tage später erhalte ich eine E-Mail von einer meiner Gesprächspartnerinnen. Sie weist mich auf Überlegungen von Klaus Dörner hin, die auf einen dritten Sozialraum abzielen. Und ich bin – beim Lesen eines Interviews mit Dörner – von neuem fasziniert. Er weist darauf hin, dass es seit Beginn der 80er Jahre eine neue Nachbarschaftsbewegung gibt – konkrete Bürgerinitiativen im Lebensraum der Menschen. Natürlich, das wusste ich auch und ich erinnere mich an meine Zeit in Achim *(1995–2002)*, in der ich mit einem Diakon zusammenarbeiten durfte, der mir von seinen Basiserfahrungen in Bürgerinitiativen in Berlin erzählte und mir mit glänzenden Augen davon berichtete, dass hier für ihn Kirche erfahrbar war ... Jetzt verstehe ich langsam.

— *Kirche, die sich zum Nächsten macht* —

Diese beiden Begegnungen lassen mich tiefer verstehen, wie Kirche neu wachsen kann. In der Tat hat die Gestalt der klassischen Kirchengemeinde weiterhin ihre Bedeutung, aber immer mehr wird die Frage sein, wie in den konkreten Lebenskontexten und in den konkreten Lebensumständen und vor allem in den konkreten Nöten Kirche wächst. Es ist die Kirche des Gekreuzigten, die sich sammelt um die konkrete Liebe zum Nächsten. Und umgekehrt gewinnt hier für mich neue Brisanz, was die Inkulturation einer Vision der Kleinen Christlichen Gemeinschaften angeht, die im deutschen Sprachraum eben gerade die wesentliche Dimension der diakonischen Ortsnähe zugunsten spiritueller Selbstvergewisserung durch BibelTeilen vergessen hatte. Solche spirituellen Gruppen schöpfen also nicht das ekklesiopraktische Potential dieses weltkirchlichen Ansatzes aus. Ganz im Gegenteil wurde hier die Perspektive der Kirchwerdung ausgeblendet zugunsten eines spirituellen Bedarfs, den es zweifellos in den Kirchengemeinden gibt: Dennoch bleibt BibelTeilen ohne die nachbarschaftliche Sendungsdimension eine exkulturierende Verkürzung einer weltkirchlichen Perspektive.

Die Begegnungen mit Alfons Vietmeyer und dem Caritas Forum Demenz in Hannover haben mir deutlich gemacht, wie sehr eine Kirche, die sich zum Nächsten macht in den konkreten Lebensräumen der Menschen, den Herausforderungen der kommenden Zukunft entsprechen kann.

5. Soul Side Linden: Welche Kirche suchen wir?

Sonntag. Es ist schon 11.30h. Auf dem Parkplatz neben IKEA in Hannover ist es voll. Wir sind beim Expowal. Im Jahr 2000 war hier das Südende des EXPO-Ausstellungsgeländes. Drei Kirchenpavillons hatte es seinerzeit gegeben. Neben dem offiziellen Pavillon des Vatikans und dem ökumenischen Pavillon auf der EXPO-Plaza war am Südende ein Pavillon einer freikirchlichen Initiative errichtet worden. Damals wurde der Expowal zum Symbolgebäude der ganzen Weltausstellung.

Nach der Weltausstellung war Abbruchzeit. Der Expowal blieb. Er wurde eine interessante »Location« für Feste und Veranstaltungen. Die evangelische Landeskirche Hannover benutzt über einen Missionsverband den Expowal als experimentellen Versuch einer »Sucherkirche«. Die Erfahrungen vieler Freikirchen, aber auch anderer Landeskirchen ermutigten dazu.

Aber was ist eine Sucherkirche? Was ist der Expowal? Was meint »Die unglaubliche Kirche«, wie es auf der gut gestalteten Homepage *(www.expowal.de)* heißt? Wir werden nett begrüßt, als wir eintreten. Ein Programm dieses Vormittags wird uns überreicht. Und wir werden eingeladen zu frühstücken. Ein großes Buffet ist von einem Cateringservice bereitet, und gegen einen vernünftigen Preis kann man entweder jetzt essen oder nach dem Gottesdienst, der um 12.30 Uhr beginnt ...

Etwa 600 Menschen sind gekommen. Der suggestive Saal ist voll. Die Band beginnt zu spielen. Pastor Masemann betritt die Bühne: »Ich glaube, es gibt keinen anderen Ort, an dem ich heute lieber bin, hier bei euch, mit euch ... In der vergangenen Woche ist mein Sohn, der seit seiner Geburt sterbenskrank ist, in den Himmel gegangen ...« Berührtes Schweigen. Ein intensiver Gottesdienst beginnt. Ja, es ist irgendwie ein Gottesdienst – aber keine Liturgische Feier im engen Sinne. Ich denke, man muss sagen, es ist eher eine Veranstaltung der Verkündigung des Evangeliums. Ein Sketch, ein Gebet, das Vaterunser, Gebete und vor allem eine längere und grundlegende Predigt, die überzeugt. Nach genau einer Stunde ist der »Walsonntag« vorbei, viele Menschen gehen an die riesigen runden Tische, und können dort miteinander essen und ins Gespräch kommen. Die Atmosphäre ist dafür angelegt – es ist sehr schnell möglich, mit Menschen ins Gespräch zu kommen. Viele der Anwesenden, Katholiken wie Protestanten, sind aus ganz Hannover und weit darüber hinaus, hierher gekommen – und zum Expowal kommt man nur mit dem eigenen Auto, öffentliche Verkehrsmittel fahren nicht direkt hin. »Wir sind von unserer Gemeinde enttäuscht ...«, hört man von vielen.

»Wir wollen keine Gemeinde bilden«, sagt uns im Gespräch Heino Masemann, der dieses Projekt initiiert hat und begleitet.

» Wir führen keine Adressenlisten, das tun wir extra nicht. Das soll hier ein Raum sein für Menschen, die ihren Glaubensweg suchen. Ob wir Menschen erreichen, die noch gar nichts mit der Kirche zu tun haben, das weiß ich nicht. Ich glaube es nicht – wir sind eher ausgerichtet auf Menschen, die schon eine Erfahrung mit der Kirche haben und etwas für sich suchen«.

Masemann ist mit seinem Team von 50 sehr engagierten Freiwilligen in eine spannende Erfahrung eingestiegen. Denn diese Menschen gibt es in beiden Konfessionen mehr als genug. Für viele Christinnen und Christen ist die klassische Gemeindegestalt und sind die gewohnten Gemeindegottesdienste nicht mehr der Ort, wo sie ihren Glauben feiern mögen. Entsprechend ist der Expowal am Wachsen ...

— Sucherkirche: Die Attraktion einer unbekannten Chance —

Szenenwechsel: Da stehen wir nun. Nachdem wir vor einem Jahr verschiedene Orte mit Suchergottesdiensten – wie eben den Expowal – besucht haben, nachdem wir bei Willow Creek kundig wurden, was es mit solchen Gottesdiensten auf sich hat, haben wir, ein wenig aus der Hüfte, ein Projekt lanciert: Wie wäre es, den Aufbau einer Sucherkirche an einem Ort in unserem Bistum zu wagen – es einfach zu probieren? Und die Überraschung: es gibt eine außerordentliche Übereinstimmung – alle finden diese Idee gut. Wir dürfen beginnen. Eine halbe Projektstelle ist uns bewilligt – und wir haben sicherlich eine der begabtesten jungen Theologinnen für diese Aufgabe finden können.

Aber da stehen wir nun. Wie geht es jetzt genau? Welche Wege sind zu gehen? Wir wissen es eigentlich nicht genau. Was für eine interessante Situation!

— Soul Side Linden —

Dann der erste Schritt. Es war klar, dass die „Sucherkirche" nicht in einem luftleeren Raum wachsen kann. Und so sind wir froh, dass Pfarrer Kraus mit uns ins Gespräch kommt. Mitten in Linden, einem der alten Arbeiterviertel von Hannover, das heute multikulturell und studentisch-alternativ geprägt ist, steht eine Kirche, die nun dafür genutzt werden kann. Wir haben versucht, zusammen eine Predigt zu halten, um die Gemeinde vorzubereiten – worauf, müssen wir ja auch noch sehen.

Susan, unsere Projektleiterin, geht mit sehr viel Leidenschaft und Enthusiasmus an diese Aufgabe heran. Aber schon bald machen wir eine erste typische Erfahrung. Nicht nur die Gemeinde ist ein wenig misstrauisch – auch und vor allem die vielen pastoralen Akteure, die es in Hannover gibt. Es ist wahr, es gibt schon eine Reihe von Experimenten in Hannover, aber ist es wirklich so, dass ein zusätzliches Projekt, zumal in einem ganz anderen Stadtteil, sofort eine schwierige Konkurrenzsituation schafft? Schon beim Aufbruch zu den Suchenden verfangen wir uns in der Institution.

Aber schon bald entstehen viele Aktivitäten. Kleine Gottesdienste, Ausstellungen, Konzerte, Meditation, kleine und größere Aktionen, die in Kooperation mit Menschen aus dem Stadtteil und der Pfarrei organisiert werden. Manchmal erscheint es uns allen fast zu viel. Ist das alles nur Aktion, oder wächst hier wirklich etwas Neues? Was nicht entsteht und wo uns auch der Anpack fehlt, das ist ein großer Gottesdienst, der Suchende anspricht. Warum entsteht so etwas hier nicht? Eine Homepage wächst *(www.soul-side-linden.de)*, viel gute Öffentlichkeitsarbeit entsteht – aber wächst so Kirche?

Am Ende des ersten Jahres schauen wir also auf viele Fragen, mehr als auf viele Antworten. Aber dennoch sind einige interessante Erkenntnisse zu melden.

— *Sucherkirche: Welche Kirche suchen wir?* —

Die Wahrheit ist: Die Suchenden suchen uns nicht – sondern wir suchen, wie wir Kirche sein können. Sucherkirche heißt also vor allem, dass wir nach einem neuen Anfang, einem neuen Zugang suchen – und uns fragen, wie wir Menschen gewinnen können. Ob uns das mit Aktionen und Öffentlichkeitsarbeit gelingt? Immerhin sind dies Möglichkeiten, mit vielen Menschen in den Dialog zu treten – Menschen, die kommen und gehen. Ob damit aber ein profilierter Ort für Suchende entsteht, das wird man erst in ein paar Jahren feststellen können. Denn das ist eine der ersten Erkenntnisse: Ein solches Tun braucht Kontinuität, Wachstum und Achtsamkeit für den Kairòs. Von daher ist die Begrenzung eines solchen Projektes auf zwei Jahre natürlich zu kurz.

Doch Soul Side Linden führt schon in diesem ersten Jahr zu einem wichtigen Effekt. Kirche kehrt in den Stadtteil zurück. Durch das Interesse an Stadtteilversammlungen, durch das Mitwirken am örtlichen Szenezentrum, der Präsenz in den Kneipen und Gaststätten verliert Kirche ihren bisherigen Ruf: Denn bislang galt Kirche als ein abgeschlossener Verein, der gewissermaßen »exkulturiert« war: Mit dem Leben des Stadtteils hatte Kirchesein und

Christsein nur wenig zu tun. Kirche war und ist weiterhin eine ganz eigene Lebenswelt. Ganz genau entspricht die Kirche in der Außenperspektive den soziologischen Vorgaben: Eine »milieubereinigte« Vereinswirklichkeit, der sonntägliche Teil des Lebens für bestimmte Menschen, die sich dann in ihrem Leben an ganz anderen Funktionslogiken orientieren. Es geht also bei dem Experiment »Sucherkirche« paradoxerweise gar nicht so sehr darum, neue Formate von Gottesdiensten und eine kommunikativere Öffentlichkeitsarbeit zu finden, auch wenn das sicherlich wichtig ist – und nicht nur für Sucherkirchen. Noch viel mehr geht es um einen grundsätzlichen Schritt ins Leben, in die Wirklichkeit des konkreten Lebens der Menschen, aller Menschen. Es geht also um »Inkulturation«: Kirche, die mit den Menschen lebt, die sich für die Kultur, für die Kunst, für die Menschen interessiert: Hoffnung und Freude, Trauer und Angst, Kultur und Kunst finden Raum. Ganz konkretes Interesse an den Fragen der Menschen hier. Und schon wird Kirche präsent. Es geht also nicht um eine neue »Spezialkirche«, sondern um eine Neuentdeckung, was eigentlich Kirche am Ort ist: im Mitleben in der Nachbarschaft, im Sozialraum.

— *Zwei Zeitzeichen* —

»*Es ist seltsam, aber doch sehr interessant*«, sagt Susan: »*Die Leute, die sich hier jetzt immer wieder einfinden und sich sammeln, die frage ich immer wieder, was sie sich eigentlich wünschen. Und sie sagen immer wieder: eigentlich wünschen wir uns einen tiefen Gottesdienst und Gemeinschaft ...*«

Eigentlich ist das doch nichts, was es nicht in jeder Pfarrei gäbe. Und dennoch ist diese Sehnsucht sehr bedeutsam: Es gibt eine große Sehnsucht, gerade auch bei Erwachsenen, nach Gottesdiensten, in denen die Tiefe des göttlichen Geheimnisses erfahrbar ist. Und das scheint nicht die Regel zu sein. Nein, es ist nicht die Regel.

Möglicherweise brauchen wir eine neue liturgische Bewegung, die das Geheimnis Gottes wieder tiefer erfahrbar werden lässt. Es scheint so, dass gerade Menschen, die auf der Suche sind, sehr genau wissen, was sie nicht suchen: nicht die Banalität, nicht die Veranstaltung, sondern das Geheimnis.

Und dieses Geheimnis steckt auch in der Gemeinschaft. Denn Zusammentreffen von Menschen, Versammlungen und Vereine, das gibt es genug. Wenn in der Kirche nicht das Ganz Andere einer neuen Gemeinschaft erfahrbar wird, die aus der Christusmitte lebt, dann wird auch Kirche abgewählt als unnötige Verdopplung gesellschaftlicher Usancen.

Es gibt eine tiefe Sehnsucht nach Kirche, es gibt eine tiefe Sehnsucht nach der Erfahrung und dem Zugang zum Geheimnis – die ersten Erfahrungen mit der Sucherkirche werfen uns zurück auf die Frage, wie authentisch und offen wir unsere Identität leben.

— Ein vorsichtiger Blick nach vorne —

Ganz am Anfang, als wir anfingen, das Projekt einer Sucherkirche umkreisen und bedachten, ahnten wir am Horizont eine Herausforderung, die in unserer Kirche noch sehr tabuisiert ist: Braucht es nicht auch ein ganz anderes Verständnis pastoralen Tuns im Blick auf Suchende? Ist nicht die Voraussetzung für den Aufbau einer Kirche, die auch für Suchende interessant und anziehend ist, das Wachsen einer geistlichen Trägergemeinschaft? Muss Kirche nicht wachsen aus einer Gemeinschaft von Menschen, die geistlich leben und an ihrem Leben teilgeben und zum Mitleben einladen?

Wir tendieren dazu, diese Frage zu bejahen. Doch das würde bedeuten, dass wir ein bestimmtes gewachsenes professionelles Gefüge mindestens an die zweite Stelle rücken, und dann würde die Sucherkirche zu einem geistlichen Ort werden, der zum offenen Mitleben einlädt. Sind wir zu diesem Kulturwechsel schon bereit?

6. Im Osten viel Neues

Irgendwann im Winter 2007 bekomme ich eine Mail von Professor Michael Herbst aus Greifswald. Ob ich nicht bei einer der kommenden Semestereröffnungen zu den Theologinnen und Theologen der Greifswalder Fakultät sprechen könnte. Ich bin überrascht und geehrt. und dankbar für eine wachsende Geschichte pastoraler Freundschaft. Zum ersten Mal habe ich ihn wohl bei dem Evangelisationskongress der Willow Creeker im Herbst 2005 in Braunschweig getroffen. Daraufhin haben wir ihn eingeladen zu einem Studientag nach Marienrode, um über missionarische Pastoral nachzudenken. Wir sind in Kontakt geblieben, sind uns begegnet bei den vielfältigen Treffen und Kongressen, wo es um missionarische Aufbrüche geht.

In der Tat lerne ich hier eine neue Form von Ökumene kennen, die tief spirituell verwurzelt ist in einer persönlichen Christusbeziehung und zugleich verbunden ist in der Sehnsucht nach einer aufbrechenden missionarischen Kirche: eine missionarische »Entente cordiale«, zwischen AMD, Greifswald, London und überhaupt weltweit.

Ich bin sehr froh und dankbar, und je näher der Oktober 2008 kommt, desto mehr möchte die Gelegenheit nutzen, die Greifswalder Erfahrung noch tiefer kennen zu lernen. Denn in Greifswald bemüht sich das Institut für die Erforschung von Evangelisation und Gemeindeentwicklung nicht nur darum, eine missionarische Theologie zu entwickeln, Glaubenskurse zu fördern und Kriterien der Glaubensentwicklung Erwachsener zu präzisieren, sondern in Greifswald ist auch eine Sucherkirche entstanden – und hier werden Versuche gestartet, »Gemeinden zu pflanzen« – alles Gründe, neugierig zu sein und die Brüder und Schwestern noch besser kennen zu lernen, die mir so geistesverwandt sind.

Und so sind wir – mit einer kleinen Delegation – am Samstagabend in Greifswald. Das Programm ist im Vorfeld immer klarer geworden: Am Sonntag können wir an »GreifBar« teilnehmen, dem Gottesdienst für Suchende. Am Sonntagabend sind wir eingeladen zum Team von Michael Herbst, bei ihm zu Haus, das nicht weit von unserem Quartier in den Vordörfern von Greifswald liegt. Am Montagmorgen dann die Gastvorlesung und danach können wir noch ein Gespräch mit den Kollegen des Instituts führen.

— *GreifBar: Herausforderung einer anderen Kirchwerdung* —

Wir treten in das Gemeindehaus ein. Es wird schon dunkel. Fröhliche Begrüßungen und auch wir werden erkannt – und willkommen geheißen. Der Gottesdienst »GreifBar« ist mehr als ein Gottesdienst, sondern ein Stück nicht ganz unproblematischer Gemeindebildung der vorpommerschen Kirche. Vor ein paar Jahren hatte Michael Herbst Kontakt mit Willow Creek aufgenommen. Und gerade die Idee der Suchergottesdienste – Gottesdienste für jene, die keinen Zugang zu klassischen Kirchengemeinden finden – hat ihn angesprochen.

Nicht nur ihn. Viele Freikirchen und evangelische Kirchen haben in den letzten Jahren »Zweitgottesdienste« entwickelt aus der Erkenntnis heraus, dass immer mehr Menschen einen erstverkündigenden Zugang brauchen. Und auch Erfahrungen wie der Expowal in Hannover sprechen eine deutliche Sprache: Menschen aller Konfessionen und aller Altersgruppen fühlen sich angezogen von »Gottesdiensten«, die eher so etwas wie eine gut durchdachte und professionell gestaltete Verkündigung und Katechese sind. Ob in Niederhöchstadt mit »Gospecial« oder in der Friedenskirche in Braunschweig, ob die Baptisten in Berlin-Schöneberg mit Pastor Michael Noss oder eben der Versuch hier in Greifswald – diese inzwischen schon sehr reichen Erfahrungen in allen Teilen Deutschlands zeigen, dass wir in eine neue Phase der Evangelisation geraten, die auch eine neue Erstverkündigung braucht. Dass dies im katholischen Bereich noch wenig ausprobiert ist, weist darauf hin, dass wir die neue Logik des Christwerdens als evangelisierenden und dann katechumenalen Prozess noch nicht tief aufgenommen haben.

Doch nicht nur katholischer Gemeindekultur fällt dies schwer. Viermal im Jahr feiert seit einigen Jahren die Gruppe um Michael Herbst in der größten Kirche Greifswald den GreifBar-Gottesdienst:

Über dreihundert Menschen finden sich dann ein, viele sind völlig kirchenfern, wie das nach der langen Zeit des Sozialismus in Vorpommern eher normal ist. Nach einiger Zeit bildete sich aus diesen »Gottesdiensten« so etwas wie eine Gemeinde: Menschen entdeckten ihren Wunsch, Christ zu werden, andere entdeckten ihre Sehnsucht, sich in eine Gemeinschaft einzugeben.

So entstand diese Gemeinde, die sich wöchentlich zu einem vertiefenden Gottesdienst trifft: GreifBar Plus. Und so entstanden die Schwierigkeiten mit den parochialen Gemeinden. Denn wie konnte es sein, dass hier eine »eigene« Gemeinde neben den etablierten Gemeinden entstand. Auch wenn der Landesbischof das Projekt mit großer Sympathie verfolgt, die eingesessenen Kirchenvorstände beschlossen, dass die GreifBar-Gottesdienste nicht mehr in den großen Kirchen stattfinden können. Man wich ins Stadttheater aus – es kamen auf einmal noch mehr Menschen.

Viele offene Fragen: Sind Gemeindegründungen einfach so möglich? Können in den territorialen Pfarreien mehrere Gemeinden existieren? Im Gespräch zeigt sich – wieder einmal – deutlich, dass auch hier eine große ökumenische Problemgemeinschaft vorhanden ist: Die Kirche im Übergang ist nicht komplikationsfrei. Pluralität, Vielfalt unterschiedlicher Gemeinschaften mit unterschiedlichen Gestaltungsmustern, mit unterschiedlichen Zugangswegen – das ist schwer zu fassen und zu tragen für eine Christenheit, die sich in den vergangenen Jahrzehnten fest monolithisch einstrukturiert hat in eine hochinstitutionalisierte Pfarrlandschaft. Könnte hier nicht eine Chance der gemeinsamen Umgestaltungprozesse liegen?

Wir sind bei GreifBar Plus. Etwa 100 Personen sind da. Studenten, junge Familien, die mittlere Generation. Sehr viel Partizipation, schöne Lieder und eine gute Predigt. Nicht mehr und nicht weniger. Das »Mehr« liegt aber in der Atmosphäre. Lange nach dem Gottesdienst sitzen wir mit unseren Sitznachbarn zusammen und reden. Ja, es ist eine Gemeinschaft, die hier gewachsen ist. Und dass hier Kirche erfahrbar ist, das wird für mich erkennbar in der ungewohnten Offenheit, in der Bereitschaft, miteinander über die eigenen Glaubenserfahrungen ins Gespräch zu kommen.

— *Gemeinde pflanzen in Bergen* —

Das Gespräch geht weiter. Wir sind eingeladen zum Abendessen im Hause Herbst. Auch hier sind wir gleich zu Haus. Salat und Suppe. Guter Wein. Neben mir sitzt ein junger Mann mit einer hochinteressanten Erfahrung. »Wir haben viel über die anglikanischen Erfahrungen des ›church planting‹ – der Gemeindepflanzung – reflektiert und wollen das jetzt hier ausprobieren – in der ›Platte‹, in Bergen auf Rügen. Da war noch nie Kirche ...« Und so hören wir einer spannenden Geschichte zu: Der Lehrstuhl für Praktische Theologie hatte das Projekt für diplomierte Theologen ausgeschrieben, und einige hatten sich gemeldet, für eine gewisse Zeit in Bergen auf der Insel Rügen dieses Projekt zu starten. Die Anfänge sind beschwerlich, aber erkenntnisreich. Zum einen wird schnell klar, dass ein solcher Versuch nicht einfach von außen implantiert werden kann. Es braucht keine professionellen Gemeindegründer, die in vierzig Stunden wöchentlicher Arbeitszeit von außen einfliegen... Schnell haben sie entdeckt, dass jeder, der dort etwas bewirken wollen würde, dort auch leben muss. Und es reicht nicht, dass dort einer lebt, es braucht eine Gemeinschaft, die dort ist.

»Und was macht ihr da? Wie pflanzt ihr Gemeinde?« Unsere Neugier ist groß. »Eigentlich sind wir ganz am Anfang. Weißt du, da leben ganz viele Menschen, wir versuchen, mit ihnen in Beziehung zu treten – und das braucht viel Zeit. Aber weißt du, der Unterschied, der den Unterschied macht, der ist, dass wir die Beziehungen, die entstehen, ganz ernst nehmen.« Und dann erzählt er einfach von den vielen Begegnungen, mit den Nachbarn, beim Friseur. Hier geschieht Verkündigung des Evangeliums durch das Zeugnis des Lebens. Diese Menschen, die zum größten Teil noch nie mit dem Evangelium und mit Kirche zu tun hatten, reagieren sensibel auf diese Neuzugezogenen, die nichts anderes tun, als sich für ihr Leben zu interessieren. Dieses Interesse ist es, das Fragen weckt. Und dann ist es auch ganz natürlich, dass die »Gemeindepflanzer« von ihrem Glauben erzählen, vom Evangelium. Der eine oder die andere sind interessiert. Kinder, Alleinerziehende, Familien.

Mich erstaunt die Einfachheit, die Klarheit und die Reinheit, mit der Paul dies alles erzählt. Hier sind »en miniature« die Grundbedingungen der Evangelisierung erfahren worden und so beschreibbar. Und eins ist auch klar: Wer sich auf Evangelisierung einlässt, der steht vor einem langen Weg, aber es ist ein Abenteuer der Nachfolge, das nachhaltig prägt.

Und doch braucht es einige Grundbedingungen. Zum einen ist eine größere Gemeinschaft im Hintergrund unabdingbar. Sie stützt und trägt die Gruppe, die sich auf ein solches Unternehmen einlässt: Aus der Kraft einer lebendigen Gemeinschaft, die aus dem Evangelium lebt, kann ein solcher Weg beschritten werden, der immer wieder neue Kraftquellen braucht. Aber noch mehr ist es wichtig, dass die Menschen, die eventuell neugierig werden auf die christliche Nachfolge, auch eine größere Gemeinschaft kennen lernen, in der die anfängliche »Angerufenheit«, die die Begegnung mit der Zeugengemeinschaft auslöst, gestärkt werden kann im Erleben einer vorhandenen kirchlichen Gemeinschaft.

Wichtig ist aber auch, dass die Zeugen selbst eine Kleine Kirche sind: Dass sie selbst das Evangelium miteinander leben, dass sie verkünden wollen. Die Erfahrung einer solchen Missionsgemeinschaft ähnelt so den Grunderfahrungen der Jünger, die von Jesus in »Praktika zu zweit« geschickt werden. Auch hier, in den matthäischen und lukanischen Aussendungsreden kommt den Beziehungen eine entscheidende Bedeutung zu: Es geht nicht um interessierte Beziehungen, die missionarisch sein wollen – es geht um menschliche, liebevolle Beziehungen, die am Anderen, wer immer es auch sei, interessiert sind. Es geht um Beziehungen, in denen Liebe erfahrbar wird. Und so macht genau diese Art des Beziehungsaufbaus den Unterschied.

Eine spannende Erfahrung ... die den Abend kurz sein lässt. Morgen treffen wir uns dann in der Fakultät zur Semestereröffnung.

7. Pariser Kirchenlandschaften

Gerade bin ich angekommen. Auf dem monumentalen und etwas unübersichtlichen Flughafen holt mich einer der beiden Seminaristen ab. Für die nächsten Tage bin ich – wie sie – untergebracht in der deutschen Gemeinde, die irgendwo in einem vornehmen Stadtteil lebt – direkt in der Nachbarschaft wohnt ein ehemaliger Staatspräsident. Ich werde freundlich empfangen zu diesem Semesterbesuch der beiden Freisemester. Nach dem Essen um 21 Uhr gehen wir zur Messe in Montmartre. Denn um 22 Uhr ist hier jeden Tag Eucharistiefeier. Die Kirche füllt sich schnell. Ich denke, wir sind etwa 250 Menschen, die in dieser nächtlichen Stunde zusammengekommen sind. Und doch ist das irgendwie sehr normal. Wir feiern Eucharistie einfach, es ist eine internationale Gemeinde: Viele Afrikaner und Asiaten, von denen viele sicherlich schon lange hier wohnen? Erkennbar ist das nicht.

Ich erinnere mich an meine erste Erfahrung in Paris vor mehr als 15 Jahren. Vor langen Jahren war ich mit Freunden drei Tage in Paris, Auftakt für eine Frankreichfahrt in den Ferien. Jeden Tag waren wir in einer Eucharistiefeier: mittags im Quartier Latin und am Abend in Notre Dame. Damals machte ich eine ungeheuer tiefe eucharistische Erfahrung: Wir mochten viele oder wenige Menschen sein, aber immer in einer unglaublichen Vielfalt zwischen Manager und afrikanischer Hausfrau. Und in diesen sehr einfachen, aber tiefen Eucharistiefeiern ging mir auf, was Eucharistie eigentlich meint: Dass der lebendige Christus uns zusammenführt und uns eint, zur Kirche schafft und uns in seinen Leib verbindet, unabhängig davon, ob wir uns kennen oder nicht. Damals war das für mich eine neue und wirklich mystische Erfahrung des Leibes Christi. Damals verstand ich zum ersten Mal, was Bonhoeffer meinte mit seiner Bemerkung, dass in der Stadt, in der sich Fremde zum Gottesdienst treffen, die Feier der Eucharistie sich am tiefsten erfahren lässt.

So ist es auch jetzt, im Winter 2008. Ich weiß um die Besonderheiten der französischen Kirche, ich weiß um die außergewöhnliche Pariser Situation, in der sich alle Kraft der lokalen Kirche bündelt und sicherlich kein Mangel an Priestern herrscht. Und dennoch bin ich sofort beeindruckt. Ich erlebe an diesem ersten Abend so etwas wie einen Vorgeschmack katholischer Kirche der Zukunft: nicht die Enge einer schon bestehenden und häufig geschlossenen Gemeinde, sondern Menschen, die von Christus her an diesem Abend, in dieser Nacht Communio werden, sein lebendiger Leib.

Am nächsten Tag haben wir uns erst am Abend verabredet, und ich wandere durch Paris, nachdem wir uns am Institut Catholique verabschiedet haben. Ich bin auf der Suche nach dem Ursprungsort der Vinzentinerinnen – ein Besuch bei den Wurzeln unserer eigenen Hildesheimer Kongregation. Der Ort ist schwer zu finden. Ich sehe keine Kirche, sondern immer nur das große Einkaufszentrum, das sich über ein ganzes Carré ausbreitet. Auf der Straße sind zwei Bettler. Sie stehen vor einer kleinen Hofeinfahrt. Menschen kommen und gehen in diesen Eingang: Hier ist es. Ich gehe langsam immer tiefer in diesen Eingang ein und ende vor einer kleinen Eingangstür ... und trete in eine Kirche ein, die jetzt, so gegen 10:30 Uhr am Morgen, voller Menschen ist. Auch hier fällt es mir sofort auf: die vielen Menschen aus allen Kulturen der Welt, arm wie bürgerlich, im Gebet miteinander, im stillen Einvernehmen. Kirche im Hinterhof, am Grab der heiligen Katharina Laboret und Louise de Maurillac.

Ich gehe weiter und suche nun nach Centre Sèvre, der Universität der Jesuiten. Direkt vor einem großem mehrstöckigen Apartmenthaus bleibe ich stehen. Da ist ein Schild, das mich in dieses Haus hineinweist: Centre Sèvre. Ich gehe durch den Hauseingang und lande im Innenhof, auf dem kleinen Campus der Universität. Durch eine weitere Tür denke ich, dass ich in die Kapelle eintrete. In der Tat – es ist der Eingang in die Kapelle, aber die Kapelle offenbart sich als gotische Kirche, in der jetzt, um 12:15 Uhr, etwa 200 Personen miteinander Eucharistie feiern. Der strenge gotische Kirchenraum ist umgestaltet in einen feierlichen Zentralraum.

Kirche im Hinterhof. Auch wenn die großen Kirchenbauten natürlich unübersehbar sind und die Stadt weiterhin prägen, so finde ich hier eine überraschend lebendige Kirchenlandschaft, die sehr vielfältig und postmodern gemischt ist. In dieser Metropole Europas ereignet sich offensichtlich eine postmoderne Gestaltwerdung der Kirche: Eine Kirche, die nicht mehr in erster Linie einer Vereinsbildung folgt und eine Einheitlichkeit simuliert, die viele ausschließt, ja gar nicht erst anzieht; eine Kirche, in der die Vielfalt der Milieus in jeder Eucharistiefeier, zu welcher Stunde auch immer, sich abbildet; eine Kirche, in der die Tradition lebendig ist; eine Kirche, in der du gleich dazugehörst.

Am Abend dieses Tages treffe ich meine Seminaristen wieder vor Notre Dame. Sie haben Gratiskarten für ein Weihnachtskonzert ergattert. Wir treten ein in den riesigen und schon vollen Kirchenraum. Ein wunderbares Konzert. Eine weitere Facette dieser neuen Topographie geht mir hier auf: Notre Dame ist nicht nur die Bischofskirche, sie ist auch öffentlicher Raum, in dem Kirche sich nach außen darstellt, Kulturträger wird, offen für alle – und wieder habe ich den Eindruck, dass die Enge der Zugehörigkeit überstiegen ist in einer unübersehbaren Vielfalt.

So geht es mir auch, als ich am nächsten Tag mit den Seminaristen spreche. Während der eine sich in einer sehr lebendigen Pfarrei wiederfindet, die es in Paris durchaus gibt, so ist es für den anderen ganz anders: Zwischen der Gemeinschaft Emmanuel und Sant' Egidio und anderen charismatischen Gebetsgruppen hat er sich immer tiefer orientiert zur Communauté de Jérusalem, den Stadtmönchen, die in der Nähe des Rathauses in Saint Gervais ihren Ort gefunden haben.

— *Eine neue Topographie* —

Die neue Topographie, die neue Kirchenlandschaft wird mir hier in Paris sehr ansichtig. Es ist sehr deutlich, dass diese Topographie Ergebnis eines Umbruchs und einer Kirchenentwicklung ist, die uns vielleicht in den nächsten Jahren bevorstehen wird. Auf der einen Seite entwickeln sich klassische Pfarreien weiter und werden zu lebendigen geistlichen Orten. Das liegt hier sicherlich auch daran, dass diese Pfarreien zumeist von Gemeinschaften von Priestern und

Orden geleitet werden und auch ein deutliches geistliches Profil entwickeln. Zum anderen sind klassische Gemeindebildungen im Umfeld von Pfarreien längst nicht mehr die einzigen Orte kirchlicher Lebenswirklichkeit: Die Bewegungen und Aufbrüche in der Kirche, die neuen und die gewachsenen Ordensgemeinschaften sammeln viele suchende Christinnen und Christen. Ohne sichtbare Konkurrenz entwickelt sich eine vielfältige Kirchenlandschaft, die dem postmodernen Szenario entspricht mit seiner Buntheit und seiner Vielfalt. Denn umgekehrt zeigt eine einfache U-Bahnfahrt in der Metro von Paris, wie vielfältig die Menschen und also auch die Christen und die Suchenden sind.

Die postmoderne Neukonfiguration der kirchlichen Landschaften zeigt also nicht eine moderne Vision von normativer Umgestaltung, die geplant werden könnte. Es zeigt sich hier eher eine neue Vielfalt, die charismatische Ursprünge hat und die Kirchenwirklichkeit existenziell umformatiert: Dort, wo Leben in Christus erfahrbar ist, dort wächst Kirche. Und so existiert Kirche an vielen Orten in ganz unterschiedlicher Gestaltwerdung. Postmoderne Kirchenlandschaft verbindet sowohl klassische Kirchengemeinden wie auch neu gewachsene charismatische Orte. Sie verbindet Orte intensiver engagierter Bindung mit Orten großer öffentlicher Offenheit. Es geht hier nicht darum, welche Orte »besser« oder »zeitgemäßer« sind, sondern ob alle diese Orte sich als Kirche verstehen können und in der Kirche als kirchliche Lebenswirklichkeit erfahrbar werden.

Auf eine neue Art Kirche sein: Wenn man lange gedacht und gefühlt hat, dass nun eine alte – vornehmlich durch das Erbe gewachsene – Konfiguration der Kirche mit ihrem volkskirchlichmilieuhaft geprägten Rahmen dem Ende entgegengeht, so zeigt mir die Erfahrung in Paris, dass diese Perspektive der sukzessiven Weiterentwicklung von einem Modell zum nächsten Modell hier nicht stimmt. Kirche glänzt hier in ihrem Wachsen und in ihrer Entwicklung als eine vielfältige Wirklichkeit, die unterschiedlichsten Gestaltwerdungen, neuen wie alten, Raum gibt. In der Tat ereignet sich hier eine postmoderne Vielfalt, die Abschied nimmt von der mindestens in Deutschland fast exklusiven Monozentrierung auf die Pfarrgemeinde und den Raum eröffnet für ein kirchliches Netzwerk unterschiedlicher charismatischer Aufbrüche. Denn das gemeinsame Kennzeichen dieser neuen und zuweilen unüberblickbaren Kirchenlandschaft ist die spirituell gegründete und existenziell zu erfahrene Wirklichkeit der Einheit in Christus.

Damit entspricht die postmoderne Entwicklung der Kirchengestalt der neuen Wirklichkeit der »Pilger und Konvertiten«, die neben den »praktizierenden Katholiken« die neue existenzielle Gestalt des Christen in seinem Werden und Bleiben beschreiben: Nicht zuerst die verordnete Ortsnähe, sondern die gefundene Christusnähe bestimmen den Weg, den ein Mensch auf seinem Glaubensweg heute gehen wird. Die große Offenheit und Öffentlichkeit der verschiedenen Orte eröffnen die Möglichkeit des Pilgerns und der schrittweisen Annäherung.

— Sonntag in St. Gervais —

Sonntagmorgen sind wir auf dem Weg nach St. Gervais. Wir feiern die Eucharistie mit der Gemeinschaft der Stadtmönche. Ich werde eingeladen zu konzelebrieren und sitze neben den Brüdern und Schwestern im großen Kirchenschiff, dass sich bis 10 Uhr immer mehr füllt. Genau da ist sie wieder, diese »katholische« Kirchenerfahrung: Menschen aller Rassen und Altersstufen, aus vielen Nationen. Bei der intensiven Feier und der tiefen Teilhabe im Beten und Singen wird mir ein Stück »Himmlisches Jerusalem« ansichtig erfahrbar. In den Gesprächen hinterher stoße ich auf Schwester Rebekka, die aus Nordstemmen stammt – sogar ein wenig Hildesheim hier mitten in Paris. Die Begegnung mit den Schwestern, bei denen ich dann noch zum Mittagessen eingeladen bin, macht einfach nur froh: Genau das macht meine eucharistische Erfahrung aus der Vergangenheit wieder so lebendig. Es gibt eben keine Fremden dort, wo Christus eint. Ich spüre mich verbunden mit dieser Gemeinschaft, verbunden in der katholischen Gegenwart des lebendigen Christus, aber genauso habe ich empfunden als Gast in der deutschen Gemeinde, und auch in der Gemeinschaft der Betenden bei den Gründungsstätten der Vinzentinerinnen. Kirche lebt in einer konstitutiven Vielfalt unterschiedlicher Zugänge und Charismen, die aber genau immer wieder in der Eucharistie münden, die uns in Christus verbindet.

— Ein Blick aus dem Fenster in die Vergangenheit ... —

Ich wohne seit mehreren Jahren im Priesterseminar in Hildesheim. Hier lebten einst Kapuziner und noch früher Fraterherren. Direkt gegenüber sind die Reste eines Dominikanerklosters. Keine hundert Meter findet sich – in St. Godehard – eine Abtei der Benediktiner. Ebenfalls nah – im heutigen Krankenhaus der Vinzentinerinnen – waren einst Kartäuser, wo jetzt in der Nähe das Mutterhaus der Vinzentinerinnen liegt. Und hinter dem Dom befand sich das Kloster der Franziskaner. Was für eine charismatische Vielfalt, die gewiss nicht immer spannungsfrei war – innerhalb der einen Pfarrei, die ja weiterhin die unbestrittene »Grundform« kirchlichen Lebens darstellt. Und ich frage mich, ob nicht heute wie damals eine weitaus größere Vielfalt von Orten kirchlichen Lebens koexistiert, die wir auf dem Hintergrund des Abschieds von einer verdienstvollen monolithisch anmutenden Kirchengestalt heute neu entdecken und die den Raum öffnet für differenzierte Zugangswege des Christwerdens und Christbleibens.

8. The American way of church

»Crossing over« – seit 2008 nimmt auch unser Bistum an diesem pastoralen Austauschprogramm teil, das im Bistum Essen auf Initiative eines Sponsors begonnen hatte. Inzwischen sind sechs Bistümer beteiligt und haben die Chance, in jedem Jahr pastorale Mitarbeiterinnen und Mitarbeiter, Priester und Diakone für sechs Wochen ins Erzbistum Chicago zu senden, um die dortigen pastoralen Aufbrüche unter bestimmten Themenstellungen kennen zu lernen. Ein durchdachtes und gut vorbereitetes Programm unter der Begleitung des Lehrstuhls von Wim Damberg an der Theologischen Fakultät der Ruhruniversität Essen, das auch nach dem Besuch weitergehen soll. Darüber hatten wir in unserem Bistum schon nachgedacht, zumal nicht nur Exposure-Projekte in den USA vorliegen, sondern auch in Indien, Südafrika, England und Frankreich. Aber die entscheidende Frage ist ja immer, ob das, was erfahren und erkannt wird, auch in Deutschland umgesetzt werden und so die pastorale Wirklichkeit hier beeinflussen kann.

Bei Crossing over wurde mir dies schon recht bald klar – und klargemacht. Franziska, eine meiner Kolleginnen, gehört zu den ersten Teilnehmern aus unserem Bistum. Und nachdem sie zurückgekehrt war, begann unser Dienstgespräch mit einer Einladung: »Lass uns am Anfang beten«. Und das taten wir. Auf diese Weise entstand eine Atmosphäre großer Freiheit und Geschwisterlichkeit, die geistlich gegründet war, Vertrauen wachsen lässt – und kreativ ist.

Über diesen Aufenthalt sind wir intensiv ins Gespräch gekommen. Ich durfte und darf Anteil nehmen an der Faszination meiner Kollegin, und ich kann viel von den Erfahrungen hören und lesen, die dort möglich waren. Zwei Ansätze berühren uns besonders tief: Auf der einen Seite hat die amerikanische Pastoral seit fast 30 Jahren versucht, eine Theologie und Pastoral des Rufes und der charismenorientierten Sendung zu entwickeln, die für unsere Ohren und für unsere Praxis sehr neu ist. Die Theologie von »Called and Gifted« *(Gerufen und begabt)*, wie das Dokument der US-amerikanischen Bischofskonferenz heißt, hat eine neue Praxis in den Kirchengemeinden freigesetzt, die auch für unseren Kontext einen faszinierenden Ansatz darstellt: Wir suchen gerade danach, das Paradigma des Ehrenamtes neu zu verstehen – und die Rede vom »neuen Ehrenamt« ist nicht wirklich hilfreich. Damit zusammenhängend entsteht in der US-amerikanischen Kirche, mit starken Einfluss der Freikirchen, der Ansatz »Stewardship«, der im Deutschen kaum richtig übersetzt werden kann: Es geht darum, in der Gemeinschaft der Gläubigen angemessen mit den gottgeschenkten Gaben umzugehen und sie ins Spiel zu bringen.

So haben wir die Gelegenheit genutzt. Denn jedes Jahr findet auch ein Gegenbesuch der Gastgeber statt, und wir haben einfach gefragt, ob nicht zwei Experten in Sachen »Called and Gifted« zu uns kommen könnten. Und es gelang!

— *Mehr als ein Studientag* —

Anfang Juli fanden wir uns in Essen wieder, und ich lernte mit Daniel Gast und Pfarrer Curt Lambert zwei Amerikaner kennen, die unsere beiden »Stipendiaten« begleitet hatten. Die gesamte amerikanische Gruppe war zusammen mit Kardinal George eine Woche in die teilnehmenden Diözesen gekommen. Zu diesem Anlass wurde die nächste Phase des »Crossing over« Projektes eingeläutet: »Lighthouse« wurde gegründet, und mit Matthias Sellmann eine Juniorprofessur eingerichtet, bei der es genau darum gehen soll, vierzig »Leuchtturmprojekte« anzustiften durch alle die, die in den USA Neues erlebt haben. In lockerer und doch ernsthafter Weise – und natürlich mit einem Grillabend – wurde dieses Projekt eingeleitet, und ich durfte dabei sein, weil ich für unser Bistum die nachhaltige inhaltliche Entwicklung begleiten soll.

In Hildesheim konnten wir uns einen Tag später auf den nachfolgenden Studientag vorbereiten und vor allem einander kennen lernen. Das große Vertrauen, die Offenheit und die gelassene und freundliche Heiterkeit machen auch eine solche Vorbereitung einfach. Natürlich hatte Franziska schon vorher – über einen regen Mailverkehr – das Thema abgestimmt und wir hatten den Ablauf des Tages verabredet, Papiere waren verfasst und übersetzt worden. Schon dies war eine wunderbar einfache Erfahrung gewesen. Und jetzt hatten wir auch noch Zeit, die Stadt anzuschauen, miteinander zu essen, miteinander Erfahrungen zu teilen. Ein guter Anfang.

Der Studientag begann. Wir sitzen an Tischen zu sechst. »Ein Freiwilliger, der sich um das Anfangsgebet kümmert, soll sich melden«, so setzt Daniel Gast an. Wie immer ist es ja gar nicht so einfach, aber Daniel Gast fügt hinzu: »Ihr müsst wissen, noch nie hat jemand bei mir bedauert, sich als Freiwilliger zu melden ...« Und als dann doch alle Freiwilligen sich erhoben haben, gibt er folgende »Arbeitsanweisung«: »Jetzt legen die Freiwilligen ihre Hand auf die Schulter der Person rechts neben sich und fragen sie: Sind Sie bereit, das Einführungsgebet für unseren Tisch zu leiten?« Befreites Gelächter erfüllt den Raum. Und wir beginnen mit einem Gebet an den Tischen, das zugleich eine Vorstellungsrunde, ein Austausch über die eigene Glaubensgeschichte, ein Hören der Schrift ist.

Schon dieser Anfang ist mehr als nur eine Methode: Alle sind beteiligt, und wir treten ein in einen Raum gemeinschaftlicher Spiritualität, und zugleich ist alles, was hier geschieht, herrlich einfach und gelassen, mit einer Prise echten Humors und doch nicht oberflächlich. Das dürfen wir lernen: Dass Spiritualität ganz selbstverständlich gemeinsam gelebt wird, dass sie jede Tagung prägt, weil sie einen kirchlichen Raum stiftet, einen Raum der Gegenwart des Auferstandenen, in dem jedes Thema in ein neues Licht rückt.

Ich fühle mich erinnert an die Erfahrungen, die ich bei den Kongressen der Willow Creek Association machen konnte. Auch dort war – für mich überraschend – es einfach Kultur, dass unser Beten und unser Austausch geistlicher Erfahrungen am Anfang einer Begegnung alles Handeln und gemeinsames Denken durchdringt. Ich fühle mich erinnert daran, dass auch in geistlichen Bewegungen und Gemeinschaften dieses Teilen geistlicher Erfahrungen zum Stil der Begegnungen gehört.

Und ich denke dankbar an alle unsere Dienstbesprechungen, die wir im vergangenen Jahr immer mit einem Austausch zum vergangenen Sonntagsevangelium begonnen hatten. Auch das war ja ein Vorschlag von Franziska gewesen – Weiterführung einer Erfahrung, die sie in den USA gemacht hatte: Jede Session, jedes Arbeitstreffen, ja auch die persönlichen Begegnungen begannen oft mit der Frage: Und was bedeutet das Evangelium des Sonntags für dich? In den USA gibt es eine »Sonntagsfrage«, die im Internet zu finden ist, die dann zur Leitfrage der Begegnungen in der Woche wird. Dieser direkte Umgang mit Gebet und Austausch ist keine frömmelnde Aufgesetztheit, sondern innere Mitte des Tuns.

Ich bin immer wieder erstaunt, wie ungewohnt einerseits eine solche spirituelle Pastoralkultur für uns ist – aber ich bin auch immer wieder überrascht, wie offen die meisten Christinnen und Christen darauf reagieren. Könnte es sein, dass wir aus Angst und Furcht vor dem Anderen und seinen Reaktionen nicht wagen, was schon lange als geistliche Sehnsucht in uns ist?

— *Der Prozess »Called and Gifted«:*
Entdeckung eines neuen Modus des Christseins —

Im Jahr 1980 haben die amerikanischen Bischöfe versucht, das konziliare Dekret über das Apostolat der Laien in den amerikanischen Kontext und seine nachkonziliaren Erfahrungen zu übertragen. Das war vor allem deswegen nötig, weil genau in diesen Jahren die Frage aufbrach, was eigentlich genau »Dienste« in der Kirche sind, wenn sie sich über den kleruszentrierten Rahmen hinaus entwickelt. Das führte zur Entfaltung einer Theologie des Rufes, die sich nach dem II. Vatikanum über eine milieukirchliche Theologie der Berufung hinaus entwickeln musste.

Das Thema der Berufung war bis dahin standesorientiert. Da die Frage des Christseins an sich als Frage nach dem Erbe als selbstverständlich geklärt verstanden wurde, war die Frage nach der Berufung dann die weitergehende Frage nach dem Stand: Ordensberufung oder Priestertum, eventuell wurde und wird auch Ehe als Berufung gesehen. Mit dem Ende einer volkskirchlich-milieuhafter Grundkonstellation des Christwerdens stellt sich die Frage nach der Berufung fundamentaler. Die Frage nach der Berufung wird nicht Standesfrage, sondern die Frage nach der persönlichen Begegnung mit Jesus Christus, der Offenbarung der Einzigartigkeit der Person und ihrer Gaben.

Deswegen unterscheiden die amerikanischen Bischöfe vier Dimensionen, die sie nach einer Phase der Erprobung noch einmal fokussiert und justiert haben. Nach dem ersten Dokument aus dem Jahr 1980 wurden im Jahr 1995 die bislang gemachten Erfahrungen evaluiert und präzisiert (*»Called and gifted for the third millenium«*), um im Jahr 2005 noch einmal überarbeitet zu werden (*»Co-workers in the spirit«*[8]). Während des Studientages sind diese vier Dimensionen der Berufung sehr stark ins Licht gerückt. Dabei wurde eines immer deutlicher: Es sind gerade die Vokabeln und die Zusammenhänge, die für uns deutsche Katholiken auf den ersten Blick irritierend sind, die uns einen neuen Weg zeigen:

— *Vier Dimensionen des Rufes zum Christwerden* —

Eine erste Dimension der Berufung ist der Ruf zur Heiligkeit. Daniel Gast illustrierte, dass diese Priorisierung der Heiligkeit[9] eine Weiterentwicklung des berufungstheologischen Ansatzes in den 80er und 90er Jahren des 20. Jahrhunderts darstellt. Gerade das Aufbrechen der großen Freikirchen und der geistlichen Gemeinschaften und Kirchlichen Bewegungen und der charismatischen Erneuerung hat zu einer spirituellen Wende und zu einer Weiterentwicklung einer geistlichen Kirchenkultur geführt, bei der der geistliche Austausch eine wichtige Rolle spielte.

Nun ist gerade die Rede von »Heiligkeit« eine in deutscher Pastoral fast unbekannte und eher verpönte Leitkategorie und wirkt auf den ersten Blick rückwärtsgewandt. Aber genau der Blick auf die Rezeption der geistlichen Aufbrüche in den USA wirft einen Blick auf kirchliche Zukunftsentwicklungen, die es im deutschen Sprachraum leider nicht gegeben hat: Die intuitive und instinktive Abwehr der geistlichen Bewegungen beraubt die deutsche Kirche aber gerade einer für die Weiterentwicklung der Kirche wichtige Kategorie: Denn »Heiligkeit« beschreibt ja gerade den existenziellen Zugang zum Christusgeheimnis und zum Geheimnis der Kirche. Ist nicht der charismatisch nachkonziliare Aufbruch gerade ein Hinweis auf die weithin noch ausstehende existenzielle Rezeption des Konzils und seiner neuen Konfiguration des Christwerdens und Kircheseins?

Sehr beeindruckend konnte Daniel Gast diese erste Dimension kreuzestheologisch vertiefen: Heiligkeit wächst, vertieft sich und prägt sich ein durch das Widerfahrnis des Leidens, dass auf den Dienst am Nächsten vorbereitet – und dabei wird die Erfahrung des Leidens nicht nur personalisiert, sondern auch in den Kontext sozialer Sünde eingebracht.

Das Erstaunen wird immer größer, je länger ich meinen amerikanischen Freunden zuhöre: Die existenziell-spirituelle Dimension des Rufes, die so eng mit Dienst am Nächsten und dem heilenden Dienst an der Gesellschaft verbunden ist, verknüpft persönliche Spiritualität mit dem *(politischen)* Dienst an der Gemeinschaft der Menschen, erdet also den Ruf zur Heiligkeit mit der Hingabe an die Menschen.

Doch damit ist schon eine zweite Dimension des Rufes schon angedeutet: Es ist der Ruf in die Gemeinschaft. Ist zum einen klar, dass jeder Einzelne in seiner Eigenart und einzigartigen Begabung gerufen ist, so führt ihn das zugleich in die Gemeinschaft der Kirche. Dabei ist aber in der amerikanischen Perspektive ebenso deutlich, dass es auch hier einer geerdeten Konkretion bedarf. Im Hinblick auf die amerikanische Kirche wird hier die Pfarrei als Ort beschrieben, in dem die Menschen in ihrem Glauben wachsen können, ihn ausdrücken lernen und so ihre Sendung wahrnehmen können. Die Entwicklung der letzten Jahrzehnte zielt dabei auf die Bildung kleiner christlicher Gemeinschaften als evangelisierender Zellen in der Pfarrei ab. Der deutliche Akzent auf den Austausch der Glaubenserfahrungen führt zu einer Präferenz kleiner Gruppen, die ihrerseits den Glauben evangelisierend bezeugen.

Zu diesem Zeugnis führt die dritte Dimension des Rufes: Jeder und jede ist gerufen zu einem Dienst: Es geht in der Begleitung der Gerufenen vor allem darum, dass jeder und jede ihr Charisma, ihre spezifische Gabe entdecken darf, in dieser Gabe gefördert wird und in ihr wachsen kann. »Charismen sind gefährlich«, sagt Gast lächelnd. Auf unsere fragenden Gesichter hin ergänzt er: Die Charismen bringen das Leben der Gemeinde durcheinander und fordern sie heraus, ihre eigene Konfiguration weiterzudenken und zu entwickeln.

Immer wieder beeindruckt bei unseren amerikanischen Gästen die Überzeugung, dass in der Tat jede und jeder eine notwendige Gabe für den Leib Christi, die Kirche, hat – und dass es die Pflicht der Kirche ist, diese Gabe in den Dienst zu nehmen – und dass es darum geht, sie wachsen zu lassen. Und zugleich gibt es die Pflicht des Begabten, sich in diese Bewegung des Wachstums zu stellen.

Das sind in der Tat provozierende Anfragen an unsere Kirchenkultur: Während wir uns in unseren Breiten schwertun, den Begriff des Ehrenamtes neu zu formulieren und dabei ständig in Sackgassen geraten, ist uns der spirituelle Ansatz der Charismenlehre weithin fremd. Noch fremder ist uns aber eine Kategorie, die im amerikanischen Kontext eine zentrale Rolle spielt: Immer wieder ist die Rede vom Wachsen. Mir fällt auf, dass diese Kategorie im deutschsprachigen Raum so gut wie abwesend war. Pastoral wird in der Regel nicht als ein Wachstumsweg gesehen – auch der Weg des Glaubenden scheint eher statisch verstanden zu werden. Das häufige Fehlen von Evaluation und das Misstrauen gegen solche evaluierende Verfahren ist dafür symptomatisch: Die deutschsprachige Pastoralkultur ist in der Regel nicht prozess- und wachstumsorientiert, sondern event- und ergebnisorientiert.

Hier macht sich in der Tat eine grundsätzlich andere Pastoralkultur bemerkbar, die nicht nach vorn hin geöffnet auf Wachstum ist und sich ungern vom Geist überraschen lässt. Vielleicht liegt das daran, dass in der deutschen Kirche nicht das Wachstum hin auf eine zukünftige Gestalt der Kirche leitend ist, sondern die angestrengte Bewahrung eines Bestandes, auch wider besseres Wissen. Das Loslassen einer überkommenen Pastoralkultur ist aber nur denkbar, wenn sich eine Zukunftsperspektive öffnet und wenn Vertrauen regiert.

Genau jenes Vertrauen in Gottes Handeln, dass an diesem Studientag so spürbar wurde. Das wird auch in der vierten Dimension des Rufes erkennbar – dem Ruf zur christlichen Mündigkeit und Reife: Denn hier geht es genau um die Frage, wie der ursprüngliche Ruf an den Einzelnen in die Gemeinschaft und in seinen Dienst wachsen und reifen kann. Die Perspektive dieser vierten Dimension zielt auf eine umfassende Theologie des christlichen Lebens, sowohl was das spirituelle Reifen als auch die kirchliche Partizipation betrifft.

— Stewardship: Ein Leben aus dem Ruf ermöglichen —

Ganz konkret faltet am Nachmittag Curt Lambert als Pfarrer aus, was diese Grundperspektive der Pastoral praktisch bedeutet. Zum einen ist die Grundhaltung des gläubigen Christen zu betrachten: Das Wachsen des Glaubens und das Einbringen seiner Gaben und seines Dienstes in die Gemeinschaft der Menschen wie in die Kirche sind eine Haltung der Dankbarkeit, ein geistlicher Lebensstil. Die Rede vom »Ehrenamt« wie von »Freiwilligen« wird hier überwunden durch eine klar gabenorientierte Sicht: Das Einbringen der eigenen Gaben ist gewissermaßen notwendige Antwort auf den Ruf Gottes, und somit Ermöglichung des Wachstums in den göttlichen Ruf und die Glaubensexistenz. »Stewardship ist also nicht etwas, was wir tun, sondern etwas, was wir sind und wem wir gehören«: Es geht um das Sein und Leben des Gläubigen, der sich ganz auf dem Weg der Jüngerschaft und also in der Christusschule weiß. Von daher kommt diese Hingabe und Eingabe der eigenen Gaben nicht als freiwilliger Zusatz zu einem Leben aus der Taufe hinzu, sondern ist integrierender Bestandteil.

Gleichzeitig führt dies auch zu einer klaren Ausrichtung einer Gemeinde: Zentrales Stichwort ist hier die Gastfreundschaft. Aber der deutsche Begriff unterbietet auch die pastoralpraktischen Dimensionen, die sich uns eröffnen: Gastfreundschaft bedeutet hier eben nicht nur, dass jeder und jede, die in einer Kirchengemeinde aufscheinen, begrüßt und aufgenommen werden. Zugleich ist in der Logik einer Berufungspastoral in diesem weiten Sinne wichtig, dass jeder und jede auf ihre Gabe angesprochen werden darf und muss, denn jeder und jede hat eine wichtige Gabe einzubringen, die auch in der Gemeinde gebraucht wird.

Uns wird ansichtig, dass eine solche Perspektive der Gastfreundschaft eingebunden ist in eine eucharistische Theologie des Leibes Christi, die jeden und jede als Glied an diesem Leib ernst nimmt und ihm ermöglichen muss, Anteil zu nehmen. Von daher ist auch ganz klar, dass es Kommunikationsstrukturen geben muss, die jedem und jeder ermöglichen, ihren Platz zu finden. Gleichzeitig ist dies aber auch ein geistlicher Prozess – bis hin zu geistlichen Unterscheidungsprozessen, die voraussetzen, dass das Entdecken und Einbringen der Gaben eingebunden ist in das Gebet und in die Feier der Liturgie. Dann aber setzt eine solche Kultur der Berufung und Sendung auch zugleich umfangreiche Bemühungen frei, wie der einzelne Christ, die einzelne Christin in der Entfaltung ihrer Gabe gefördert werden kann: ständige Fortbildung ist ein weiteres Stichwort ... Und schließlich muss dem Einzelnen ermöglicht werden, seine Gabe einzubringen und so auf die Bedürfnisse des Leibes Christi im Lebensraum zu antworten.

— *Atemberaubend und beglückend* —

Atemberaubend – ich glaube, mit diesem staunenden Gefühl endet für viele der Tag. Horizonte sind aufgerissen worden, von denen wir spüren, dass sie uns begleiten werden. Noch mehr aber als all das wird beglückend deutlich, dass wir hier einen Tag in der Gegenwart des Auferstandenen den Weg einer Kirche anschauen konnten – und viel lernen können. Der einfache und natürliche Weg, geistlich miteinander umzugehen, die Tiefe einer Theologie des Christwerdens und die zugleich unglaubliche Perspektive einer Kirchenentwicklung im Ausgang einer gelebten Spiritualität des Leibes Christi überzeugen und öffnen neue Horizonte.

Noch mehr aber lässt mich etwas anderes wundern und auch erschrecken: Überall dort, wo ich an Entwicklungen der Weltkirche teilhaben darf, von Frankreich bis Indien, Südafrika bis USA, überall hat sich in den letzten Jahrzehnten eine neue Perspektive des Kirchewerdens entwickelt, die in unseren Breitengraden fast unbekannt ist. Es ist klar, dass wir sie nicht einfach importieren und übernehmen können – aber zugleich wird deutlich, dass wir Entwicklungen bei uns nicht hinreichend wahrgenommen haben. Kann es sein, dass wir langsam dazu geführt werden, endlich Teil der weltkirchlichen Lerngemeinschaft zu werden, die sich schon seit Jahren um uns herum – und zumeist ohne uns – konstituiert hat? Und kann es sein, dass wir etwas demütiger werden dürfen angesichts des erneuernden Geistes?

9. Wie Christ werden und bleiben

Eigentlich eine Nebensache. Ich wollte beim europäischen Katechumenatstreffen 2009 in Wien bei einem Priesterfreund übernachten, der dorthin umziehen sollte. Aber – seine Wohnung war noch nicht fertig renoviert, und so durfte ich bei einer ihm befreundeten Familie in der Nähe des Tagungsortes übernachten. Eine tolle Erfahrung! Am letzten Tag des Treffens wollte ich mich dann mit einer guten Freundin aus alten Zeiten treffen: Ich hatte eines der Kinder ihrer Familie seinerzeit in Achim getauft, dann war ich nach Hildesheim gegangen und die Familie aus Arbeitsgründen nach Wien. Nach dem Kongress hatte ich die Gelegenheit, sie zu treffen und wartete auf das Auto. Aber sie kam nicht mit dem Auto – sondern zu Fuß mit ihrem Hund. Und auf dem Weg zu ihrer Wohnung entdeckte ich, dass ich jeden Abend an ihrem Haus vorbeigegangen war. Im Gespräch stellte ich dann fest, dass beide Familien seit Jahren zur selben Gemeinde gehörten, gemeinsam Gottesdienste dort feierten, sich engagierten – und sich nicht kannten.

Eigentlich eine Nebensache …, wenn nicht das Thema unserer Tagung »Integration« geheißen hätte. Das ist offensichtlich nicht nur eine Herausforderung für werdende Christen und gewachsene mitteleuropäische Kirchengemeinden, sondern auch für Neuzugezogene? Deswegen beschreibt das Thema ganz deutlich eine Grundherausforderung.

Standortwechsel. Irgendwo im XVI. Wiener Bezirk *(oder war es im XIX.?)*. Mit einer kleinen Gruppe sind wir eingeladen in eine Pfarre. Der Pfarrer und seine Mitarbeiterin erzählen uns von ihren Erfahrungen mit dem Katechumenat: »Wir sind in all den Jahren erst drei ungetauften Erwachsenen begegnet, die wir dann eingeführt haben. Immer habe ich diese Personen persönlich begleitet. Das war nicht immer eine leichte Erfahrung, denn diese Personen kommen aus den unterschiedlichsten Milieus, mit den unterschiedlichsten Lebensgeschichten … Eines Tages ruft mich eine Frau an mit der Bitte, getauft zu werden. Als sie mich besucht, stellt sich heraus, dass sie aus einem ganz anderen Bezirk kommt. Als ich sie danach frage, erzählt sie mir ihre Erfahrung: Sie hat schon in zwei anderen Pfarren gefragt ... und nie eine Antwort bekommen. Mit ihr war es schwierig. Sie war Managerin und ständig unterwegs. Aber dann haben wir es doch gut geschafft. Allerdings weiß ich nicht, wo sie jetzt ist ... Die Gemeinde fand es sehr merkwürdig, dass ich mich um Katechumenen gekümmert habe ...«

Nach der Taufe blieb kein Kontakt, mit keinem Katechumenen. Hier wird – nicht nur in Wien – die Grundschwäche des »real existierenden Katechumenats« deutlich: Während die Gemeinde erst langsam erkennt, dass eine Begleitung der Katechumenen wichtig sein könnte, während der Pfarrer keine Katechumenatsgruppe aufbaut und die Vorbereitung in seinen Händen hält, bleibt der Katechumene – zumal in Wien – mit dem Eindruck zurück, dass er möglichst schnell im Kursverfahren in die Kirche aufgenommen werden soll. Was danach ist, ist nicht so wichtig ..., oder?

Und genau das wurde auch deutlich bei allen Überlegungen in Wien: Sobald Kirchengemeinden sich soziologisch als Vereine missverstehen, sobald Kirche nicht erfahrbar werden kann als Ort der immer wieder neu alle zusammenrufenden Christusgegenwart, dann wird es fast aussichtslos, auf Integration zu hoffen. Und klar wurde ein weiteres Mal: Menschen, die ganz bewusst Christ werden, werden Kirche anders leben als jene, für die Christsein schon immer eine ererbte Vorgegebenheit ist. Und es ist mehr als wahrscheinlich, dass Menschen, die als Erwachsene ihren Weg des Christwerdens gehen, andere Formen und Weisen des Kircheseins suchen.

— *Wir bleiben eine Lerngemeinschaft* —

Aber auch das wird hier in Wien deutlich: All das hängt natürlich auch daran, was genau unter Christwerden und dem Katechumenat verstanden wird. Nein, der Katechumenat wird nur an wenigen Orten in Europa wirklich als biographischer Lernprozess verstanden, mit einer gemeinsamen Lerngemeinschaft von Christinnen und Christen, die sich gegenseitig den Glauben bezeugen. Es geht ja nicht nur darum, die wesentlichen Inhalte des christlichen Glaubens in katechetisch angemessener Art vermitteln zu können. Die Art und Weise, den Glauben zu leben, der liturgisch-mystagogische Zugang zum Geheimnis Gottes, unser Umgang mit dem Wort Gottes – und auch die Frage, wie Glaubensgemeinschaft, wie Kirche erfahrbar wird, jenseits ihrer soziologistischen Verkürzungen. Etwas scharf formuliert: In der Tat verwundert es nicht, dass wir Menschen, die auf der Suche nach dem christlichen Glauben sind, häufig keine Gelegenheit geben, diese Zugangswege wirklich kennen zu lernen und sich anzueignen, weil wir selbst keinen eigenen geistlich-theologischen Zugang zum Christwerden haben: Wir selbst haben zu wenige existenzielle Erfahrungen mit einem attraktiven und substanzreichen Christentum ... Wir denken häufig, wir sind schon fertig mit unserem Christwerden, und die anderen brauchen nur noch dazuzukommen.

Ob das nicht der Irrtum ist? Auf dem Treffen in Wien beeindruckt mich ein Gedanke der Wiener Theologin Regine Polak. Kirche, so formuliert sie, ist – für die, die da sind wie für die, die dazukommen – eine bleibende Lerngemeinschaft. Als »Jünger« Christi, also wörtlich als »Schüler Christi«, gehen wir bleibend bei Christus selbst in die Schule. Die Jüngergemeinschaft, die Kirche, als bleibende Lerngemeinschaft zu verstehen – das scheint mir eine der Herausforderungen kirchlichen Kulturwechsels zu sein. Pastoral versteht sich zu oft nicht als Ermöglichung eines nach vorne offenen Wachstumsprozesses auf das Reich Gottes hin, sondern eher als Abwicklung eines Regelablaufs von Aktivitäten und Bewahrung eines immer prekäreren Bestandes der ererbten Christlichkeit.

— *»Wollt ihr Kinder?«* —

»Kannst du mal zu uns kommen? Wir haben ja bei ProChrist mitgemacht, und das hat ziemlich viel Aufsehen in Göttingen gegeben, in der Gemeinde und im Dekanat. Jetzt wollen wir mit Ulrich Parzany

ein Podium machen. Würdest du kommen – du bist doch offen dafür«, fragt mich der Pfarrer meiner Heimatgemeinde. Na klar komme ich. Und so lerne ich im Oktober 2006 Ulrich Parzany und seine
Initiative näher kennen. In der katholischen Gemeinde in Göttingen
hatten sie es in ökumenischer Zusammenarbeit so gemacht, wie in
vielen Freikirchen: viel Werbung, eine volle Kirche – aber danach war
es auch vorbei. Genau da hakt Parzany mit seiner gewaltigen Billy-
Graham-Rhetorik ein:

»*Die ernste Frage, die sich jedem Ehepaar stellt, ist doch, ob sie Kinder haben wollen. Denn sie wissen: Wenn wir Kinder bekommen, dann kommt
nicht nur jemand dazu, der sich dann in unser Leben eingliedert. Nein,
es ist ja genau umgekehrt: Wenn Kinder kommen, dann ändert sich alles.
Die Nächte sind hin, man macht sich viele Sorgen, man freut sich über
die ersten Schritte, man leidet am Gebrüll ... Und genau dieselbe Frage
muss sich eine Gemeinde stellen, gerade auch die, die evangelisierend tätig sind und natürlich auch alle, die bei ProChrist mitmachen. Wollt ihr
Kinder? Wollt ihr neue Christen? Wollt ihr, dass sich alles ändert? Und
dann muss man natürlich auch dafür sorgen, dass diese Kinder auf-
wachsen können. Bei ProChrist zeigt sich das genau. Es gibt Gemeinden,
die machen ProChrist mit, und danach ist alles wie vorher. Sie haben vorher nicht darüber nachgedacht, was sie hinterher mit den Interessierten
tun. Nein, sie integrieren sich nicht. Sie bringen alles durcheinander. Sie
machen richtig Arbeit ...*«

Das Bild ist treffend. Es trifft ins Herz. Denn genau hier liegt die
Frage der Integration. Wenn Christen heute im Katechumenat
oder durch Evangelisierung und Glaubenskurse zu uns stoßen,
sind dann Gemeinden bereit, sich ganz – wie neue Eltern – auf
diese »Neuchristen« einzulassen? Während es uns im familiären
Umfeld ganz klar ist, dass vor allem die ersten Lebensjahre eines
Menschen die Konzentration der Kräfte erfordert und in der Tat
alles durcheinanderkommt und dass später die heranwachsenden
Kinder mit Sicherheit andere Wege und Lebensstile wählen werden,
ist uns diese Perspektive im kirchlichen Kontext eher fremd.

Wenn man – wie ich es öfter tue – diese Frage an Christen unserer Gemeinden stellt, ob sie bereit sind, sich durch »Kinder im Glauben« durcheinanderbringen zu lassen – und ob sie wollen, dass sich alles ändert, dann ist das klare »Ja« kaum zu bekommen. Es soll doch eher bleiben, wie es ist. Und von daher erscheint es kaum ein Wunder, dass die Frage nach dem Christwerden Erwachsener eine zentrale Zukunftsfrage ist, dass aber nur in wenigen kirchlichen Landschaften Europas, und in noch weniger Kirchengemeinden, der Katechumenat bislang kulturprägend geworden ist – obwohl hier eine fundamentale Perspektive einer neuen Kirchengestalt liegt. Oder besser: Weil die neuen Christen alles durcheinanderbringen würden, wird der Katechumenat nur mit einer Pinzette angefasst und mit großem Argwohn angeeignet. Wer möchte schon, dass sich alles ändert? Gerade angesichts des strukturellen Änderungsdruckes der letzten Jahre ist die Lust auf Veränderung sehr gesunken.

Das aber ist dramatisch. Denn die (un-) gewollte Unfruchtbarkeit der Kirchengemeinden führt dann dazu, dass diese immer mehr – sicher gegen die eigene Absicht – sklerotisieren und versumpfen und so weiterhin keine Adresse für Suchende sein können.

Und umgekehrt: Die große Sehnsucht nach Kirchenerfahrung, das immer höhere Interesse am Christwerden, an Liturgie, an Zugang zum Geheimnis Gottes findet jedenfalls in den Gemeinden keinen Ort. Die Suchenden und erwachsenen Neuchristen bleiben dann als »ekklesiale Elementarteilchen« ortlos auf der Suche oder finden andere Orte, bilden neue Gemeinden. Auf diese Weise zeigt sich, wie Kirche sich verändert. Gerade der Wunsch nach amalgamierender Integration führt dann zu neuen Formen und Weisen des Kircheseins, gar nicht einmal gegen die bestehenden Gemeinden, wohl aber in einem pluralen Nebeneinander unterschiedlichster Orte.

— *Interviews mit Neugetauften* —

Frankfurt im Mai 2009, auf dem bundesdeutschen Kongress »Christ werden – Christ bleiben«. Fasziniert sehen wir in einer Arbeits-

127

gruppe ein Video. Frischgetaufte werden interviewt. Und in der Unbefangenheit ihrer Antworten wird mir etwas Entscheidendes klar: Für die neuen Getauften ist die Frage nach der Kirchlichkeit ihres Glaubens selbstverständlich. Die meisten von ihnen sind »kirchlich« auf eine neue Weise. Wichtig ist und bleibt ihnen die Anfangsgruppe, in der sie den Glauben eingeübt und eingelebt haben. Dabei ist klar, dass sie an verschiedenen Orten das kirchliche »Zuhause« des Glaubens erfahren: in Exerzitienhäusern, in der Citykirche, auch in der eigentlichen Wohngemeinde. Es ist offensichtlich nicht so, dass ihnen Kirche fehlt – aber sie kommen auch nicht auf die Idee, dass sie sich unbedingt in die Kirchengemeinde ihres Wohnortes einbringen müssten. Sie wissen sich geführt und begleitet hin zu Orten, an denen sie finden, was ihnen für das Leben ihres Glaubens wichtig ist.

Erstaunliche Interviews, beglückende Interviews. Sie machen deutlich, dass der Geist Gottes diese Menschen führt und sie auch zu – scheinbar wie von selbst – gemeinschaftlichen Orten des Glaubens führt. Eher irritierend ist es dann, wenn zwischendurch alte Kirchenbilder durchdringen: »Ich kann mich nicht ehrenamtlich in die Gemeinde einbringen, das schaffe ich nicht – denn ich engagiere mich auf Bundesebene im Vorstand von ›Ärzte ohne Grenzen‹. Da bleibt keine Zeit …«, so ein neugetaufter Arzt. Entscheidet sich kirchliche Beheimatung am ehrenamtlichen Engagement in der Gemeinde? Natürlich nicht.

Kann man davon ausgehen, dass die Neugetauften ihren eigenen kirchlichen Ort finden? Die Frage nach der Integration stellt sich jedenfalls offensichtlich nicht

— *In den Katakomben der Citypastoral* —

Ähnliche Erfahrungen gibt es in Hannover. Seit einigen Jahren werden hier Menschen auf die Taufe vorbereitet. Oft ist es so, dass die Pfarreien von vornherein sich nicht an der Vorbereitung beteiligen. Im Klartext: Schon die Sekretärin, nicht erst der Pfarrer, den sie nie zu sehen bekommen, schickt die Bewerber ins Stadtzentrum. So wird die Frage nach der Integration neuer Christen von vornherein gelöst: Offensichtlich sind die Pfarreien nicht in der Lage, neue Christen aufzunehmen. Der Kurs der Citypastoral ist dann also die einzige ekklesiale Erfahrung, die diese jungen Christen machen – und da sie in der Zentralkirche von Hannover ihre Gottesdienste feiern, ist ihre kirchliche Erfahrung in dieser Perspektive geprägt. So kann es einerseits passieren, dass sie sich nach der Taufe völlig im ekklesialen Niemandsland finden – oder versuchen, in ihrer Gruppe weiterzumachen. Ich habe mich vor kurzem eingeladen zu einer Gruppe von ehemaligen Katechumenen, die sich weiter trifft. Mit den ca. 15 Personen habe ich mich an einem Sonntag in der kleinen Kapelle getroffen, die im Untergeschoss der Citypastoral der katholischen Kirche von Hannover liegt. Dort treffen sie sich einmal im Monat, um gemeinsam in der Schrift zu lesen und ihren Glauben zu teilen. Sie werden weiterhin begleitet von einer Gemeindereferentin, die sie schon auf ihren Taufweg geführt hat. Normalerweise feiern sie Messe mit der nahen Pfarrei. Doch heute ist es anders. Nach der Messe und dem Bibelgespräch in der Kapelle frage ich, was für eine Erfahrung sie mit dieser Gruppe in den vergangenen Jahren gemacht haben und wie es weitergehen soll.

Aus den sehr offenen Zeugnissen wird deutlich, dass die jungen Christinnen und Christen *(zwischen 20 und 40)* auf diesem Weg Kirche erfahren und erleben – eine Sehnsucht, die sie auch aus unterschiedlichen Orten heute zusammenführt. Sie wünschen sich, dass noch mehr Menschen sich ihnen anschließen – und sie sehen keinen Grund, sich einer anderen Gemeinde anzuschließen. »Ihr seid mehr als eine Gruppe!«, sage ich ihnen, »ihr seid so etwas wie eine kleine Gemeinde in der größeren Pfarrei«.

In jedem Fall stellt dieses Szenario eine enorme Herausforderung dar. Offensichtlich bildet sich Kirche dort, wo Menschen gemeinsam in den Glauben eingeführt werden, und offensichtlich orientieren sich Menschen nach den Orten, die ihnen eröffnet werden. Es braucht in jedem Fall so etwas wie eine »ekklesiale Mystagogie« –

eine Einführung, die ebenso prägend wirkt wie eine liturgische Mystagogie und eine Einführung in die Schrift und den Glauben. Die Gestalt und der Aufbau von Katechumenatsgruppen ist dort, wo er gelingt, ein wichtiger Schritt. Ekklesiale Orientierung jedenfalls geschieht aufgrund der Erfahrungen und den eröffneten Möglichkeiten, die während der Einführung in den christlichen Glauben im Rahmen des Katechumenats gewährt werden. Dort, wo eine Pfarrei darauf verzichtet, weil sie eine nachfolgende Integration für selbstverständlich hält, ist sie dabei, auf ihre Zukunft zu verzichten.

Bei einem Treffen von Katechumenatsbegleitern haben wir gefragt, was sie auf die Aussage vieler Pfarrer antworten würden, die *(häufig)* sagen: Wir finden keine Katechumenatsbegleiter in unseren Pfarreien – solche Christinnen und Christen finde ich nicht in der Pfarrei.»Der kennt die Christen seiner Pfarrei nicht«, war die einhellige und etwas empörte Antwort. Unterschätzen wir die Aufbruchskraft unserer Pfarreien?

10. Katechese neu erleben und denken

Ich stehe vor dem Lehrstuhl Chemie der Georg-August-Universität in Göttingen. Vor der Eingangstür frage ich einige Jugendliche:»Hallo, bin ich hier richtig zur Firmuni?« Keine Antwort, aber ein neugieriges Lächeln. Und ich werde in einem Hörsaal von den verantwortlichen Pastoralreferenten begrüßt. Langsam füllt sich der Saal. Ich bereite mich vor für meine »Vorlesung«. Ja, denn in Göttingen haben sie mich zum Projekt Firmuni eingeladen, ganz passend für diese Universitätsstadt. Die Idee: Sechs Grundkatechesen für alle Firmlinge der Stadt, etwa 200. Und dann werden den FirmbewerberInnen viele freiwillige Projekte angeboten, zum Teil gemeindegebunden, zum Teil auf Stadtebene – aber immer so, dass alle teilnehmen können. Und dazu zentral noch einige besondere Veranstaltungen auf Stadtebene wie die »Nacht der Versöhnung« und anderes.

»Christ sein im Alltag«, darüber soll ich 45 Minuten sprechen. 200 Gesichter schauen mich an. Ich habe ein bisschen Angst vor den 14–16-Jährigen. Ob es klappt, was ich vorbereitet habe. Eine stilechte Vorlesung muss es ja sein, denn mit 200 Leuten in einem Hörsaal kann man keine Gruppenarbeit machen – und die Gruppendynamik ist knisternd schon zu spüren.

Aber es geht gut. Sobald ich Erfahrungen erzähle, sobald ich von meinen Erfahrungen des Christseins berichte, ist mir die Aufmerksamkeit gewiss. Und multimedial bin ich mit Powerpoint und einem kleinen Werbefilm auch nicht schlecht aufgestellt – wenn das letzte Video bloß funktioniert hätte, wäre es optimal gelaufen. Aber auch so bin ich zufrieden und in mir verstärkt sich ein Eindruck, dass die jungen Menschen heute wirklich hungrig sind: hungrig nach Katechese, nach Zeugnis, nach Orientierung. Einige Wochen zuvor hatte ich einen ebensolchen Abend in Hannover erlebt. Natürlich – die klassisch geprägte Kirchlichkeit findet sich hier nicht mehr. Vor mir sitzen junge Suchende, Getaufte, die bisher nicht in den Glauben hineinwachsen und hineinleben konnten. Doch sie sind freiwillig da, und wollen »was wissen«.

— *»Es liegt kein Schnee mehr …«* —

Wenn seit Jahrzehnten die Katechese versucht, jungen Menschen den Glauben nahezubringen und dabei oft Frustrationserfahrungen sammelt, dann wundert es schon, dass wir dennoch weiter fortfahren, jedes Jahr jeden neuen Jahrgang zu sakramentalisieren. Ja, wir bereiten auf die Feier der Sakramente vor, aber die dabei vorausgesetzten Initiationsvorgänge finden in der Regel nicht mehr statt. Als ich diesen Zusammenhang einer Fachgruppe erhellen will, fällt mir ein Bild ein: »Stellen Sie sich mal vor, wir hätten die bestgewachsten Skier – ein Bild für unsere Methoden der Sakramentenvorbereitung. Und stellen Sie sich vor, wir hätten gute Skifahrer – Katecheten. Leider fehlt uns eins: Es ist schon lange kein Schnee mehr gefallen …« Ein Lächeln ist die Quittung. Aber ich denke, das Bild vermag sehr gut zu erklären, warum alles so mühsam und fruchtlos zu sein scheint: »Es ist einfach viel schwieriger, auf grünen Rasen Ski zu fahren ...«

Ja, der Kontext hat sich vollkommen verändert. Wir brauchen uns dann brauchen zu wundern: die Initiation in das kirchlichen Leben, der Mitvollzug christlicher Frömmigkeit ist nicht an Kurse zu binden, sondern an Lebensvollzüge. Der Versuch, im Zusammen der Gemeindetheologie mit katechetisch anspruchsvollen und ausgedehnten Kursprogrammen den Verlust einer geprägten Übergabe des kirchlichen Erbes im milieuhaften Sozialraum der Familie und Nachbarschaft zu ersetzen, musste scheitern. Denn selbst wenn man versuchen sollte, in »Lebenswochen« oder »Intensivzeiten« jungen Christinnen und Christen einen Geschmack auf das Christwerden zu machen, so bleiben doch diese Versuche episodisch, ja eventhaft.

Was solche Unternehmungen wirklich sind und sein könnten, ist nämlich »Vorgeschmack« eines Weges des Christwerdens zu geben. Denn ohne den »Schnee«, ohne den Lebensraum der prägenden Wirklichkeit selbstverständlichen Christwerdens, bleibt jeder Kurs »Fragment« und ist zuerst und vor allem chancenreiche Erstverkündigung und Evangelisierung. Nicht mehr. Nicht weniger.

Junge Menschen sind – wie auch ihre Eltern schon – soziologisch in den meisten Fällen »Pilger«, Suchende auf einem langen Weg. Und insofern lassen sie sich theologisch fassen im bekannten Diktum Joseph Ratzingers, des heutigen Papstes, der davon ausgeht, dass »der größte Teil der Getauften in Europa Katechumenen« sind, was allerdings noch einmal weiter zu differenzieren ist. Ich würde nämlich vermuten, dass der größte Teil der Getauften in Europa »Vorkatechumenen« sind, so dass Johannes Paul II. mit Recht von einer neuen Evangelisierung gesprochen hat: Sie betrifft nicht nur Nichtglaubende und Ungetaufte, sondern vor allem die Getauften. Damit wird Katechese zu einer Herausforderung, die alle Altersgruppen betrifft. Denn zu fragen ist ja, wie und wann auf die intensiven Bemühungen der Erstverkündigung und Evangelisierung ein weiterführendes katechetisches Angebot folgt.

— Eine Option für Glaubensschüler aller Altersgruppen —

Herbst 2008. Wir sind auf dem Wohldenberg beim Katechetischen Kongress im Bistum Hildesheim. Das Thema sind »Glaubenskurse für Erwachsene«. Über sechzehn verschiedene Glaubenskurse werden vorgestellt und diskutiert: von »Alpha« bis »Emmaus« über die Glaubenskurse der »Wege erwachsenen Glaubens« und viele selbstgestrickte Varianten zeigt sich eins: In den letzten Jahren macht sich zögernd, aber intensiver als gedacht, das Bewusstsein bemerkbar, dass in Dekanaten und Pfarreien Glaubenskurse für Erwachsene zum Regelangebot gehören müssen. Immer mehr Erwachsene aller Altersgruppen sind auf der Suche nach Spiritualität und Glaubensvergewisserung: Exerzitien im Alltag, die Exerzitienbewegung, die vielen Selbsthilfegruppen im Glauben sprechen eine deutliche Sprache.

Und so ist es – angesichts der sich doch so oft vordrängelnden Alltagsgeschäfte – mehr als erstaunlich, dass fast 70 Personen an diesem Kongress teilnehmen. Als Gast haben wir einen der Pioniere der neuen deutschen Glaubenskursbewegung eingeladen: Klemens Armbruster belegt in seinem Referat nachdrücklich, was sich angesichts der vielen Glaubenskurse deutlich abzeichnet. Die volkskirchliche Gleichung gilt nicht mehr: Wenn man als Kind oder Jugendlicher nichts vom Glauben erfährt, so lässt sich das später nicht nachholen. Sie galt ja auch nie umgekehrt: Wer als Kind und Jugendlicher glaubt, wird auch als Erwachsener glauben.

Die Wirklichkeit belegt: Jede Altersgruppe, die man in der Kirche und im Gottesdienst antreffen kann, ist heute in der Minderheit. Und wie Armbruster aufweisen kann, ist Lernen nach neueren Lerntheorien eben nicht an das Altern gebunden, sondern an den Wandel von Lebenssituationen. Dort, wo Krisen oder Lebenseinschnitte sind, kann, ja muss ganz von neuem gelernt werden. Und es gibt immer die Alternative zwischen regredierender Depression und aufbrechendem Lernen, wie herausfordernd oder tragisch eine Lebenssituation auch sein mag ...

Dann bräuchte es also so etwas wie eine intergenerationelle Glaubensschule, wo Menschen sich in den Glauben hineinleben, hineinfeiern und hineindenken können, um im Glauben zu wachsen. Dabei ist klar, dass es bei solchen Glaubensschulen nicht nur um Kurse gehen kann. So wichtig Glaubenskurse für Erwachsene sind, so klar ist aber auch, dass hier eine erste und zuweilen auch prägende Erfahrung für einen begrenzten Zeitraum geboten werden kann: Doch die Glaubenskurse bilden – und das ist ihre Schwäche in all ihrer Notwendigkeit – ihrerseits zwar ein wenig den Raum des Austausches, des Zeugnisses, der Einführung in die Liturgie und der Glaubensinformation – aber eben als Vorgeschmack. Was es darüber hinaus aber geben muss, das sind Räume, in denen dieser »vorgeschmeckte« Glaube und die darin sich abzeichnende Lebensform länger in all seinen Dimensionen eingeübt, gelernt, erfahren werden kann, so dass Prozesse des begleiteten Wachstums möglich sind: ein »Seminarium« des Glaubens. Und ein solches Seminarium ist nicht die Pfarrgemeinde. Leider?

— »Wie soll man in einer Badewanne ohne Wasser baden ...? « —

Die Tagung der deutschen Katechesereferenten 2008 findet in Rottenburg statt, jener kleinen, feinen Bischofsstadt am Neckar. Und wir studieren das Dokument der französischen Bischofskonferenz zur Katechese. Wie immer ist es mehr als inspirierend, in die französische Kirche hineinschauen zu dürfen. Doch ein Begriff geht mir besonders nach. Immer wieder spricht das Dokument von einer notwendigen Verortung der Katechese im »Kirchlichen Bad«.

Gemeint ist mit diesem suggestiven Bild die einfache Wahrheit, dass Katechese einen wachstumsfördernden Glaubensraum braucht: ein Gefüge von geistlich lebenden Menschen, die mit einladender Freude die neuen Christgläubigen begrüßen und auf ihrem Weg begleiten.

Schon im Zusammenhang mit der Erarbeitung eines diözesanen Orientierungsrahmens für eine mystagogische Sakramentenpastoral zwischen 1998 und 2003 ergaben sich im Bistum Hildesheim an dieser Stelle deutliche Schwierigkeiten. Ich erinnere mich noch gut an die Phase der Erarbeitung des Textes: Uns ist damals klar gewesen, dass eine mystagogische Sakramentenpastoral »Räume des Glaubens« braucht – aber wir hatten das Wort »Gemeinde« nicht mehr nennen können. Denn daran hatten wir seinerzeit schon große Fragen: Ist denn die Gemeinde wirklich ein glaubensstützender und glaubensfruchtbarer Ort für Dazugekommene? In der damaligen Priesterratssitzung waren seinerzeit viele Pfarrer aufgewühlt und sagten: »Nein, unsere Gemeinde ist kein Raum des Glaubens!«

Sollte dies so sein, dann ist es allerdings nicht verwunderlich, dass Kirchengemeinden seit Jahrzehnten eine bedenkliche Unfruchtbarkeit zeigen. Es ist eben nicht nur die völlige Veränderung des gesellschaftlichen Kontextes, der zu einer Umformatierung des Christwerdens und in der Folge des Kircheseins führte – hin zu einer Theologie und Praxis der Gemeinde, in der es eigentlich darum gehen sollte, den verlorenen Raum selbstverständlicher Sozialisation zu ersetzen und so eine Möglichkeit zu schaffen, wie junge Christen ins gemeindliche Leben hineinwachsen konnten. Dies scheiterte aber schon daran, dass die Kirchengemeinde de facto ein Raum bleibt, der in sich geschlossen ist und eine Sonderwelt wird, die ihrerseits schon bald auf Selbsterhalt aus ist. Die Räume gelebten Glaubens, die hier entstanden, waren für die Kinder, Jugendliche und deren Eltern Sonderräume und nicht Räume gelebtes Leben.

Deswegen ist es keineswegs sonderbar, wenn dies auch so empfunden wird. Wie ein zu bestimmten Zeiten und zuweilen auch noch heute gesellschaftlich wichtiger Tanzkurs, den man absolviert, egal, ob man in Zukunft tanzen will oder nicht, fanden nun hier »Unterrichte« statt, weil es dazugehört.

Mit anderen Worten: Es entstand der Eindruck, dass man in der leeren Wanne des kirchlichen Bades schwimmen lernen soll – aber eben nur theoretisch und vor allem nur auf Zeit. Ob jemand wirklich schwimmen wollte oder konnte, ob jemand dann im Meer des Lebens schwimmen kann – all das spielt für den sakramentalen Abschluss keine Rolle. Es gab keine Lehrer für das Leben, es gab und gibt keine Prozesse der Einübung in das christliche Leben, es gibt kaum Möglichkeiten des Wachstums – es ist eben ein Kurs …

— Die Sehnsucht nach Kirche
und nach einer »kirchlichen« Katechese —

Wie ein solcher Ort, wie eine solche Schule des Glaubens aussehen könnte, dafür gibt es in unserem Bistum interessante Vorerfahrungen.

Das Mutterhaus der Vinzentinerinnen ist in unserem Bistum ein solcher Ort. Schon in den vergangenen Jahren fand hier das »Christliche Orientierungsjahr« statt. Und seit dem Jahr 2007 kam auch Pater Stefano zu den Jugendkatechesen in die Räumlichkeiten der Kongregation[10]. Am Anfang hatte ich echte Bedenken: Im Mutterhaus, dessen Ästhetik eher die 60er Jahre widerspiegelt und in dem fast nur hochbetagte Schwestern leben, hier sollen wir ein Wochenende für Jugendliche machen? Kann das gehen?

Doch die große Überraschung war: Es geht wunderbar. Auf der einen Seite hatten gerade die älteren Schwestern ein hohes Interesse an den jungen Menschen und fragten immer wieder nach. Sie beteten für diese Tage, und wir feierten gemeinsam Eucharistie. Auf der anderen Seite fühlten sich die jungen Menschen wirklich zu Hause, aufgenommen und gewollt. Sie nahmen Rücksicht auf die Schlafenszeiten der Schwestern.

Im Februar 2008 veränderte sich das Szenario. Inzwischen waren es nicht mehr nur Jugendliche, sondern auch sehr junge Jugendliche, die kommen wollten – und immer mehr Erwachsene, die sich, soweit sie konnten, dieses Wochenende frei nahmen. So waren wir im Februar 2008 über 40 Personen zwischen elf und 70 und im Februar 2009 am ersten Abend sogar fast 50 Personen. Der Charme dieser Tage lag und liegt nicht nur darin, dass mit Pater Stefano eine charismatische Gestalt katechetische Impulse gibt. Hier ist auch immer mehr: Es sammelt sich um dieses Verlangen nach Glaubensvertiefung eine »Familie der Unähnlichen«, die sich eingebunden und gewollt weiß in einer größeren Gemeinschaft von Ordensfrauen, in einem Gewebe aus Gebet und Leben. Eine Erfahrung von Liturgie, Gebet, aber auch gemeinsam geteilter Zeit, des Essens, des Schlafens.

Eine Vorschule des Glaubens, der Leben ist. Der Raum, das »kirchliche Bad«, ist wahrscheinlich das Wichtigste: Er ist selbstverständlich geschenkt, wird intensiv begleitet durch Menschen, die ihr Leben Gott geschenkt haben, und mit einer immensen »gratuité«: einer interessierten liebenden Absichtslosigkeit. Hier fällt es leicht, »schwimmen« zu lernen.

— *Vom Tabor zu einer neuen Gemeinde* —

»Weißt du, in wenigen Jahren wird hier kein jugendpastorales Zentrum mehr sein – das wird hier eher eine Art Gemeinde ...« Wer das spricht, das ist Oliver, der charismatische »Vater« und »Kaplan« des jugendpastoralen Zentrums. Was er erzählt, ist beeindruckend – und auch hier scheint eine Schule des Glaubens entstanden zu sein. In den vergangenen Jahren ist hier in Hannover nicht nur ein Treffpunkt für Jugendliche entstanden und ein Knotenpunkt kirchlicher Jugendaktivitäten. Nein, hier ist mehr. Und das merkt man auch, wenn man reinschaut. Das »Tabor«, wie es heißt, ist zu einem Ort des Kircheseins geworden, an dem sich eine Gemeinde gebildet hat. Der Jugendkaplan und andere hauptberufliche MitarbeiterInnen sind natürlich Animatoren für die Jugendlichen, aber Schritt für Schritt hat sich hier eine Gemeinschaft von Jugendlichen und jungen Erwachsenen gebildet, eine wirkliche Gemeinde. Natürlich sind Aktionen und das Café, das eine wichtige Adresse der hannoverschen Musikszene geworden ist, wichtig. Noch wichtiger aber ist, so höre ich von Oliver und erlebe es auch in erster Person, die Gemeinschaft der Jugendlichen und jungen Erwachsenen, die diesen Ort geistlich tragen – mit erstaunlichen Früchten.

Doch die Mitte des Tabor, der im Übrigen auch von dem nebenan gelegenen Konvent der Congregatio Jesu unterstützt wird, ist inzwischen die Feier der Eucharistie am Sonntagabend, der sogenannte Logo[s] Gottesdienst. Und hier zeigt sich dann auch, dass diese Erfahrung von Kirche bei weitem die Reichweite eines Jugendzentrums übersteigt: In dieser Eucharistiefeier sammeln sich die Jugendlichen des Zentrums, aber inzwischen auch immer mehr Familien und Einzelpersonen aus dem ganzen hannoverschen

Raum. Auch hier wächst eine neue Erfahrung des Kircheseins, auch hier ist sie intergenerationell – auch hier ist sie gewachsen aus einem Raum des Lebens.

— *Ein amerikanisches Modell zur Inspiration:*
  Whole Community Catechesis —

Aus diesen Indizien für einen konstitutiven Fruchtbarkeitszusammenhang von Katechese und kirchlicher Erfahrung heraus hat mich in den letzten Monaten ein Hinweis aus der US-amerikanischen Pastoral mehr als elektrisiert. Denn im amerikanischen Kontext ist in den vergangenen Jahren das Modell einer Katecheseerfahrung gewachsen, die so in ihrer Form nicht übernommen werden kann – aber sehr inspirierend ist. Sie könnte die hier problematisierten Herausforderungen der Katechese vielleicht lösen.

Man stelle sich vor: Katechese ist nicht Sache von Katecheten und neu hinzukommenden Sondergruppen, die auf Sakramente oder den Kircheneintritt vorbereitet werden. Man stelle sich vor: Katechese ist nicht eine Sache für erwachsene Neueinsteiger. Sondern man stelle sich vor: Ein kontinuierlicher katechetischer Prozess betrifft alle Christinnen und Christen der Kirchengemeinde, die Neuen wie die Alten, die Jungen wie die Suchenden – eben alle. Dann versammeln sich achtmal im Jahr alle interessierten Gemeindemitglieder für einen Nachmittag zu einem Thema. Nach »Check-in« und Begrüßung gibt es Kaffee und danach einen ersten Hauptimpuls. Nachher geht man in bestimmte Spezialgruppen *(zum Beispiel für die Erstkommunion)*, um sich dann wieder mit allen zu treffen und auszutauschen, was man erlebt hat, und weiter in der Diskussion zu bleiben. Es folgt ein gemeinsames Abendessen und schließlich feiert man am Abend gemeinsam Eucharistie.

In diese Richtung dürfte sich die Katechese entwickeln. Aber das ist noch ein Traum, der in der deutschen Kirche ausprobiert und entwickelt werden will …

11. Evangelisierendes England

John Finney hatte uns angesteckt, und zusammen mit den evangelischen Brüdern der missionarischen Dienste haben wir lange geplant: fresh expressions of church – »Ist die Kirche noch ganz frisch?«. Eine Studienreise nach London ist daraus geworden, die wir nun im September mit 30 Kolleginnen und Kollegen aus dem Bistum und der Landeskirche durchführen. Das Ziel ist ganz deutlich: Es geht natürlich nicht darum, dass wir hier in England die Muster für eine evangelisierende Erneuerung in Deutschland finden. Es geht um anderes. Es geht darum, dass wir einen Tiefenblick auf Erfahrungen in England werfen.

Die englische Situation der Kirche unterscheidet sich insofern sehr von der deutschen, als hier die Prozesse der Auflösung der kirchlichen Milieus erheblich radikaler abgelaufen sind. Und früher. Die Krise des Umbruchs führte zu radikalen Einschnitten schon in der Mitte der 80er Jahre. Und das hat nach einer Phase der Evangeslisation dazu geführt, dass sich neben den traditionellen Pfarreien viele Experimente neuer Kirchengefüge ergeben haben: fresh expressions of church. Genau dies ist ja eine der wesentlichen Arbeitsthesen der Reise: Dort, wo das Evangelium in neuer Weise verkündet wird, entstehen auch neue Formen des Kircheseins – eine Prägung wird neu ermöglicht, die zu einer neuen Weise des Kircheseins führt. Und damit entstehen weitere Fragen: Wie können solche Formen des Christwerdens und des Kirchewerdens neu entstehen? Welche Voraussetzungen sollten gegeben sein? Welche Ermöglichungsräume muss eine Kirche schaffen? Wie ist das Verhältnis der neuen entstehenden »Gemeinden« zu den klassisch gewachsenen Formen des Kircheseins zu sehen?

— *Incredible London* —

London ist dabei ein besonderer Ort – mehr als eine Stadt. Eine große, und dennoch oft gelassen und zugleich chaotisch wirkende Betriebsamkeit, ein Gemisch vieler *(junger)* Menschen aller Nationalitäten und Völker, eine erlittene Mobilität, die dennoch oft nicht in totaler Immobilität endet, die quirlige Fülle an Touristen, die Menge an kulturellen Veranstaltungen und Höhepunkten – all das verbunden mit englischer Freundlichkeit und sehr viel trockenem Humor. Schon hier, beim ersten Hinschauen, wird deutlich, dass in dieser Metropole auch die Kirche sich neu konfigurieren wird und schon hat: Auf der einen Seite stellt sich die Frage nach lokalen Gemeinschaften ganz neu. Angesichts der erlittenen Mobilität ist nämlich klar, dass Menschen in ihren Stadtvierteln Orte des Kircheseins erleben können müssen. Auf der anderen Seite aber wird die Kirche schon deshalb »bunter«, weil – wie auch in anderen Metropolen – eine neue Erfahrung von Weltkirche an einem Ort möglich wird. Und eine weitere Dimension wird hier schneller ansichtig. Hier wird nach dem Verlust der traditionellen Weitergabe des Glaubens klar, dass es in Zukunft »Kirchen für Beginner« braucht, die entsprechend andere Gestalten und Wegstrecken kennen.

Dabei brauchen sich Suchende wie Erfahrene gegenseitig – nicht nur in einem Nebeneinander, sondern in einem Ineinander von Neuaufbruch und Einführung in Erfahrungen. So dient die Erfahrung in London vor allem uns darin, mehr und tiefer zu erkennen, wie Gott gerade heute seine Kirche erneuert, indem er uns Erfahrungen des Aufbruchs schenkt.

Sonntagmittag treffe ich Daniela. Ich kenne sie noch als Jugendliche aus der Zeit in Achim – jetzt promoviert sie in Theologie an der University of Oxford. Beim Essen versuchen wir zu ergründen, was die Kirchensituation hier in England so anders macht.

»Ich war in diesen Ferien in Berlin, bei einem Praktikum für einen Verlag. Ich wohnte auf dem Prenzlauer Berg. Und die Pfarrei, in die ich zum Gottesdienst ging, war sehr lebendig. Und dennoch: nach kurzer Zeit sehne ich mich nach England zurück. Ich fühle mich wie ausgetrocknet – geistlich ausgetrocknet ...«

Mir fällt sofort ein, was Paul Zulehner in einem jüngsten Vortrag formulierte: dass nämlich die Kirchen in Deutschland oft »spirituell erschöpft« wirken.

Und wir überlegen weiter: Das ererbte Christentum hat sich hier schon fast überlebt, und viele Gemeinden auf dem Land werden geschlossen oder sind es schon. Zugleich aber entstehen viele »Kirchen für Anfänger«: Lobpreisgottesdienste, intensive Predigt und Katechese, Glaubenskurse wie Alpha, aber auch interessante Projekte. »Aber was passiert nach dem Alphakurs?«, fragt Daniela. Berechtigte Frage: »Ich habe eine Freundin, die hat Alpha mitgemacht, war total begeistert. Sie hat dann bei den Gottesdiensten ganz intensiv mitgemacht, und plötzlich war sie dann wieder ganz weg ...« »Ja, es sind eben Kirchen für Beginner – aber danach bräuchte es Prozesse des Weiterwachsens ...« Viele Fragen bleiben. Und doch bestätigt auch Daniela das, was ich schon die ganze Zeit auf dem Weg zu unserer Begegnung hier dachte: All das, was ich hier erlebe, zeigt, dass man sich um die Kirche wahrlich keine Sorgen zu machen braucht. Gott verwandelt sie, lässt sie neu wachsen, berührt Menschen und führt sie.

— *Sonntags in HTB* —

September 2009. 2200 Busse in London. Unzählige Plakate. Und überall liest man: »Does god exist?« Werbung für den Alphakurs. Am Mittwochabend, dem zweiten Tag unserer Studienreise, sind wir am Abend zu einem Leitertreffen eingeladen. Heute Abend ist einer der drei Vorbereitungsabende, bevor der Alphakurse beginnt. Wie immer in HTB – Holy Trinity Brompton *(direkt neben dem katholischen Brompton Oratory)* – fängt alles mit dem Essen an. Wir sind angemeldet, aber außer unserer kleinen Gruppe kommen immer mehr junge Leute: etwa 200 Personen zwischen 20 und 40 Jahren. Sie sind zukünftige Gruppenleiter der verschiedenen Alphakurse in London, die von HTB veranstaltet werden. Und sie essen alle ... viel: Kartoffeln, Fleisch, Dip, Salat. Na klar, sie kommen direkt von der Arbeit. Neben mir sitzt Ian. Wir stellen uns kurz vor. Er gehört zu einer »church planting« von HTB im Westen Londons. Inzwischen sind im Ausgang der inzwischen mehr als 20-jährigen Geschichte des Alphakurses und der anglikanischen Gemeinde hier in Holy Trinity Brompton »Gemeindepflanzungen« entstanden: Im Ausgang von der Ursprungsgemeinde in Brompton Road sind in verschiedenen Bezirken Londons und inzwischen auch in Brighton »Tochtergründungen« entstanden, und auch dort werden Alphakurse stattfinden.

Das Programm beginnt mit einem Lobpreis. Alle stehen auf. Wir singen vom Beamer. Die Lobpreislieder ergreifen alle sehr schnell. Die Atmosphäre ist offen, gelöst, freudig. Das Treffen mit den Tipps für Gruppenleiter ist eigentlich sehr kurz und macht Neugier auf mehr.

Und so bin ich sonntags in HTB. Vorher feiere ich die Messe im nebenan gelegenen Brompton Oratory mit. Als ich um 9 Uhr komme, finde ich mich in einer Messe im außerordentlichen Ritus wieder. Was für Gegensätze: laute Lobpreismusik begrüßt mich aus der Kirche. Und bald sitze ich im Gottesdienst, ich stehe. Und singe und bete mit. Die offene Freundlichkeit, die gelassene Freude fällt mir auf. Und die Begeisterung, echtes Gebet. Nachdem wir uns »warmgesungen« haben, beginnt die Predigt. Nicky Gumbel erzählt von den Entwicklungen seiner Kirche. Man merkt, das »Arbeitsjahr« beginnt, alles startet. Was mir in diesem Gottesdienst auffällt, das ist die »Familiarität« zwischen allen, die diesen Gottesdienst mittragen. Und wer kommt, der ist willkommen.

Am Ende des Gottesdienstes gehe ich zu Nicky Gumbel und spreche ihn an. »Wie ist denn euer Verhältnis zum Brompton Oratory? Ihr seid doch sehr verschieden?« »Wir sind verschieden, aber ich habe sie gerne – wir gehören alle zum Leib Christi, und die Hand ist eben anders als der Fuß«. Die Antwort berührt mich. Sie macht eine große Weite deutlich, die mir hier in England immer wieder aufgefallen ist: Nicht die Differenz, die Polarität wird betont, sondern das Verbindende.

Wir kommen ins Gespräch. Nicky Gumbel ist sehr interessiert und begeistert über unsere Reise. Ich frage ihn nach den katholischen Erfahrungen mit Alphakursen. Er erzählt mir seinen Eindruck. Vor allem auf anderen Kontinenten seien es mehr katholische Pfarreien als Gemeinden anderer Konfessionen, die den Alphakurs verwenden. »Aber es ist doch ein Kurs für Anfänger?« Auch der Gottesdienst, den ich eben erlebt habe, ist ja eigentlich keine Liturgie in unserem Sinne, sondern eben eine geistlich gegründete Verkündigungs- und Gebetszeit. »Geht es denn auch weiter?« Gumbel erzählt mir, dass es jeden Sonntag in der Nachbarkirche auch eine intensive eucharistische Liturgie gibt.

Ich habe den Eindruck, dass es hier in HTB um einen genialen und charismatischen Aufbruch geht, durch den viele Menschen zum ersten Mal persönlich mit ihrem Glauben in Kontakt kommen. Die Zeit des Alphakurses, aber auch die Gemeinschaft, die herzliche Verkündigung, die tiefen und ergreifenden Lieder, der charismenorientierte Ansatz – all das kann Menschen einen ersten Weg eröffnen. Und doch bleibt dies alles ein Anfang, ein ohnmächtiger Anfang, denn auch hier bleibt die Gnade die einzige Macht. Bei den vielen »Pilgern« im Glaubenswachstum liegt der Weg ganz in Gottes Hand.

Aber klar ist doch: Hier wird ein intensiver Anfang gesetzt, der viele Pilger auf den Weg zu einer radikalen Umkehr führen kann.

— *»Church on the corner«: Die Kirche um die Ecke* —

Ganz in der Nähe von Charing cross, und doch schon wieder in einem ruhigen Wohnviertel, treffen wir Marc Fletcher. Vor zehn Jahren begann hier eine neue Erfahrung. Die anglikanische Kirchengemeinde ist am Ende. Sie muss ihre Hauptkirche verkaufen und schließen. Der alte Pfarrer kauft mit gespartem Geld die alte Kneipe »um die Ecke«, und neun junge Leute beginnen mit einer neuen Kirchenerfahrung. Etwas später stößt Marc Fletcher dazu. Ein junger und etwas verrückter anglikanischer Priester, der sich auf diese neue Erfahrung einlässt. In diesen Jahren entsteht eine »Kirche« innerhalb der anglikanischen Gemeinschaft, die ihren Pfarrer selbst finanziert. Eine Kirche der aktivistischen und kreativen Twens. Suchende allesamt.

»Wir machen keine Alphakurse – das passt nicht. Hier leben wir miteinander. Am Sonntag feiern wir die klassische anglikanische

Liturgie. Und es gibt eine Predigt. Am Anfang habe ich gedacht, dass zehn Minuten reichen. Aber es langte nicht. 15 Minuten? Zuwenig. 20? Nein es sind heute 25 Minuten Predigt. Und wir lesen sehr viel in der Schrift und arbeiten daran« Marc erzählt auch von den Herausforderungen und Problemen, aber es wird deutlich, dass er mit Leidenschaft und Freude dabei ist – es ist »sein Ding«. Aber wie immer, wenn wir hier »fresh expressions« besuchen, wird deutlich, dass es einen charismatischen Impulsgeber braucht, der mit ganzem Herzen mitlebt und mitleidet, erkämpft, worum es gehen soll.

Im Anschluss frage ich Marc noch etwas: »Ihr feiert die Liturgie. Liegt es daran, dass die Menschen, die zu ›church on the corner‹ kommen, die geistliche Tiefe suchen? Die Mystagogie?« Er lächelt: »That's it. Sie suchen die Mystagogie, sie suchen eine spirituelle Tiefe, nicht die Oberflächlichkeit.«

Auch hier begegnet uns eine Kirche der Anfänger. Aber der Glauben wird hier nicht »gelernt« in einem Kurs, sondern die Katechese ist eingebunden in ein intensives Leben der Gemeinschaft. Und diese Kirchenerfahrung, die für die meisten nach fünf bis sechs Jahren endet, weil sie Familie gründen und dann wegziehen, ist so etwas wie eine katechumenale Einführung mitten in und durch das Leben. »Ja, jedes Jahr haben wir eine Reihe von Taufen«, sagt nebenbei Marc. Aber ihm ist auch klar, dass diese Erfahrung des Hineinwachsens eine Frage der Zeit ist – die in einem »Herauswachsen« endet.

Ich verstehe immer mehr: Die Erfahrung des geteilten Lebens, die in der Liturgie und in der Predigt vertieft wird und in Bibel- und Arbeitsgruppen geprägt wird, ist wirklich ein paradigmatischer katechumenaler Weg des Christwerdens … Und natürlich bleibt auch hier die Frage, wohin danach …

— *Der Katechumenat als Schlüssel* —

Am zweiten Tag treffen wir das katholische Team für den Katechumenat. Eine beeindruckende Begegnung. Caroline und Martin hatte ich in Wien getroffen, beim europäischen Katechumenatstreffen. Und so konnten wir hier in England ihr jährliches Koordinationstreffen für eine wunderbare Begegnung mit unserer Gruppe nutzen.

Je länger je mehr wird die altkirchliche Erfahrung des Katechumenats, die seit dem II. Vatikanum als pastoraler Schatz neu entdeckt wird, zu einem Schlüssel für die Aufbruchserfahrung, die wir hier in London erleben. Es ist einfach wichtig, den genauen Zugangscode für die Erfahrungen zu entwickeln. Es ist ja nicht so, dass es bei den »fresh expressions of church« um den Ersatz für gewachsene Kirchenerfahrungen geht. Nein, es ist wirklich die Einsicht, dass wir eine »Kirche für Beginner« brauchen – eine einführende Erfahrung in das Christsein, die über einen zeitlich begrenzten Zeitraum etwa eines Glaubenskurses ein Hineinleben in das Christsein ermöglicht: In der Gemeinschaft von Zeuginnen und Zeugen, von Suchern und Bekehrten, in einem biographischen Lernprozess, der umfassend ist: eine Schule der Schrift, eine Schule der Lebensumkehr, eine Schule der Liturgie – Orte des Lernens und des Wachsens.

Mir scheint, dass Gott hier in den vielen Aufbrüchen der »fresh expressions« einen ersten Schritt zum Neuwerden der Kirche gemacht hat – auf seine »typische« Art: Indem er die Schätze des Bestehenden fruchtbar macht, auch die vielen schon geprägten Gläubigen in den Dienst nimmt, und zugleich neues schafft. Aber eben: erst das Christwerden, dann kann auch die Kirche deutlicher werden.

»Ich muss mir keine Sorgen mehr um die Kirche machen«, das ist mein Gedanke inmitten all dieser Erfahrungen. Ich darf sehen, wie Gott seine Kirche erneuert, mit den vielen Menschen aller Nationen, mit vielen charismatischen Schlüsselpersonen. Es bleibt eine ungeheure Dankbarkeit.

12. Zeit des Meisters

Von Christina Brudereck hatte ich schon gehört. Irgendwie war ich ihrem Namen im Zusammenhang mit Willow Creek Kongressen begegnet – als charismatische Person in Sachen Evangelisierung. Nun lerne ich sie hier kennen: in Hannover-Linden. In unserer Sucherkirche soll im Sommer 2009 die »Zeit des Meisters« stattfinden, als eine ökumenische Kooperation mit unseren evangelischen Kollegen vom Haus Kirchlicher Dienste in Hannover. Eine faszinierende Idee, ein faszinierender Zugang, den Christina Brudereck wagt – und dafür lebt. Eine Woche lang wird die betreffende Kirche offen gehalten, mit weit offenen Türen. Aber das ist nur der äußerliche Teil. Denn die »Zeit des Meisters« braucht auch eine Gemeinschaft, die dieses Projekt trägt. Es braucht eine Art »Kloster auf Zeit und Raum«, eine Gruppe von Menschen, die eine Gemeinschaft von Betenden und Gastgeber ist. Von morgens 6 Uhr bis abends 21 Uhr finden stündlich Gebetszeiten statt – angedockt an die spirituelle Tradition des Stundengebets.

Christina Brudereck kommt gerne zu uns – auch für sie ist es eine ökumenische Premiere. Und wir sind gespannt, ob so eine Initiative in Hannover funktionieren kann. Ja klar, wir machen Werbung, viel Werbung, und an ungewohnten Orten – sogar in den Straßenbahnen: Aber wird jemand kommen?

— Zwei Weisen des Kircheseins —

Wir haben uns zu unserer Teambesprechung während der Woche in Hannover-Linden verabredet. Aber als wir um 9 Uhr ankommen, wird in der Kirche die Eucharistie gefeiert. Sie ist gleich zu Ende. Die Türen sind verschlossen, ältere Damen und Herren treten still aus der Kirche. Die Tiefe ihrer eucharistischen Spiritualität ist erkennbar. Doch die nächsten Minuten sind mehr als ein Szenenwechsel. Die Türen werden alle geöffnet, der Haupteingang auch. Er wird mit einer halbtransparenten Stofflage verhängt, auf der »Zeit des Meisters« geschrieben ist. Der Raum selbst wird mit brennenden Kerzen, mit Weihrauch profiliert. Gebetsecken sind eingerichtet. Die Beleuchtung ist konzentriert. Vorne hat sich Christina Brudereck hingestellt und mit dem indischen Gruss des »Namaste« beginnt die Gebetszeit, bei der wir sind. Viele kleine Abschnitte hat diese Gebetszeit – sie wird konturiert durch eine Klangschale und Momente der Stille. In der Kirche sitzen neben uns etwa zehn andere Personen unterschiedlichen Alters. Schwer zu erkennen, ob sie schon bei der Messe waren – oder eben gerade dazugekommen sind. Was mir jedenfalls sofort aufgefallen ist: Als ich in die Kirche eintrat, hatte ich den Eindruck, als ob mich jemand erwartet. Eine Frau hat mir lächelnd das Gebetbuch überreicht. Und jetzt, im Gottesdienst ist eine tiefe, ruhige Atmosphäre spürbar. Es ist eine Stille, die durch die Geräusche von draußen gar nicht gestört wird. Ganz im Gegenteil: Von draußen dringen die Alltagsgeräusche spielender Kinder, aber auch der irgendwie dort stattfindenden Bauarbeiten ein.

Das beeindruckt mich. Kirche ist hier wirklich offen, durchlässig für das Leben. Denn es ist ja auch umgekehrt: das Gebet dringt nach draußen. Das wirkt für mich wie ein tiefes Bild: die Kirche inmitten des Lebensraums, inmitten der Menschen, in einem Austausch wechselseitigen Lebens, in einer Osmose – und eben nicht als ein »Verein«, eine geschlossene Gesellschaft.

Vielleicht aber ist das auch genau die Herausforderung: Denn zum einen ist ja klar, dass die Feier der Eucharistie tiefstes Geheimnis der Kirche ist, und dass – man denke an die altkirchliche Arkandisziplin – die Feier der Geheimnisse eine echte Initiation, und nicht nur eine Sakramentalisierung, voraussetzt. Insofern ist es mehr als berechtigt, in missionarischen Zeiten die tiefsten Geheimnisse nicht einfach so öffentlich zugänglich zu machen. Auf der anderen Seite braucht es aber »offene Türen«, »offene Wege«, die es überhaupt erst ermöglichen, dass Menschen mit dem christlichen Glauben verknüpft werden. Und könnten nicht einfache Formen, die sich ans Stundengebet anlehnen, dafür einen Weg eröffnen?

— *Überraschende Echos* —

Hinterher beim Frühstück erzählt Susan, die verantwortliche Veranstalterin, über die bisherige Woche. Nach der Sonntagsmesse begann die »Zeit des Meisters«. Im Vorfeld hatten sich nun doch nur sechs Menschen gemeldet, die ganz oder zeitweise mit Christina Brudereck das »Kloster auf Zeit« bilden. Sie sind bei den Schwestern der Congregatio Jesu in Hannover untergekommen. Und da sie so unterschiedlich sind, sind schon im Vorfeld ganz intensive Gespräche und Diskussionen abgelaufen, die die Gruppe sehr eng zusammengefügt haben.

Die Gruppe fragte sich natürlich: werden überhaupt welche kommen? Hat unsere Werbung Erfolg? Die Antwort ist ein deutliches »Ja«. »Nie sind wir bislang allein und unter uns geblieben – immer sind Menschen zum Beten gekommen, immer andere, ganz unterschiedliche.« Und vor allem berichtet sie vom hohen Interesse der Medien an dieser Erfahrung: Die Hannoversche Presse, das norddeutsche Fernsehen – wie kommt das?

Wir vermuten gemeinsam: es scheint auch die ökumenische Dimension zu sein, die das Ganze so besonders macht. Und vielleicht ist das eine Grundlinie zukünftiger Kirchenentwicklung und Kultur. Denn gerade dann, wenn es um die Frage nach den Zugangsweisen zum Christwerden geht, dann stellt sich eigentlich nicht zuerst die Frage nach der konfessionellen Kirchlichkeit, sondern nach der Glaubwürdigkeit eines Zugangs zu Christus. Und hier sind wir gemeinsam herausgefordert. Das sagt nichts aus über spätere Entwicklungen: Natürlich werden Menschen, die sich intensiv für einen Weg des Christwerdens interessieren, sich dann in eine bestimmte kirchliche Tradition hineinleben und in sie eingeführt werden.

— *Das Geheimnis der Zeit des Meisters* —

Am darauf folgenden Samstag bin ich mit den Seminaristen noch einmal bei der »Zeit des Meisters«. Wir kommen etwas zu früh an diesem letzten Tag der Aktion und begegnen draußen einer glücklichen Christina Brudereck. Was ist das Geheimnis der Zeit des Meisters? Viele Menschen sind in dieser Woche gekommen – und sind jetzt am Ende tiefbewegt. Nach der ersten Werbephase und dem unerwarteten Medienecho kamen immer wieder Menschen –

ganz unterschiedliche. Ihre Echos sind deutlich: Sie sind überrascht, dass eine Kirche den ganzen Tag offen ist und dass man in dieser Kirche Menschen trifft, die einen zum Beten einladen; und zugleich ist in der Kirche der Raum und die Zeit so gestaltet, dass der eigenen Spiritualität Raum gegeben werden kann.

Besonders wichtig erscheint Christina Brudereck auch das ökumenische Team: Das gemeinsame Leben, aber auch die gemeinsam gewährte Gastfreundschaft – und natürlich die einfache geistliche Präsenz in den vielen Stunden der Zeit des Meisters schafft eine »Attraktivität« dieses Raums, den viele wahrgenommen haben. Menschen, die nur zufällig vorbeikommen ebenso wie solche, die als Christen von dieser Wirklichkeit angesprochen sind: Menschen, die nach einer größeren spirituellen Tiefe suchen.

Genau das ist ja das Interessante: Die Suche nach echter, tiefer, in der Tradition des Christentums verwurzelter Spiritualität betrifft nicht nur Menschen, die sich ganz allgemein interessieren, sondern gerade auch die vielen, die in den Kirchengemeinden zwar engagiert, aber nicht spirituell gesättigt sind. Dass entspricht auch dem, was Paul Zulehner kürzlich mitgeteilt hat: dass nämlich die große Gruppe der spirituell wachen Menschen zu einem Teil aus solchen besteht, die aus der geistlich erschöpften Moderne stammen, zum anderen Teil aber aus solchen, die aus den spirituell erschöpften Kirchen ausgewandert sind. Dies bestätigt sich auch hier und macht eines deutlich: Auch im Bereich des kerngemeindlichen Lebens ist eine große Gruppe von Menschen auf der Suche, und verlässt dabei den Rahmen der eigenen Gemeinde. Das wirft ein wenig schmeichelhaftes, wahrscheinlich aber sehr realistisches Bild auf das bestehende Gemeindegefüge. Es ist offenbar angelegt für eine Glaubenssituation, in der Glaubensvertiefung und spirituelle Suche nicht im Vordergrund stehen. In der klassischen Gemeindelandschaft finden sich zwar zunehmend mehr, aber dennoch immer noch sehr selten Gemeindevollzüge, die auf das spirituelle Wachstum der Glieder hinzielen.

Was uns bei diesem Besuch besonders bewegt, ist die Durchdringung von Leben im Stadtteil und geistlichem Leben in der

Kirche. Die »Zeit des Meisters« bezeichnet hier fast so etwas wie einen Paradigmenwechsel. War vorher die Kirche dann geöffnet, wenn in ihr Gottesdienst gefeiert wird, ist sie in diesen Tagen ganz geöffnet und durchlässig für das Leben dieses quirligen Stadtteils in Linden. Doch selbst wenn man eine Kirche einfach öffnet, ist dies natürlich noch nicht dasselbe. Ebenso wichtig erscheint die Frage, wem die Menschen im Innern der Kirche begegnen können: eine leere Kirche ist an sich nicht schon einladend. Bedeutsam ist hier das Team und die Gestaltung durch dieses Team: Es gehört eine spirituelle Mitte in diesem Team wesentlich dazu – denn die ist es, die ausstrahlt und einen Raum einladend macht.

Genauso bedeutsam aber ist der Rhythmus des Stundengebets. Im Blick auf diese einfachen Gebetsimpulse gab es eine interessante Rückmeldung. Als eine Schulklasse eine Gebetszeit geteilt hatte, gab es die Kritik, dass die Klangschale nicht einen vollen Klang gegeben hatte – die Schülerinnen und Schüler waren sich sehr wohl klar darüber, dass es in dieser Kirchenerfahrung um die eigene spirituelle Suche ging –, aber sie wünschten sich mehr Klarheit und Stille. Der Rhythmus der Gebete in der Zeit des Meisters, der eine Gebetszeit in viele kleine, fast selbstständige Abschnitte aufteilt, ist eine sehr einfache Form des Betens – und macht damit auch noch einmal eines deutlich: Gesucht werden Formen des Gebetes, die einfach nachvollziehbar und mitvollziehbar sind und dennoch einen Raum der Freiheit und der Stille lassen. Gesucht wird, mit anderen Worten, eine »Volksfrömmigkeit« – eine Spiritualität des Volkes, die dann mystagogische Wege in die Tiefe des Glaubens eröffnen kann.

Die Zeit des Meisters zeigt aber noch einmal deutlich: Wenn neue Wege des Kircheseins wachsen sollen, die Menschen anrühren und anziehen, dann hängen sie mit verschiedenen Faktoren einer Kultur des Kircheseins zusammen, die wir erst langsam entdecken. Dazu gehört natürlich zum einen, dass ein solcher Aufbruch charismatisch getragen werden muss von Menschen, die sich ganz auf ihren Weg einlassen. Zugleich ist auch klar, dass ein solcher Weg »ganz allein« nicht denkbar ist: Es braucht eine tragende spirituelle Gemeinschaft.

Die »Zeit des Meisters« macht aber schließlich auch ganz deutlich, dass es eine spirituelle Suche gibt. Wenn sich diese spirituelle Suche erschöpfter Zeitgenossen, aber auch erschöpfter Kirchenmitglieder, bisher nicht ausgewirkt hat auf die Kirchen, dann liegt das zum einen daran, dass gerade die mystagogische Qualität der liturgischen Feiern innerhalb der Kirchengemeinden oft von außen nicht erfahrbar wird – und zum anderen gerade die Eucharistiefeier nicht die Weise ist, wie Suchende in das Geheimnis des Glaubens eingeführt werden können: Hier ist eine einfache Spiritualität des Gebetes gesucht, eine neue Volksfrömmigkeit, die durch die »Zeit des Meisters« ermöglicht wurde.

III. Was vom Himmel kommt, muss aus der Erde wachsen: Erfahrungen mit Kleinen Christlichen Gemeinschaften

1. Stationen einer Reise: Orte und Erfahrungen

Erfahrungen sind subjektiv, Erfahrungen sind persönlich. Und dennoch sind Erfahrungen auch begründend für Lebensentwürfe und Sichtweisen. Um solche begründenden Erfahrungen geht es hier. Sie sind – aus theologischer Perspektive – nicht zufällig. Denn glaube ich an Gottes Führung und Wirken in dieser Welt, dann führt er mich gerade auch durch solche Ursprungserfahrungen. Und gleichzeitig sind solche Erfahrungen immer auch mehr als persönlich: In ihnen wird etwas von dem sichtbar, was Gott in der Jetztzeit mir und seinem ganzen Volk teilgeben möchte. In diesen Erfahrungen steckt mehr, steckt eine Perspektive und Vision. Insofern sind sie Ikonen, in denen prophetisch Zukunft Gottes mit seiner Welt und den Menschen ansichtig wird. Nicht immer ist das sofort erschließbar, aber oft ergibt sich im Rückblick eine Ahnung von der tiefen Absicht Gottes, die einzelne Person, aber vor allem auch sein Volk, durch diese Zeit zu führen. Und deswegen werden hier zunächst Erfahrungen gesichtet und vorsichtig gedeutet.

— *Hannover im Frühjahr 1979* —

1979 ist das Achsenjahr meines Lebens. Es gibt ein davor und ein danach. Aufgewachsen in der katholischen Diaspora in Göttingen, bin ich geprägt von einer bodenständigen und schlesischen Katholizität meiner Mutter. Es geht mir wie vielen Katholiken meiner Göttinger Heimat. Mindestens ein Schlesier ist prägend. Auch in unserer Familie ist das so … Wir gehen regelmäßig am Sonntag zur Kirche, Messdiener bin ich mit meinem Bruder auch gewesen. Wir beten zu Haus.

In meiner Jugend werde ich unruhig und nachfragend: wie kann man den christlichen Glauben intensiver leben? Warum wird in Jugendgruppen so wenig über den Glauben gesprochen? Wie kann es sein, dass das Evangelium so interessant und radikal ist, wir es aber in der Gemeinde gar nicht so wirklich zu leben scheinen? Wie kommt es, dass zwar Gruppen und Gemeinschaften ein reiches Binnenleben haben – aber so wenig davon ausstrahlt? Muss Kirche nicht etwas ganz anderes sein?

Im Frühjahr jenes Jahres mache ich zwei Erfahrungen: Ich werde eingeladen zu einem Jugendtreffen einer Erneuerungsbewegung. Den Namen dieser Bewegung hatte ich nie zuvor gehört: die Gemeinschaft der Fokolare? Dennoch fand sich eine Einladung in unserem Briefkasten. Nachdem meine Eltern sichergestellt hatten, von wem diese Einladung kam – »eine gute katholische Familie aus der Gemeinde: fahr ruhig hin« – machte ich mich etwas zögernd auf den Weg. Ich erwartete ein Desaster. Schüchtern wie ich war, befürchtete ich das große Alleinsein mitten unter vielen Fröhlichen.

Dass es nicht so war, hat mein Leben gewendet. Vom Programm des Tages weiß ich nichts mehr. Aber als ich am Ende des Tages nach Hause fuhr, war ich voller Staunen: Den ganzen lieben langen Tag hatte ich mit Menschen, die ich vorher nie gesehen hatte *(und nachher auch nicht mehr)*, intensive Unterhaltungen gehabt. Ich war einfach froh, und vor allem war mir eines klar: Irgendwie hatte ich empfunden, dass Gott hier gegenwärtig war. Und irgendwie wusste ich auch: Das ist Kirche, das hatte mir immer gefehlt, das hatte ich immer gesucht. »Kann man das auch in Göttingen so leben?« fragte ich den Fahrer unseres Kleinbusses. »Wir leben das Evangelium«, bekam ich zu hören. Keine Ahnung, was das bedeutete, aber mir war klar: Ich wollte dieser Erfahrung unbedingt auf der Spur bleiben.

So begann ein Weg mit einer kleinen Gruppe von Jugendlichen, mit denen ich das »Wort des Lebens« teilte – so gut ich es verstand.

In derselben Zeit kam ich – durch einen Zufall – zu Veranstaltungen religiöser Bildung auf den Wohldenberg, einer Bildungsstätte für Jugendliche unseres Bistums. Ich traute meinen Augen kaum: über 150 junge Menschen trafen sich im Juli 1979 zum Kamillusfest. Und auch hier machte ich dieselbe faszinierende Erfahrung: Ich war doch ein schüchterner Fremdling – und trotzdem war ich gleich »drin«. Und wieso gelang es hier so einfach, mit anderen Glaubenserfahrungen und Gemeinschaft zu teilen? Denn nichts Besonderes ereignete sich bei all diesen Treffen und Veranstaltungen. Für das eigentlich Faszinierende hatte ich keine Worte: Dass Gott gegenwärtig ist unter uns, dass aus Fremden Gemeinschaft wird, ohne Unterschied, dass Gott immer mehr real wurde in meinem Glauben, dass ich die Schrift als Quelle entdeckte – mir fehlten damals alle Vokabeln.

Schaue ich heute auf diese Ursprungserfahrungen, dann entdecke ich in meiner persönlichen Erfahrung genau das, was ich heute als Übergang in unserer Kirche als ganzer erlebe. Es fasziniert mich, dass en miniature alle Problemstellungen, in denen wir noch heute stecken, vorgebildet sind: die Enttäuschung über die Gemeindekirche, das Ungenügen vererbten und dennoch so lebendigen Glaubens, die gemeindekirchliche Verengung der Kirchenerfahrung, die Frage nach einem spirituellen Suchprozess und die Ratlosigkeit nach den Wegen einerseits wird kontrastiert durch die überwältigende und geheimnisvoll unaussprechliche Erfahrung der Gegenwärtigkeit Gottes und der darin liegenden Kraft der Gemeinschaftsbildung unter Menschen aller Altersgruppen und Schichten, die sich doch eigentlich fremd sind; durch die existenzielle Gestalt des Umgangs mit der Schrift als Wort Gottes, die mich nicht wenig ratlos machte und doch so anzog; durch die kleinen Gruppen, in denen Glaube und Leben geteilt werden konnte – und durch einen persönlichen und doch zugleich gemeinschaftlichen Glaubensweg, der mich Schritt für Schritt weiterführte; durch die Energie zum Dienst am Anderen, die sich spontan entladen wollte, und durch die spontane und unerklärliche Sehnsucht nach der Eucharistiefeier, die mich allwöchentlich überfiel.

Solche Grunderfahrungen mit dem Evangelium zeigen auch, was eigentlich eine Vision ist: nicht ein Traum von Kirche, nicht eine vermeintliche Idealgestalt als Projektion von Wünschen, sondern das Geschenk der Gottesgegenwart und der damit verbundenen Verwandlung des persönlichen wie des gemeinschaftlichen Menschseins: eine Erfahrung von Kirche: Gegenwart Gottes inmitten von Menschen, die einen auf den Weg reißt, Christus zu folgen: ein Komplettpaket in nuce.

Schließlich ergibt sich daraus auch eine Aufgabe an jeden von uns: Wo sind die begründenden Usprungserfahrungen mit visionärer Qualität, die mein Christsein und mein Kirchesein begründen. Meine Vermutung ist, dass es viele Menschen in und außerhalb der verfassten Kirche gibt, die solche Erfahrungen gemacht haben, die sich nach einer solchen Kirche sehnen.

— *Bendala im Februar 2007* —

Bendala liegt in Indien, ist aber auf keiner Landkarte verzeichnet. Ein kleines Hindudorf, in der Nähe von Nagpur, Mittelindien. Dorthin, nach Nagpur, sind wir zu zehnt gefahren zu einem Workshop über »SCCs«: Small Christian Communities, die in Indien eingebunden sind in das DIIPA-Projekt *(Developing Indian Integral Pastoral Approach)*. Hier in Nagpur lebt Father Thomas Vijay, Koordinator für diesen Pastoralansatz in Indien. Und in Nagpur liegt auch das pallotinische Bildungszentrum, in dem die Fortbildungen für diesen Weg der Kleinen Christlichen Gemeinschaften entwickelt und durchgeführt werden. Am dritten Tag unseres Workshops fahren wir nach Bendala. Dort nämlich leben 15 katholische Familien. Dort sind wir eingeladen.

Nach zwei Stunden abenteuerlicher Fahrt über 50 km kommen wir an. Wir werden von etwa 25 Personen erwartet, wir gehen sofort in den kleinen Versammlungsraum, die »Kirche«. Wir beginnen mit dem BibelTeilen, und ich bin beeindruckt von den Männern,

Frauen und Jugendlichen. Alle haben vor sich eine Bibel liegen, allein dieser Anblick fasziniert. Diese einfachen Menschen strahlen eine ungeheure Würde aus. Wir feiern gemeinsam das BibelTeilen – auch wenn wir einander sprachlich nicht verstehen. Sie sprechen kein Englisch, wir kein Maharati. Aber wir sind Kirche, Kirche aus dem Wort. Es ist deutlich verspürbar, was in dieser Stunde in der kleinen Kirchhalle passiert. Nach dem BibelTeilen die Fragen: »Warum kommt ihr hierher?« – »Um von euch zu lernen« Großes Staunen erfüllt die Augen unserer indischen Brüder und Schwestern. »Was hat sich bei euch verändert durch das Leben als Kleine Christliche Gemeinschaft?« – »Wir sind zwar getauft, aber durch das BibelTeilen haben wir erfahren, dass wir alle eine Gemeinschaft sind. Wir haben Kirche entdeckt!,« sagen sie mit einem Lächeln. »Und wie wirkt sich die Kleine Gemeinschaft auf euer Leben hier im Ort aus?« »Ganz unterschiedlich. Zuerst haben wir gesehen, dass der Teich in unserem Dorf vollkommen verdreckt war. Wir haben ihn – zusammen mit anderen hier im Dorf – gesäubert, dann Fische ausgesetzt. Jetzt haben wir Fische zu essen. Und dann haben wir auch die Dorfstraße erweitert ... Wir sind ja nur eine kleine Minderheit im Dorf, aber unsere Hindu-Nachbarn kommen gerne zu unseren großen Festen und auch zu unseren Gottesdiensten ...«

Wir alle sind sehr beeindruckt, mit welcher Würde und Selbstverständlichkeit uns das Leben dieser kleinen Kirche hier erzählt wird. Es wirkt wirklich so, dass die Schrift die Christinnen und Christen hier tief prägt. Dabei ist auch ein Priester – aber er »stört« immer dann, wenn er belehren will. Er bräuchte es nicht: Alle können hier frei beten, alle tragen ihre Eindrücke zum BibelTeilen bei ...

Was wir gesehen haben, bleibt in unseren Herzen: Eine einfache Kirche ist hier gewachsen, Frauen und Männer, für die die Schrift wirklich das Wort Gottes für ihr Leben geworden ist. Inmitten einer schwierigen religiösen Gemengelage sind die Christen hier eine Minderheit – aber sie leben nicht allein für sich, sondern mit den Menschen in ihrer Nachbarschaft und ihrem Beziehungsraum – mit einem staunenswerten Selbstbewusstsein.

Bendala, mitten in Indien: Kirche der Armen. Hier erlebe und verstehe ich ganz neu einen Satz des Johannesevangeliums: »Das Wort ist Fleisch geworden und hat unter uns gewohnt – gezeltet – und wir haben seine Herrlichkeit gesehen« *(Joh 1,14)* Mir kommt eine Ahnung. Vielleicht meint hier Johannes diesen Satz nicht nur als Spitzensatz einer alttestamentlich geprägten Christologie, sondern vielleicht beschreibt er hier auch seine eigene ursprüngliche Erfahrung des Kircheseins: Das Wort des Evangeliums wird Leben im Leben der Christen, und dort, wo das geschieht, ist der Herr gegenwärtig, ist die Herrlichkeit Gottes anwesend ...

— *Zürich im Januar 2008* —

»Magst du nicht kommen? Wir haben dein Buch gelesen, und wir würden gerne mit interessierten Christen deine Ideen an einem Wochenende durchsprechen ...« Vor mir steht Martin, der Pfarrer von Maria Lourdes, den ich aus Studienzeiten kenne, und Marianne, die ehrenamtlich in der Pfarrei mitarbeitet und mitgestaltet. Leichtsinnig sage ich ja. So beginnt im Sommer 2006 meine kleine Geschichte mit der Pfarrei Maria Lourdes in Zürich-Seebachstraße. Eine kleine, aber eine faszinierende Geschichte, die mich seitdem einmal im Jahr nach Zürich treibt.

Die Pfarrei ist bemerkenswert. Einerseits ist sie eine wohlgesetzte und aktive Mittelstandspfarrei am Rand von Zürich, die tatsächlich die buntgemischte Multinationalität der Schweizer Stadtkatholiken hat. Sie ist auch eine klassische Wallfahrtskirche, wie der Name nahelegt. Aber andererseits haben Martin und sein pastorales Team aus Hauptberuflichen und Freiwilligen schon vor langer Zeit begonnen, mit dem »Wort des Lebens« kleine Gruppen zu bilden und jedes Jahr einen »Alphalive-Kurs« für Glaubenssuchende durchzuführen. So ist neben dem klassischen Gemeindeleben auch etwas Neues gewachsen: Erwachsene, die neu zum Glauben finden und anders geprägt Glauben in Gemeinschaft leben wollen.

So komme ich im Januar 2008 erneut nach Zürich. Im großen Gemeindesaal gibt es ein Wiedersehen mit einigen, die ich schon vom letzten Mal kenne. Und einige Neue sind da. Etwa 50 Personen aus vier Schweizer Pfarreien sind mit ihren Pfarrern gekommen, um die Grundlagen der Kleinen Christlichen Gemeinschaften zu vertiefen. Schon nach dem ersten Besuch waren in Zürich und Basel etwa acht Gemeinschaften entstanden. Es stellt sich einfach als wichtig heraus, nach den ersten Erfahrungen tiefer zu verstehen, worum es geht.

Was mich berührt, das sind die Menschen, die hier versammelt sind. Es ist eine andere Art von Christen, es ist eine andere Art von Gemeinschaft, als ich sie aus den Pfarreien kenne.

Es sind Menschen, die nach langer Suche und vielen Brüchen ihren Weg zu finden beginnen; Menschen, die erst seit einigen Jahren den Glauben kennen gelernt haben; Menschen aus Italien, England, Albanien, Kosovo, Philippinen und Brasilien.

Was sie verbindet, das ist ihr neugefundener Glaube – und die Freude, ihn in Gemeinschaft leben zu können. Denn das war die Grundfrage, die Martin an mich gestellt hatte: Wie kann es nach dem Glaubenskurs weitergehen? Der Weg des BibelTeilens schien ihm ein Weg zu sein. Und genauso ist es auch. In den Wohnungen und Häusern in Zürich und Basel waren Gemeinschaften entstanden, die den Weg der Kleinen Christlichen Gemeinschaften ausprobieren. Überall werden kleine Erfahrungen gemacht, aber eben auch sehr konkrete: die Einrichtung für eine Alleinerziehende, die Hausaufgabenhilfe für den Nachbarsjungen.

Mitten in der Schweiz, mitten in Zürich – auch im reichen Europa schlägt Wurzeln, was in Bendala so beeindruckend war: Durch das Wort der Schrift wächst Kirche – eine Gemeinschaft, die die Gegenwart des Auferstandenen erfährt, in der das Wort Fleisch wird.

Auffällig ist allerdings, dass die Gemeindeerfahrung, die hier entsteht, neben der gewachsenen klassischen Gemeindegestalt wächst. Verbunden sind alle in der Eucharistiefeier, aber die Einheit, die Christus dort schafft, ermöglicht offensichtlich eine Vielfalt an kirchlichen Gestaltwerdungen. Vor allem aber wird mir in Zürich deutlich, dass jene, die erst neu als Erwachsene zum Glauben kommen, häufig eine andere Weise des Christseins in Gemeinschaft suchen – anders als jene, die schon immer Christen sein konnten.

— *Chelyabinsk im Juli 2008* —

Chelyabinsk liegt im Südural, an der Grenze zu Sibirien. Etwa 200 Kilometer nördlich der kasachischen Grenze. Es kommt uns unwirklich vor, als wir um 5 Uhr morgens auf dem Flughafen landen. Reinhard, einer der beiden deutschen Priester, holt uns ab. Es ist ein wenig surreal. Gestern waren wir – mein Kollege und ich – noch in Hannover, und jetzt sind wir im asiatischen Teil Russlands. Zugegeben, nach Nowosibirsk, der Bischofsstadt, sind es noch etwa 1000 Kilometer. Aber es ist irgendwie alles schon weit weg und neu. Wie – um Himmels willen – komme ich nach Chelyabinsk?

Wir sind hierhergekommen, um einen Workshop zur Einführung »Kleiner Christlicher Gemeinschaften« hier durchzuführen. Reinhard Franitza hatte davon gehört, sein Mitbruder Wilhelm Palesch, der 78-jährige Pfarrer, war auch sehr offen dafür. Also hatte Reinhard, der zu unserem Bistum gehört, unseren Bischof gebeten, dass wir doch kommen mögen. Der Bischof hatte zugestimmt. Die Gründe für diese Bitte sind leicht zu verstehen. Nicht mehr lange werden die Priester vor Ort sein. Schon jetzt ist es schwierig, dass das Leben in der 500 mal 300 km großen Pfarrei weitergeht – viele Außenstationen können nur selten besucht werden. Was wird nach dem Weggang der Priester sein, wenn wahrscheinlich nur noch ein Priester vor Ort sein wird? Wie können Christinnen und Christen Kirche leben, wenn die Kirche weit weg ist?

Chelyabinsk, das sind 1,2 Millionen Einwohner, zumeist Orthodoxe; das ist ein modernes Russland, das im Rausch eines Frühkapitalismus unsagbaren Reichtum und viele Arme produziert; ein System, in dem viele Beziehungsbrüche sind, viel Verzweiflung, viele zerbrochene Lebensentwürfe, viel Hilflosigkeit.

Vor ein paar Jahren ist es gelungen, vor allem für die katholischen Russlanddeutschen eine neue – und wunderschöne – Kirche zu bauen. Doch inzwischen sind die Russlanddeutschen fast alle nach Deutschland umgesiedelt, und die Kirchengemeinde besteht vor allem aus jüngeren Menschen, Frauen und Männern, die erst in den vergangenen Jahren Christen geworden sind.

Fünfundzwanzig sitzen jetzt mit uns zusammen. Wäre nicht Alina, unsere Übersetzerin, könnten wir hier nicht in Kontakt kommen. Aber die Offenheit und Freundschaft, die uns angeboten werden, sind überwältigend und von großer Tiefe. Was wir bei diesem Workshop machen, haben wir vorher überlegt. Aber es stellt sich heraus, dass wir bei dieser Einführung der Kleinen Christlichen Gemeinschaften vor allem und intensiv das BibelTeilen vertiefen. BibelTeilen – das lässt sich gar nicht recht ins Russische übersetzen. Und so finden wir eine neue Übersetzung: »afschenie slowie boschiem« – Gemeinschaft im Wort Gottes. Genau das geschieht auch. Wir spüren, indem wir Schritt für Schritt die einzelnen Aspekte der »Gemeinschaft im Wort Gottes« vertiefen, mit welcher Betroffenheit diese Brüder und Schwestern aufnehmen und leben, was sie hören.

Ich habe sie alle vor Augen: Viktor, den Stahlarbeiter, und seine Frau Aigul, eine echte Tatarin, die als Muslimin Christin geworden ist; Olga und Sascha, der ein Linientaxi betreibt, Sonja aus Kasachstan, die in ihrem Haus die Christen sammelt, die in ihrem Umfeld leben, Nadeschda und Tatjana, all die anderen Tatjanas, die beiden Ordensschwestern aus Polen, Wilhelm und Reinhard.

Wie elektrisiert reagieren sie auf die Perspektive, miteinander aus dem Wort Gottes heraus Kirche sein zu können. Als wir am Ende des Workshops sind, fließen viele Tränen. Es scheint so, dass viele wieder neu zum Ursprung der ersten Faszination des Christlichen zurückgefunden haben. Ganz viel Freude in den Gesichtern. Und Sascha besonders. Er ist wirklich ein »Theologe«, als er sagt: »Wir haben in diesen Tagen wirklich gesehen, dass Gott in unserer Mitte ist. Und weil wir es gesehen haben, weil wir gespürt und berührt haben, können wir jetzt davon erzählen …«

»Sascha«, sage ich, »was du hier gerade sagst, das habe ich doch schon mal im 1. Johannesbrief gelesen:

› *Was von Anfang an war, was wir gehört haben, was wir mit unseren Augen gesehen, was wir geschaut und was unsere Hände angefasst haben, das verkünden wir: das Wort des Lebens. Denn das Leben wurde offenbar, wir haben gesehen und bezeugen und verkünden euch das ewige Leben, das beim Vater war und uns offenbart wurde. Was wir gesehen und gehört haben, das verkünden wir auch euch, damit auch ihr Gemeinschaft mit uns habt. Wir aber haben Gemeinschaft mit dem Vater und mit seinem Sohn Jesus Christus. Wir schreiben euch dies, damit unsere Freude vollkommen wird.‹ (1 Joh 1,1–4)«*

Ein wenig von meinem Herzen habe ich bei diesen Menschen verloren. Die Tiefe, die Echtheit, aber auch die Lebensgeschichten und Brüche und Neuanfänge inmitten einer wirklich prekären Lebenssituation nehme ich mit. Aber gerade diese Menschen – sind das nicht die »Armen Gottes«? Und durfte ich nicht hier erneut erleben, wie das Wort Gottes Menschen verwandelt, sie in eine Gottesgegenwart stellt, die erfahrbar und berührbar ist: Kirche wird einfach, in vielfachen Sinn des Wortes. Sie wird, sie wächst uns unter den Fingern, wenn wir das Wort Gottes an uns geschehen lassen. Und das Wort schafft sich einen Leib: »Allen aber, die ihn aufnahmen, gab er Macht, Kinder Gottes zu werden.« *(Joh 1,12)*

Staunenswerte Ekklesiogenesis – und exakt das, was unsere russische Übersetzung des BibelTeilens zum Ausdruck bringt: Wir sind Gemeinschaft, deren Ort im Wort Gottes ist. Wieder sind es die einfachen Menschen, die neugeborenen Christinnen und Christen; wieder ist es ein anderer Kulturkreis. Und immer mehr wächst der Eindruck, dass das, was ich in Bendala kennen gelernt habe, was in Zürich gewachsen ist und in Chelyabinsk entsteht, wirklich ein Weg für die Kirche sein kann.

Natürlich braucht es Inkulturation. Aber nicht wir inkulturieren, sondern das Wort inkulturiert sich, wird Fleisch, Ort, Kirche in der Zeit und bei den Menschen und ihrer Kultur. Es ist erstaunlich, es ist wunderbar, dies mitzuerleben, wie Kirche einfach wird.

— *Nagpur im Februar 2009* —

»Der Herr ist mein Hirte – nichts wird mir fehlen«. Psalm 23. Es wird dunkel. Wir sitzen auf einen kleinen Platz. Etwa 50 Männer, Frauen und Kinder haben sich hier versammelt, im Slum von Nagpur. Wir sind diesmal zu neunt für zehn Tage in Nagpur, um im Pallottine Animation Center weiter zu entdecken, was hinter dem Ansatz der Kleinen Christlichen Gemeinschaften steckt. Und heute besuchen wir eine solche Gemeinschaft im Slum. Ein bisschen surreal wirkt diese Begegnung: der frühe Nachthimmel mit dem Abendstern, die Menschen, die sich um das Wort versammeln, es verehren und den Psalm 23 hören. Mehr als einer von uns denkt daran, dass es fast eine weihnachtliche Erfahrung ist. Wurde nicht auch Jesus in einem Stall geboren – in tiefer Armut? Aber noch tiefer: »Das Wort ist Fleisch geworden und hat unter uns gewohnt« *(Joh 1,14)*: Geschieht dies nicht gerade hier, mit diesem Psalm? Denn das wird mir deutlich. Es ist doch etwas ganz anderes, ob ich in einem Wohnzimmer oder einem Gemeindesaal über diesen Psalm nachdenke, oder hier, in der Armut eines Slums. Einen solchen Psalm zu hören, Gottes Wort in diesen Worten zu hören – das klingt hier anders. Es ist existenziell und eine Provokation. Und sofort wird deutlich, dass ein solches Hinhören auf das Wort mitten in das Leben hinein reicht und zu einer Sendung führt.

Doch gerade in Indien wird deutlich, dass Kleine Christliche Gemeinschaften nicht etwa kultur- oder klassebedingt und auch nicht auf rurale Familienstrukturen festlegbar sind. Denn am ersten Abend unserer Visite in Mumbai wurden wir eingeladen in eine der Gemeinschaften, die sich in einem Gebiet der aufkommenden Mittelschicht trifft. Man fühlt sich wie in Europa. Hochhäuser, Parkplätze, Mittelklassewagen – der einzige Unterschied sind die vielen Kinder. Auch hier sind wir im Wohnzimmer mit 20 Personen. »Wir können uns nur einmal im Monat treffen – wir haben viel zu wenig Zeit. Ihr müsst bedenken, dass wir jeden Tag zwei Stunden Fahrzeit zum Arbeitsplatz haben – und es ist so viel zu tun«. Das kommt uns doch sehr bekannt vor, oder? Die 20 Personen, die hier miteinander BibelTeilen, übernehmen aber vor allem Verantwortung für die Menschen in ihrem Stadtteil: die 50 katholischen Familien, die hier wohnen, werden jeden Monat besucht, Kranke und alte Menschen werden begleitet, Feste werden organisiert, Volksfrömmigkeit begleitet.

Ja, das geht uns bei unserem Besuch in diesem Jahr auf. Indien ist in gewissem Sinn ein Land volkskirchlicher Diaspora. Man rechnet nicht in Individuen, sondern in Familien. Die Glaubensweitergabe gelingt über die konfessionshomogene Familienkultur und über eine intensive volkskirchliche Frömmigkeit. Die große Zahl der Priester und Ordensschwestern führt zu einem intensiven Pfarrleben.

Aber gerade in der Megametropole Mumbai mit ihren fast 20 Millionen Einwohnern hat die katholische Kirche seit 25 Jahren auf den Aufbau eines Netzwerkes Kleiner Gemeinschaften gesetzt. Bischof Bosco, Weihbischof in Mumbai, ist der Protagonist dieser Erfahrung, die inzwischen 12 000 »Animatoren« sammelt und die gesamte Diözese durchzieht: die Pfarreien sind untergliedert in »Small Christian Communities«, zu denen jeweils nach Wohnort alle Katholiken gehören. Von den 20 bis 50 Familien einer solchen Kleinkirche versammeln sich monatlich 20 Animatoren, um so etwas wie die »Seele« dieser Kirche am Ort zu bilden. Sie sind verwurzelt im Wort Gottes und versuchen, das Leben der Christen zu fördern.

»Unsere Nachbarn hier im Hochhaus sind alle Hindus«, sagt Peter, bei dem wir uns heute treffen. *»Die Beziehung zu ihnen ist wunderbar. Als sie hier zuzogen und hörten, dass hier Christen wohnen, da sagten sie: Das ist wunderbar. Denn die Christen leben in Beziehung zu ihren Nachbarn und sie helfen einander und auch den anderen Nachbarn. Wisst ihr, unsere Nachbarn wussten natürlich, dass ihr heute kommt – und so haben sie den Flur gestaltet«.*

In der Tat – als wir die Etage betraten, da hatten wir die auf die Erde gemalten Blumen gesehen, und die entzündeten Kerzen. »Sie würden sich freuen, wenn ihr sie besucht«. Und so besuchen wir die Nachbarn. Auch hier werden wir freundlich empfangen – auch hier beginnt sofort ein kleines Gespräch. Auch hier ist spürbar, dass nicht nur unter den Katholiken eine Kirche in der Nachbarschaft wächst – sondern dass diese Gemeinschaft sich weitet auch zu Menschen anderer Religionen, mit denen die Christen ja alltäglich leben.

So unterschiedlich alle diese Erfahrungen und Gestalten sind – sie bezeugen eine Lebendigkeit, die ansteckend ist, und sie bezeugen eine Reife der Christinnen und Christen, die aus ihrer Taufe heraus das Evangelium leben – und so Zeugen sind.

2. Weltkirchliche Lerngemeinschaft als Chance zur Inkulturation

Am Anfang war das BibelTeilen: »Es geht doch nicht, mit 50 Leuten BibelTeilen zu feiern«, werfe ich ein. »Wieso nicht? Ich werde das machen!«. Die blauen Augen von Bischof Fritz Lobinger schauen mich verschmitzt an. Und in der Tat geht es. Der ganze Studientag im Frühsommer 2002 erhält einen geistlichen Charakter. Und Fritz Lobinger erzählt Interessierten aus Hannover-Ost und Verantwortungsträgern aus dem ganzen Bistum von der südafrikanischen Erfahrung der Kleinen Christlichen Gemeinschaften. Ein intensiver Tag voller Diskussionen. Ich erinnere mich noch sehr intensiv, als wir auf das Thema Nachbarschaft als Wesensmerkmal der Kleinen Christlichen Gemeinschaften kamen. »Das geht in Deutschland nicht – wir sind eine hochindividualisierte Gesellschaft«, war als Einwurf zu hören. »Ich wäre so naiv, dies hier zu versuchen«, lächelte Lobinger wieder verschmitzt.

Aber wir waren nicht so naiv. Heute, im Abstand von mehreren Jahren, wird mir noch deutlicher, was an diesem Startpunkt der Entwicklung Kleiner Christlicher Gemeinschaften in unserem Bistum auch geschehen ist: Natürlich haben wir gehört, was Fritz Lobinger gesagt hat, aber wir haben nur gehört, was wir hören konnten. Das wussten schon die Scholastiker: »quidquid recipitur secundum modum recipientis recipitur«: wir hören immer auf dem Hintergrund dessen, was wir schon kennen.

Was dabei entstanden ist, ist ein bewundernswertes Netzwerk Kleiner Gemeinschaften. Mit vielen Fragen: Wieso haben wir eigentlich nicht wahrgenommen, dass »Small Christian Communities« nicht mit geistlichen Kleingruppen gleichzusetzen sind? Wieso haben wir gedacht, dass es bei Kleinen Christlichen Gemeinschaften um die Installation einer Kleingruppenstruktur in der Pfarrgemeinde geht – und nicht um die viel weiter reichende Vision einer Kirche, die sich auf das Reich Gottes ausstreckt? Wieso haben wir nicht gehört, was Fritz Lobinger auch sagte: Dass vor dem Beginn mit Kleinen Christlichen Gemeinschaften die südafrikanische Kirche über Jahre einen synodalen Prozess über den Weg in die Zukunft durchführte? Wieso haben wir gedacht, dass es auch den sechsten Schritt geben könnte, aber nicht gemerkt, dass hier die eigentliche Pointe des BibelTeilens, der Gestalt der Kleinen Christlichen Gemeinschaften als Kirche in der Nachbarschaft und der Vision einer Kirche mit den Menschen liegt?

Nein, wir waren nicht dumm und verbohrt, aber wir haben die Mühe der Inkulturation nicht wahrgenommen und dachten, wir könnten interessante Ideen der Weltkirche einfach so übernehmen und in unser Gesamtgefüge der Pastoral fruchtbar einbringen ... Das aber, genau dies ist nicht der Fall. Denn auf der einen Seite haben wir krass unterschätzt, welche spirituelle Tiefe und welche theologische Weite und welche pastorale Meisterschaft in diesem Ansatz steckt, auf der anderen Seite haben wir gedacht, wir könnten uns bei der Weltkirche wie in einer Kommunionmappe bedienen und einzelne Bausätze, die für uns passen, herauslösen.

Als wir begannen zu verstehen, dass dies nicht so geht, begann unsere weltkirchliche Lerngemeinschaft. Und erst jetzt begann der lange Weg der Inkulturation.

— *»Warum tauscht ihr euch nicht aus beim BibelTeilen?«* —

Sommer 2005. Fast wäre der Workshop mit Wendy Louis aus Singapur gescheitert, weil sich aus der gesamten Metropolie Hamburg nur zwölf Teilnehmer angemeldet hatten. Aber dann waren wir doch drei Tage in Worphausen bei Bremen zusammen. Für mich war es ein Wendepunkt in Sachen Kleine Christliche Gemeinschaften. Ich erinnere mich noch sehr deutlich. Bis zu dem Zeitpunkt hatte ich

Kleine Gemeinschaften immer auf dem Hintergrund spiritueller Selbsthilfegruppen verstanden. Und für solche Gruppen spielt der Austausch der eigenen Erfahrungen immer eine entscheidende Rolle. Als wir nun mit Wendy Louis über das BibelTeilen sprachen, da kam mir ganz spontan die Frage: »Sag mal, Wendy, warum gibt es beim BibelTeilen eigentlich nicht den 0. Schritt? Die Teilnehmer müssen sich doch auch austauschen über die gemachten Erfahrungen«, sagte ich ziemlich überzeugt. Wendy blieb still, schaute mich irritiert an, und antwortete: »Wieso, sie sind doch auch sonst zusammen.« Über diese Antwort musste ich nachdenken. Offensichtlich hatte Wendy meine Frage gar nicht verstanden – und ein ganz anderer Horizont steckte hinter ihrer und meiner Erfahrung. Für sie war ganz klar: Die Menschen, die sich in einer Kleinen Christlichen Gemeinschaft treffen, die leben auch sonst miteinander, die treffen sich in ihrem Lebensumfeld, sind alltäglich beisammen … Und mir wurde an dieser Stelle klar, dass wir unser Projekt der Kleinen Christlichen Gemeinschaften nur dann aus dem Winkel spiritueller Nischengruppen herausbekommen, wenn wir diese ursprüngliche Dimension der Nachbarschaft auch für unseren Kontext ernst nehmen. Worum es hier eigentlich geht, ließ mich auch die Erfahrung verstehen, die mich geradezu schockiert mit meinem Kollegen ein Bier trinken ließ: Nachdem wir mit einer interessierten Gruppe in einer Pfarrei das BibelTeilen fünfmal eingeübt hatten, sprachen wir beim letzten Treffen mit uns als Begleitern darüber, wie es jetzt weitergehen könnte – welche anderen man jetzt noch einladen könnte. Das wollte aber keiner: »Wir haben uns jetzt so aneinander gewöhnt und sind so vertraut geworden – ich glaube nicht, dass andere dazukommen können«. Wir waren geschockt. Irgendetwas war da wirklich nicht richtig gelaufen. Aber was? Kurz danach war die erkenntniswendende Begegnung mit Wendy Louis. Und auf einmal passte alles zusammen: Wieso hatten und haben wir so viele Schwierigkeiten mit dem sechsten Schritt, der konkreten Sendung? Weil wir nicht lebensraumorientiert waren, sondern es uns um die Bildung von geistlichen Wahlverwandtschaften ging! Warum zog sich schon nach wenigen Malen eine sich ursprünglich fremde Gruppe in sich zurück und woll-

te nicht offen bleiben für andere? Weil unser BibelTeilen den therapeutischen Teil der Vertrautheit förderte.

Und mit dieser Vertrautheit kamen in die BibelTeilengruppen
auch ganz neue Elemente hinein, die wir mitgehört hatten, obwohl
sie unsere weltkirchlichen Partner nie gesagt hatten: nie war von
Kleingruppen die Rede, nie von verbindlicher Teilnehmern und
auch nicht von Mitgliedschaft.

Was bedeutet das? Wir haben nicht, wie im ersten Hochmut gedacht, einen kulturfremden Ansatz inkulturiert, sondern haben gar
nicht erst wahrgenommen, was uns wirklich geschenkt worden ist.
Wir haben die weltkirchliche Idee in das Prokrustesbett gemeinde-
kirchlicher Normativität eingespannt, und dabei wurde natürlich
manches als unpassend gestreckt oder gekürzt. Das aber ist gewiss
nicht mit Inkulturation gemeint.

— *»Welche Vision hat die deutsche Kirche?«* —

Es war schon ein Jahr vorher, im Frühjahr 2004. Eingeladen waren alle, die am Missio-Projekt »Spiritualität und Gemeindebildung«
teilgenommen hatten und in naher Zukunft Exposurereisen unternehmen würden. Wieder waren mit Father Thomas Vijay und Sr.
Agnes zwei asiatische Gäste da und stellten uns den AsIPA-Ansatz
als Vision der asiatischen Kirche vor. Und dann kam da diese Frage,
die das Gespräch verstummen ließ: »Welche Vision verfolgt denn
die deutsche Kirche in ihrer Pastoral?« Schweigen. Mir ging auf, in
dieser Situation zum ersten Mal, dass es keinen visionsfreien Zustand
gibt, und dass die deutsche Kirche bis dato eine einzige Vision ver-
einte: die Perspektive der Bestandswahrung.

Aber es dauerte noch einige Jahre und viele Begegnungen mit
meinen Brüdern und Schwestern aus der Weltkirche, bis ich verstand,
dass hinter dem Ansatz der Kleinen Christlichen Gemeinschaften erheblich mehr Herausforderung steckt, als ich je angenommen hatte.

Erst nach und nach hörte ich genauer hin: die Begegnungen
mit Michael Wüstenberg, die ersten Workshops mit Father Thomas

Vijay machten immer wieder deutlich, dass das Thema Kleine Christliche Gemeinschaften zu kurz greift, wenn es nicht hineingreift in einen Prozess einer visionären Pastoral. »Denn es geht ja nicht zuerst um Kleine Christliche Gemeinschaften, es geht um einen neuen Ansatz und eine neue Vision von Pastoral«, so sagte uns Bischof Oswald Hirmer, den wir im Jahr 2008 im Bistum begrüßen durften. »Es geht doch darum, wie eine Kirche die Vision vom Reich Gottes verfolgen kann – ob sie Kleine Christliche Gemeinschaften bildet oder nicht«. Und langsam verstand ich, dass mir in diesem weltkirchlichen Ansatz viel mehr begegnete als eine Pastoral des Netzwerkes kleiner Gruppen. Mir ging auf, dass das eschatologische Kriterium der Pastoral, die Hinordnung auf das Reich Gottes, entscheidend war und nicht die volkskirchliche Bestandswahrung. Und endlich verstand ich Schritt für Schritt, dass Kleine Christliche Gemeinschaften eine heutige Ausdrucksgestalt dieser eschatologischen Kirchenvision, ja Weltvision sein könnte – in Korrespondenz zu all dem, was das II. Vatikanische Konzil gesehen hatte.

Jetzt verstand ich auch immer mehr, warum viele – ich ja auch – diesen Ansatz als fremde weltkirchliche Pastoral unterschätzten. Es ging ja in der Tat nicht um eine simplifizierende Form des Umgangs mit der Schrift, sondern um die Frage, wie das Volk Gottes das Wort Gottes hören kann, ohne dabei klerikal bevormundet zu werden. Mir ging auf: BibelTeilen ist mehr, als ich dachte – und je mehr ich mich vertiefte, desto mehr entdeckte ich. Mir ging auf: Hier geht es um die Kirche des II. Vatikanums, wie ich sie so noch nicht konkret erlebt hatte. Mir ging auf, warum ich selbst so fasziniert war: Eben weil ich das, was ich seit Jahren suchte, als Zukunftsgestalt einer Kirche, die theologisch und spirituell gegründet ist, hier erleben durfte als einen pastoral durchdachten Weg. Die kleinen und unscheinbaren Anfangserfahrungen enthielten schon den Hauch der großen Vision, die ich – Schritt für Schritt nur und immer existenziell – entdecken durfte. Und ich schämte mich immer mehr meiner europäischen Arroganz, die mir so gar nicht bewusst gewesen war: Wie hatte ich unterschätzen können, was mir aus der Weltkirche entgegenkommt?

— *»You have some further steps to do.«* —

Vor uns steht eine selbstbewusste junge Frau, eine Theologin aus Asien, Estela Padilla. Sie lächelt und sagt diesen Satz: »Ihr müsst noch einige Schritte weitergehen«. Im November 2008 sitzen vor ihr auf dem Wohldenberg 120 Teilnehmer eines internationalen Symposions zum Thema der Kleinen Christlichen Gemeinschaften – und sind von ihrer charmanten Entschiedenheit und Deutlichkeit fasziniert. Was genau sollten wir tun? Estela Padilla warnt davor, das Thema der Kleinen Christlichen Gemeinschaften auf die Bildung von Kleingruppen zu reduzieren – und sie warnt auch davor, dass wir einfach übernehmen, was in Asien gewachsen ist.

Sie erzählt mit methodischer Präzision, was notwendig ist. Die Vision einer erneuerten Kirche wird nur gelingen, wenn wir mit den Menschen leben, ihre Freude und Hoffnung, ihre Ängste und Sehnsüchte kennen, sie teilen und mit ihnen gemeinsam entwickeln. Eine Vision, auch die Vision des Reiches Gottes, wird sich nur entwickeln und fruchtbar werden, wenn sie tief eingewurzelt ist in die deutsche Wirklichkeit. »Dafür müsst ihr euch Zeit nehmen – mit den Menschen im Gespräch sein und ihre Träume und Hoffnungen wahrnehmen und ernstnehmen …«

Und die Theologin wird noch deutlicher: »Es geht darum, dass ihr der Kirche ein deutsches Antlitz gebt…« Das ist eine ungewohnte Weise zu sprechen und zu denken – und es ist genau das, was Inkulturation meint. Eigentlich klar, oder? Noch nie so wie an diesem Nachmittag im November 2008 hatte ich den Eindruck, Schüler der Weltkirche zu sein. Ich war ungeheuer froh. Es entspricht doch der Wirklichkeit unserer katholischen Weltkirche: nicht mehr wir Europäer haben die Modelle einer wachsenden Kirche – wir dürfen uns wahrlich beschenken lassen.

Aber in dieser Aula der Weltkirche, die sich in diesen Tagen auf dem Wohldenberg ausspannte und in der wir viele Lehrerinnen und Lehrer begrüßen durften, geht mir nicht aus dem Kopf: die unglaublich spannende und spekulativ-pastorale Ekklesiologie eines indischen Theologen, die tief geistlich verwurzelte Wort-Gottes-Theologie eines südafrikanischen Bischofs, die gelungene theologische

Sozialanalyse aus den Philippinen ließ mich und viele verstehen, dass es in der Tat ein Defizit der Inkulturation in unserer deutschen Kirche gibt. Was für eine Herausforderung, für die uns unsere Freunde aus der Weltkirche hier haben aufmerksam werden lassen.

— *Wachstum als Perspektive* —

Im Februar 2009 sind wir in Nagpur. Mit neun Personen können wir mit Thomas Vijay einen Workshop für Fortgeschrittene mitmachen. Neben vielen wichtigen Lernerfahrungen studieren wir gemeinsam die pastorale Grundanlage des AsiPA-Ansatzes. Es ist ein Ansatz für Gemeindeaufbau und Gemeindeentwicklung. Autor ist Fritz Lobinger. Und ich merke, wie ich immer elektrisierter unserer Diskussion folge. Mir geht im Hinhören auf einmal auf, was die Grenze unserer deutschen Pastoralansätze ist. Nein, es ist nicht die Frage nach dem Geld.

Es ist ein anderes Problem: Wir sehen unsere Kirchenerfahrung fast durchweg soziologisch und leiten aus dieser soziologischen Brille pastorale Konsequenzen ab. Man denke nur an die Diskussionen um die Sinusstudie. Doch noch viel tiefer reicht die Überzeugung, dass wir eben damit leben müssten, dass Kirche und Christsein nur noch einen funktionalen Rang haben und nur noch einen Teilbereich des Lebens abdecken können. Die Rede von »Stammkunden« unserer Gemeinden oder von »treuen Kirchenfernen«, die nur noch gelegentlich Dienstleistungen der Kirche wahrnehmen und gute Kasualienfromme sind, die mit Recht gute Gegenleistungen gegen die Ableistung der Kirchensteuer verlangen könnten – all das ist soziologische Sichtweise und steht oft im Kontrast zu einem Verstehen der Kirche als Gegenwart des Auferstandenen in der Mitte der Seinen, als Leib Christi. Und gerade von hier aus zu denken, bliebe die pastoraltheologische Herausforderung, die so selten zu finden ist. Kirche verkommt dann in der Tat zur Gnadenanstalt, die ihr Monopol verloren und sich nun dem religiösen Markt zu stellen hat.

Doch ist das Kirche? Lässt sich von hier aus Kirchenentwicklung theologisch verantwortbar weiterführen? Und nun, in dieser Diskussion hier in Mittelindien, darf ich entdecken, dass gerade der gemeindeentwicklerische Ansatz der Kleinen Christlichen Gemeinschaft Theologie und Soziologie in anderer Weise verbindet: Aus der Erfahrung des konkreten Leibes Christi erwächst eine pastorale Perspektive, die vom Volk Gottes her denkt. Wie kann dieses konkrete Volk Gottes von seinem Ort aus einen nächsten Schritt auf das Reich Gottes zugehen? Wie und wann ist der Moment, mit möglichst vielen Mitchristen einen visionären Weg zu gehen, an dem möglichst viele beteiligt sind? Welches sind die »kingdom values« *(Werte des Reiches Gottes)* des pastoralen Weges?

Ehrlich gesagt: wieder bin ich fasziniert von der Stimmigkeit des Gesamtansatzes, und wieder verstehe ich jetzt meine unbewusste Faszination für die Kleinen Christlichen Gemeinschaften. Ja, in der Tat, ich habe den Eindruck, dass ich je länger je mehr auf eine geniale theologische Durchdringung und zugleich eine geniale pastorale Praxis gestoßen bin, die aber eben nicht einfach übertragbar, sondern nur inkulturierbar ist.

— *Die Frucht weltkirchlicher Lerngemeinschaft:*
Inkulturation neu denken und verstehen —

»Wisst ihr, wie das mit den Kleinen Gemeinschaften hier in Indien ist? Die Nordinder sagen: Es könnte vielleicht in Südindien gehen, aber hier nicht – und die Südinder sagen es umgekehrt. Es geht also gar nicht ...« sagt uns Thomas Vijay, als wir von unseren Schwierigkeiten berichten.

Immer mehr verstehe ich heute, was sich da zeigt. Denn damit Inkulturation des Christentums und einer neuen Weise des Kircheseins geschehen kann, braucht es zunächst einmal eine Bekehrung derer, die sich darauf einlassen: meine Bekehrung. Wie jede Bekehrung, geschieht sie nicht theoretisch. Sie ist eine Umkehr im Denken und in der Mentalität. Dazu muss ich erst einmal wahrnehmen lernen. Und diese Art der Wahrnehmung setzt voraus, dass ich mich leere von meinen Vorprägungen und Voreinstellungen. Was für jede Begegnung gilt – die Herausforderung einer echten und nicht nur methodischen Empathie des »sich eins machens« – gilt für Bewegungen der Inkulturation und der weltkirchlichen Lerngemeinschaft genauso. Tue ich das nicht, bleibt zum einen mein Horizont unbegründet theologisch normativ, und zum anderen werde ich die Erfahrungen des anderen und der Weltkirche immer nur folkloristisch bestaunen, immer vielleicht auch mit der Arroganz, dass das ja ganz nett sein, aber bei uns – aus soziologischen Gründen – nicht gehen kann ...

»It's all about attitudes« – es geht wirklich um Grundhaltungen, wie uns Thomas Vijay immer versucht hat zu erklären. Diese Grundhaltung des Leerwerdens geht einher mit einer Spiritualität in Gemeinschaft, in der ich – wie Johannes Paul II. in Novo Millenio ineunte 43 urgiert hatte – den anderen als Geschenk für mich wahrnehme, die andere Pastoral als explosives Geschenk für unsere Kirche.

Und dann beginnt die eigentliche Inkulturation. Sie besteht nicht darin, dass ich den weltkirchlichen Ansatz abspecke auf das mitteleuropäisch erträgliche Maß eines Gemeindechristentums, sondern mich einlasse auf die Kultur und die Sehnsüchte und Wünsche der Menschen. Dieser gemeinsame Prozess bewahrheitet in der Tat genau das, was Klaus Hemmerle seinerzeit formulierte: »Was vom Himmel kommt, muss aus der Erde wachsen«: Erst wenn wir dem Geist Gottes in unserer Kultur trauen, werden wir nicht der Versuchung erliegen, Inkulturation zu kurzatmig an soziologischen Erkenntnissen auszurichten, sondern uns der Mühe einer eigenen Entwicklung stellen, bei der es darum geht, aus dem Geist des Evangeliums und den Zeichen der Zeit, die wir in diesem Licht des Evangeliums deuten lernen, einen synodalen und partizipativen Prozess zu wagen, der das deutsche Antlitz der Kirche Christi wachsen lässt – hin auf das Reich Gottes. Das sind wirklich »Glänzende Aussichten«.

3. Kleines Pastoraltagebuch aus Mumbai 2009

— *1. Tag* —

6:05 Uhr. Abflug in Hannover. Wir sind alle da. Es ist gewiss kein Zufall, wie wir zusammengesetzt sind. Die sechs Personen aus unserem Bistum stehen für den Weg der Kleinen Christlichen Gemeinschaften. Hinter uns liegen zwei Jahre, in denen wir viel ausprobiert haben, in denen viel gewachsen, aber auch einiges gestorben ist. Es ist kein einfacher Weg. Aber es bleibt die Anziehungskraft einer Vision, die sehr stark ist. Und das wurde noch einmal im letzten November deutlich, als wir das stärkende und wichtige Symposion hatten. Der einmonatige Besuch von Thomas Vijay wurde zum Durchbruch des Zugangs für uns. Es gibt ein »vorher« und ein »nachher«: Wir haben viel reflektiert und agiert, einige schwere Stunden gab und gibt es zu bewältigen – aber das Interesse an Kleinen Christlichen Gemeinschaften wächst immer mehr. Was wir mehr als alles brauchen, das ist eine klare und deutliche Strategie des Anfangs. Genau das werden wir mit Thomas Vijay diskutieren müssen.

Problemloses Umsteigen in Amsterdam, auch wenn die KLM uns mit NWA fliegen lässt, der Schwestergesellschaft aus Amerika im Skyteam, und wir so in den Genuss – ja wirklich – einer ausführlichen Befragung kommen. Der Flug selbst ist tagsüber, das Flugzeug voll, das Essen angenehm. Und pünktlich landen wir in Bombay. Der Flughafen ist gewachsen seit dem letzten Mal – und die Professionalität auch: Es geht alles sehr schnell, und kurz vor Mitternacht treten wir aus dem Flughafen.

Uns erwartet – und wir finden ihn schnell – Elvin Colaco. Ein älterer Inder, souverän. Mit ihm zusammen gehen wir zur Autovermietung und landen in einem »Schulbus«, der uns – nach einigen Auseinandersetzungen mit sich aufdrängenden Kofferträgern – zum Soverdia-Haus führt: Natürlich lässt sich in der Nacht nur erkennen, dass es für den Verkehr keine Nacht gibt, und nach einer halben Stunde sind wir beim Zentrum der Steyler Missionare angekommen. Wie vieles in Indien ist es neu: im Jahr 2000 eingeweiht.

Dankbar beziehen wir unsere einfachen Zimmer – dankbar schlafe ich ein.

— *2. Tag* —

Im Vorfeld war gerade auch im Kontext der Terrorismusattentate die Frage, ob wir überhaupt nach Mumbai fahren sollten. Nachdem klar war, dass wir nach Nagpur erst am 10. Februar kommen können, war mir die Idee gekommen, Bischof Bosco Penha zu besuchen und die Erfahrung der SCCs zu studieren, die dort seit fast 25 Jahren am Laufen ist. Nach einigen Versuchen haben wir einen guten Kontakt zu Bischof Bosco gefunden – und er hat uns ein Programm vorbereitet, das heute beginnt mit einem kleinen Spaziergang über das Gelände: Denn hier ist nicht nur das Soverdia-house, sondern auch eine Schule, eine Tanz- und Musikschule, ein Exerzitienzentrum, und auch die Pfarrei, sowie mehrere Orte für Feste und Feiern. Am Ende des Vormittags feiern wir Eucharistie – mit einem BibelTeilen, in der schönen Kapelle des Soverdia-House. Am Nachmittag setzen wir uns zusammen und formulieren die Fragen, die wir aus Deutschland mitgebracht haben.

Gegen Abend werden wir dann zunächst eingeführt in die Wirklichkeit der Kleinen Christlichen Gemeinschaften in der Pfarrei, in der wir hier wohnen. Das geschieht durch einen ersten künstlerischen Moment: Traditionelle Tänze von begeisterten und begeisternden Mädchen werden uns vorgeführt, und auch wir singen zwei Lieder, die unsere Gastgeber erfreuen. Nach einem kurzen gemeinsamen Snack fahren wir in eine nahegelegene Kleine Christliche Gemeinschaft.

Was wir in Deutschland schon ahnten, wird hier noch einmal deutlich. Die »community« ist etwas anderes als eine geistliche Kleingruppe. Eigentlich ganz im Gegenteil geht es hier wirklich um eine neue Weise des Kircheseins. Die Pfarrei ist in 29 SCCs eingeteilt! Zu diesen SCCs gehören 50–80 Familien. Und wie geht das konkret? Es gibt einen präzisen Weg der Bewusstwerdung, zu dem in einem ersten Schritt alle eingeladen werden. Und dann wird nach Freiwilligen gesucht, die Animatoren für die SCCs werden wollen. Diese 10–20 Personen treffen sich dann monatlich, sie teilen miteinander die Frohe Botschaft, sie üben eine Sendung für die Menschen in ihrem Umfeld aus.

Wir kommen in ein sehr vornehmes und abgeschirmtes Wohnviertel von Mumbai, und uns empfängt die Animatorengruppe – etwa 15 Personen. Gemeinsam sind wir 25 in einem eher engen Wohnzimmer. Wir beginnen mit einer Vorstellungsrunde, und dann folgt – wie immer hier in Mumbai sehr zackig – das BibelTeilen, das insofern sehr unter die Haut geht, als das Leben, das wir hier leben dürfen, sich immer wieder durch das Wort Gottes ins Licht rückt. Wir sind in einer wunderbaren Animatorengruppe gelandet: So viel Weisheit, so viel Familie, so sehr geformte Persönlichkeiten, geformt durch das Evangelium, geformt durch diesen Weg. Auch eine Ordensschwester, auch zwei Priester sind dabei, aber sie treten faktisch nicht in Erscheinung, sind sehr zurückhaltend.

Nach dem BibelTeilen werden wir von verschiedenen Animatoren über die Entstehungsgeschichte, über Aktivitäten und Aufgaben informiert. Sehr viele verschiedene Personen sprechen und machen deutlich, dass hier wirklich eine große Selbstverständlichkeit und Verantwortlichkeit der Laien zu verspüren ist.

— *3. Tag* —

Dieser Tag beginnt mit der Fahrt zum Team der Verantwortlichen für diese Entwicklung in der Diözese Mumbai. Heute ist das Treffen mit Bischof Bosco, und wir werden von ihm und dem Team in präziser und durchorganisierter Weise in die Geschichte und Systematik des SCC-Ansatzes von Mumbai eingeführt.

Wir begegnen einem Team, das 25 Jahre Erfahrung widerspiegelt, angefangen von Bischof Bosco, zusammen mit fast zwanzig seiner »FILMC«-Mitarbeiter. Das ist beeindruckend und stark. Material bekommen wir zuhauf, und es ist ganz deutlich, dass hinter diesem Weg ein strategischer und kreativer Kopf steckt, der außerdem Leidenschaft und große Zuwendung zu den Menschen hat. Bischof Bosco hat seine Leute geformt, das kann man sehen. Und er hat eine Kirchenwirklichkeit wachsen lassen, die heute über 12 000 Animatoren in der Diözese Mumbai hat. Sehr beeindruckend. Aber, so Elvin, es kommt ja nicht zuerst darauf an, dass die Organisation läuft, sondern dass der Geist stimmt. Auch an diesem intensiven Arbeitsvormittag ist der Geist sehr zu spüren. Und so enden wir erst sehr spät mit dem Mittagessen im Großbüro des Bischofs und einer sehr herzlichen und prophetischen Verabschiedung.

Doch schon zwei Stunden später fahren wir wieder los. Diesmal ist das Ziel »Our Lady of Egypt«, eine der ältesten und bis heute sehr lebendigen Pfarreien in Mumbai. Nach einer kurzen Besichtigung auch des kleinen Spitals, das für die Armen zur Verfügung steht, treffen wir zusammen mit dem Parish-Animation-Team, wo wir fachkundig und in ausführlichem Dialog eingeführt werden in die Wirklichkeit der Kleinen Christlichen Gemeinschaften in dieser Pfarrei. Auch hier wird wieder deutlich, welche Prägekraft dieser Ansatz hat, wie er kapillar ist und alle Katholiken der Pfarrei erreicht. Auch Grenzen werden deutlich: Es ist eben auch hier nicht so, dass alle Katholiken in Indien sich motivieren lassen – gerade auf dem »grassroot level« gibt es auch Verweigerung. Aber es ist eben auch so, dass die Verantwortung für die, die sich verweigern, immer bei dem Animationsteam liegt.

Dann weiter zur zweiten Animatorengruppe: Diesmal ist kein Priester dabei, aber eine Schwester ist da. Auch hier habe ich den Eindruck, dass die Frauen und Männer, die hier für die Gemeinschaft stehen, sehr motiviert und sehr geformt sind. Wir treffen uns in einer Wohnung, in einer eher mittelschichtorientierten Gegend. Ein kurzes BibelTeilen: »Sie waren wie Schafe, die keine Herde haben«. Genau das ist die Antwort, die wir hier erfahren: Jeder und jede soll ja erfahren, dass Christus, der unter uns lebt, der Hirte ist – durch die Kleinen Gemeinschaften, aber auch für alle ihnen anvertrauten Familien.

— *4. Tag* —

Nach dem Frühstück sind wir zur Messe um 8.45 Uhr eingeladen. Volle Kirche ... viele junge Menschen, eine einfache Liturgie, gute

Predigt, sehr schön musikalisch gestaltet. Wir werden vorgestellt, und ich kann ein paar Worte des Dankes sagen. Immer wieder betone ich, dass wir hierher kommen, um in Indien und von den Indern zu lernen. Nach dem Gottesdienst ist vor dem Gottesdienst: Um 10 Uhr ist die Kirche voll mit Kindern und Jugendlichen, die Erwachsenen, vor allem Eltern, feiern nebenan parallel Messe. Alles voll. Alle in sehr gesammelter Stille.

Unser Gespräch an diesem Morgen kreist um die Frage, was wir in diesen bisher vergangenen Tagen haben lernen können. Deutlich kommt für mich heraus, dass es bei den KCG eben nicht um eine geistliche Kleingruppenstruktur geht, sondern um eine Gestalt lokaler Kirche – Kirche im Quartier –, die unterschiedliche Intensitätsstufen kennt und entscheidend gelenkt wird von den Animatoren. Um diese Animatoren kreist auch das Gespräch, aber eben auch um jene Strategie des Anfangs, die für uns so wichtig ist.

Uns wird aber auch deutlich, wie sehr sich, auch was Kirche angeht, die Verhältnisse in Indien von denen in Deutschland und auch der Schweiz, unterscheiden. Hier in Indien gibt es eben auch noch ein starkes traditionelles katholisches Milieu, und entsprechend sind die Dienste der KCG auf die Entwicklung dieser Milieus gerichtet – das wird bei uns anders sein. Bei uns wird wohl auch anders sein, dass es eben nicht mehr nur um Katholiken geht, sondern auch um Menschen auf der Suche.

An diesem Abend fahren wir zum dritten Ort einer KCG, in den zweitgrößten Slum Asiens, in dem etwa 80 000 Menschen leben. Inmitten dieser Armut zwischen Hindus, Muslimen und Christen leben etwa 800 katholische Familien in 18 KCG. Wir begegnen Father Richard und seinem jungen Kaplan in der Kirche, die mitten im Slum liegt. Die Sonntagabendmesse ist gerade zu Ende, eine weitere steht bevor. Wir gehen aufs Dach des Gemeindezentrums. Dabei erfahren wir, dass dieses Gemeindezentrum tagsüber eine Schule, mehrere Schulen ist, gefüllt von vielen Kindern aus den Slums. Vom Dach aus sehen wir auf diesen Slum. Father Richard erzählt von der Kriminalität, die dort herrscht, aber auch von der Liebe so vieler dort – und von seinem Weg: Er wollte und will mit den Armen sein und hat sich dort eine wichtige Position erarbeitet.

Mit vier der Slum-Bewohner machen wir uns auf den Weg durch den Slum, um einige katholische Familien zu besuchen. Das ist nur möglich mit diesen Begleitern und auch nur deswegen, weil der lokale Slumboss gesehen hat, dass wir Father Richards Gäste sind – und er schätzt die Schule. Durch unendlich enge Gänge gehen wir durch diese »Stadt« in der Stadt: Geschäfte und kleine Handwerksbetriebe, aber vor allem Wohnungen, engste Wohnungen, kleiner als mein Badezimmer.

Wir besuchen eine KCG in einem anderen Teil des Slums und treten in einen kleinen Raum, der mit zwanzig Personen gefüllt ist. Frohe Atmosphäre, tiefe Begegnung, gegenseitige Neugier. Es ist eine große Freude, die vielen wachen Menschen zu sehen, ihre Fragen und unsere Fragen kreuzen sich. In den KCG von Father Richard gibt es immer nur ein kurzes BibelTeilen, die ersten drei Schritte, und dann bespricht er mit ihnen – in allen 18 KCG – ein Thema. So geschieht hier einmal im Monat Bildung und so viel Solidarität. Sie wissen eben umeinander und sie tragen einander. Leuchtende Blicke am Ende, aber wir müssen schnell weiter, zur nächsten Gruppe, die schon seit 1 ½ Stunden auf uns wartet.

Auch dort: Freude, Einfachheit, Staunen über unser Kommen. Gespräche – »Kommt wieder«. Wir kehren zurück zu Father Richard, der uns bei sich zum Abendessen eingeladen hat. Wir teilen noch viele Erfahrungen, und ich spüre vor allem dem Wunsch, mit ihm im Kontakt zu bleiben.

Vielleicht wäre es ja ein Weg, mit den Seminaristen ein dreimonatiges Weltkirchepraktikum zu organisieren, von dem sie einen Monat hier in Mumbai verbringen und sich dann in das Thema KCG vertiefen. Vielleicht.

Wir kehren zurück, tief berührt und beeindruckt von der Kirche, die wir erlebt haben. Und mit der Gewissheit, dass Kleine Christliche Gemeinschaften wirklich gerade auch in dieser Situation ein optimaler Weg zur gelebten diakonischen Solidarität sind.

4. Eine Mystik für das Volk Gottes

Wir sind am Ende des BibelTeilens. Und wieder bin ich sehr tief berührt. Und plötzlich geht mir ein Wort aus dem Johannesevangelium nicht mehr aus dem Sinn: »Das Wort ist Fleisch geworden und hat unter uns gezeltet. Und wir haben seine Herrlichkeit gesehen ...« *(Joh 1,14).*
Genau das, so empfinde ich, habe ich erlebt. Und ich frage mich, ob nicht der Evangelist genau dies beschreiben wollte: Auch wenn der Logoshymnus das Geheimnis der Inkarnation der Liebe und unsere Verwandlung beschreibt, dann kann doch der Apostel nicht nur ein Geschehen beschreiben, was sich ereignet hat – sondern er formuliert aus der überwältigenden Erfahrung, dass diese Wirklichkeit der Gegenwart des Logos sich heute unter uns ereignet und wirklich geworden ist. Aus dieser Präsenz heraus »sieht« er die Herrlichkeit Gottes.

Ja, genau, das ist das BibelTeilen für mich geworden: auf eine einfache und geordnete Weise eintreten in die Gegenwart Gottes und darin zugleich erfahren können, dass eine Gemeinschaft wächst, die aus seiner Gegenwart lebt.

Und ich staune: Dieser Weg ist einfach, zugänglich für viele – eine neue Frömmigkeit des Volkes Gottes, die Menschen aller Rassen und Sprachen, jedweden Bildungsstandes und Alters in die Gemeinschaft des dreifaltigen Gottes hineinnimmt. Faszinierend.

Doch lange Zeit habe ich das so nicht erkannt. Das BibelTeilen war und ist bekannt. Zu bekannt geradezu. Denn die Bekanntheit dieser Weise des Umgangs mit der Schrift führt dazu, dass ein näherer Blick oft ausfällt. Es bleiben die Urteile. Sie sind zumeist verknüpft mit ersten Erfahrungen und Einschätzungen, die aus dem Vergleich mit anderen Umgangsformen mit der Schrift kommen. Sie sind zuweilen gelenkt durch eine etwas überhebliche Betrachtung dieses Ansatzes: Er kommt eben aus der Missionskirche, er ist eben für einfache Menschen gedacht, er ist deswegen für wissenschaftlich vorgeprägte Bibelkenner zu »leichtgewichtig« und nimmt die Ergebnisse der historisch-kritischen Exegese nicht ernst. Er führt letztlich ungeschulte Christinnen und Christen in die Gefahr der Häresie – wer weiß, was in nicht von Fachleuten geleiteten Gruppen dabei herauskommt.

So ganz von der Hand zu weisen sind diese Einwürfe nicht, wenn deren Voraussetzungen stimmen würden. Aber das stimmt so nicht, denn: das BibelTeilen ist keine Methode der Bibelarbeit, es will nicht die historisch-kritische Bibelexegese in Frage stellen oder ersetzen, es ist nur scheinbar eine unscheinbare und formale Methode der sieben Schritte ... Aber was ist BibelTeilen dann?

— *Eine praktisch gewendete Theologie des Wortes Gottes* —

Auf dem Symposion über Kleine Christliche Gemeinschaften im November 2008 höre ich wie gebannt zu. Ralf Huning, Bibelwissenschaftler aus St. Augustin, legt eine spannende Analyse der eben zu Ende gegangenen Bischofssynode über das »Wort Gottes« vor[11]. Es gibt, so Huning, drei verschiedene Ebenen, auf denen das Wort Gottes im Leben der Kirche eintritt: Zum einen ist das Wort Gottes das zu verkündende Wort in der Liturgie – denn in erster Linie ist das Wort eingebettet in die Liturgie der Kirche, ist kirchliches Wort und wird hier geschützt und gefeiert, und vor allem kirchlich verkündet und ausgelegt. Das Wort Gottes ist aber auch das geschichtlich gewachsenes Wort, das im Nachdenken der Theologen ausgelegt und erforscht wird. Exegese in ihren vielfältigen Formen und Methoden wird aber immer eine Sache von Experten bleiben, gleichwohl notwendig, um Fehlauslegungen zu vermeiden und um tiefer einzudringen in das Verstehen des Wortes Gottes. Aber es gibt eben auch jene dritte Weise der Auslegung des Wortes Gottes: Das Volk Gottes liest das Wort Gottes existenziell und wird durch dieses Wort verwandelt und erneuert. Diese drei verschiedenen »theologischen Orte« des Wortes Gottes stehen in einem Wechselverhältnis zueinander und befruchten sich gegenseitig. Doch sie ersetzen sich nicht, sondern bilden synchron unterschiedliche Ebenen des Verstehens dieses Wortes, die aufeinander angewiesen sind.

Dabei ist entscheidend, dass das unmittelbare und existenzielle Hören des Wortes Gottes von den beiden anderen Instanzen ermöglicht und geschützt wird. Genau das war ja die Absicht des Konzils, den existenziellen Zugang zum Wort Gottes für das Volk Gottes neu zu erschließen. Letztlich ist das ja das Ziel: dass Menschen unter dem Wort Gottes verwandelt werden.

— *Eine mystische Erfahrung ... für alle* —

Göttingen, im Juni 2008. Zum dritten Mal sind wir mit einer Gruppe von Interessierten zusammen, um den Weg zu bahnen für die Bildung Kleiner Christlicher Gemeinschaften im ländlichen Umfeld einer Pfarrei. Alle freuen sich, dass heute wieder BibelTeilen stattfindet. Wir – ein kleines Team – leiten durch das BibelTeilen. Es sind dieselben Schritte wie auch das vergangene Mal – aber es ist nicht dasselbe. Es ist, als ob die Worte der Schrift nicht zum Klingen kommen. Sie bleiben wie »dumpf« und leer. Alles wirkt »künstlich«. Aber vielleicht spüren nur wir das? Natürlich werden die Schritte ganz regelgerecht durchgeführt. Aber man hat den Eindruck: »man macht es halt so«.

Nach dem BibelTeilen eine kurze Pause. Wir beschließen, diese Erfahrung mit allen zur Sprache zu bringen. Es ist ein besonderer Moment: »Ich habe mich heute so sehr auf das BibelTeilen gefreut. Die vergangenen Male habe ich immer erfahren, was für eine Kraft und was für ein Licht das für mich bedeutet ... aber heute ist es irgendwie anders. Warum?« Nicht nur eine Beteiligte äußert sich so.

Um die Wahrheit zu sagen: Wir sind über diese Reaktion unheimlich froh. Denn sie zeigt deutlich, dass die Menschen hier in Göttingen wirklich erfahren haben, worum es eigentlich geht – und es vermissen. Dort, wo das BibelTeilen wirklich gefeiert, erlebt und gelebt wird, führt es ein in eine Erfahrung der Gegenwart des Auferstandenen, in der wirklich der Geist Gottes Menschen berührt und verwandelt. Und diese Erfahrung beglückt zutiefst und macht Menschen sehnsuchtsvoll nach einer immer tieferen Einführung in das Geheimnis der Begegnung mit Gott.

Mir kommt in den Sinn, dass in dieser praktisch und existenziell gewendeten Theologie des Wortes Gottes die Frucht des Umgangs mit der Schrift eine wirkliche tiefe Erfahrung der göttlichen Gegenwart ist – eine einfache Mystik für alle.

— *Der Start: Verehrung des Wortes Gottes* —

Beim Sprung auf den asiatischen Kontinent, so ist in der materialreichen Dissertation von Klaus Vellguth nachzulesen, kam es zu einer ersten Inkulturation des BibelTeilens im asiatischen Kontinent. Bevor nämlich das BibelTeilen mit seinen sieben Schritten begann, wurde das Evangelium in die Mitte der Versammlung getragen, eine Kerze entzündet, ein Lied gesungen – und eine Geste der Verehrung des Wortes gefeiert: eine gemeinsame Verbeugung, ein Berühren des Evangeliars mit den Händen, eine Einzelverneigung ...

Zum ersten Mal habe ich das in der Fortbildung mit Wendy Louis aus Singapur erlebt, später bei Father Thomas Vijay – und wir haben es schnell übernommen. Es setzt einen wichtigen Akzent voller theologischer und ekklesiologischer Implikationen. Denn es geht nicht um einen Ritus, es geht um eine mystagogische Zeichenhandlung, die von vornherein einen wichtigen, ja wesentlichen Akzent des BibelTeilens verdeutlicht. Es geht beim BibelTeilen nicht darum, sich mit der Bibel und ihren Inhalten zu beschäftigen, es geht nicht um einen spirituellen Kreis, der sich das Evangelium des kommenden Sonntag vornimmt, um den Text tiefer zu verstehen und zu begreifen, sondern es geht um eine Einwilligung in einen Subjektwechsel. Es ist Christus, der uns versammelt um sein Wort, seine Gegenwart verehren wir, wir wollen uns unter sein Wort stellen und auf ihn hören.

Diese Christuszentrierung ist – wie schon angedeutet – mehr als ein äußeres Zeichen. BibelTeilen lebt von der Gegenwart des Auferstandenen, der durch sein Wort spricht. Dieses Sprechen ist zugleich Ekklesiogenesis – »Kirche«, Gemeinschaft der Glaubenden wird zuallererst durch sein Sprechen »gezeugt«.

Damit ist viel über den Charakter der BibelTeilens gesagt: Christuszentrierung steht zunächst in einem starken Kontrast zur Gemeinschaftszentrierung, die wir häufig in unserer binnenkirchlich fixierten Situation vorfinden und die auch gesellschaftlich in Zeiten vereinsamender Individuen verlockend ist.»Vergemeinschaftung« und »Sehnsucht nach Gemeinschaft« heißen dann die Stichworte einer auf diesem Hintergrund übernommenen Communiotheologie.

Gerade diese Gemeinschaftszentrierung aber, die in unseren Gruppen und Gemeinschaften häufig zu einer gruppendynamischen Überakzentuierung führt und zu einer Binnenkultur, die geradezu hermetisch zu nennen ist, soll hier zurückgestellt werden. Es geht beim BibelTeilen nicht zuerst und vor allem um Gemeinschaft, sondern um Seine Gegenwart.

Seine Gegenwart,»die uns den Sinn der Schrift erschließt« *(Lk 24, ...)* ist schaffende Gegenwart. Sie zeugt eine Gemeinschaft der Hörenden, eben Kirche. Gleichzeitig sagt diese Symbolhandlung aber auch Entscheidendes über die Haltung derer aus, die sich zum Bibel-Teilen versammeln. Nicht der Erhalt und die Fortschreibung ihrer Gemeinschaftserfahrung stehen im Vordergrund, auch nicht die Einsammlung wichtiger Lebens- und Glaubenserfahrungen, auch nicht das Wiedersehen mit mir lieben Menschen – Schwestern und Brüdern, sondern Lob und Dank, Ehrfurcht und Demut vor Gott, der in Christus und seinem Wort gegenwärtig ist. Was jetzt geschehen soll, ist nicht ein einfaches Hinhören, es ist viel mehr. Es ist – biblisch gesprochen – so etwas wie die Verkündigungsszene, die sich vergegenwärtigt: der sprechende Gott ist der schaffende und zeugende Gott und er setzt – wie bei Maria – eine grundlegende und zweifellos gnadenhafte Bereitschaft zur Annahme voraus, die weit über das Verstehen hinaus eine neue Wirklichkeit in mir und so auch unter uns schaffen soll.

— *Schule des Betens* —

»Eines Tages« – so berichtete uns Thomas Vijay – »kam ich auf den Philippinen in eine Kleine Christliche Gemeinschaft. Ich wunderte

mich, dass am Anfang kein Gebet stand, aber als wir am Ende angekommen waren, fragte ich: ›Wieso hat heute niemand gebetet?‹ Die
Antwort hat mich verblüfft: ›Der, der sonst immer betet, ist heute
krank‹«. Alle Teilnehmer am Workshop in Osnabrück grinsten – und
das weist auf eine Erfahrung, die wir auch kennen und oft machen
können. Es gibt, nicht nur in Deutschland, sondern überall, eine weit
verbreitete Scheu, offen und frei zu beten. Ganz im Unterschied dazu
sind Erfahrungen in evangelischen und evangelikalen Freikirchen. Hier
ist zu beobachten, dass in sehr unterschiedlicher Weise das freie Beten
vor einem Vortrag, vor jedweder Aktivität, selbstverständlich dazugehört. Natürlich gibt es in unserer Kirchentradition liegende Gründe für
unsere Scheu zum freien Gebet. Sie verweist auf eine Schwäche und
Grenze unseres persönlichen Betens, wie anhand eines Bonmots sehr
deutlich gemacht werden kann: »Früher habe ich«, so die alte Frau
zum Pfarrer, »immer gebetet, jetzt spreche ich persönlich mit Gott«.

Es gehört schon seit einiger Zeit zu den pastoralen Desiderata,
dass Christen unserer Kirchen neu beten lernen. Kleine Christliche
Gemeinschaften bieten sich dabei – so meine Erfahrung – geradezu
dazu an.

Auch unsere Erfahrungen in den ersten Workshops mit Thomas
Vijay zeigten, dass bei diesem ersten Schritt des BibelTeilens nur
wenige ein kurzes freies Gebet formulierten, und Thomas Vijay er-
zählte uns, dass er in einer ähnlichen Situation einen kleinen Jungen
herbeigerufen habe. Er sagte zu ihm: »Was würdest du sagen, wenn
Christus vor der Tür stände, und du würdest ihn einladen wollen?«
Der kleine Junge antwortete: »Komm rein, sei unser Gast, nimm
Platz, wir hören auf dich«. Um solche Gebete geht es beim ersten
Schritt des BibelTeilens.

Solche einfachen Gebete sind eine ausgezeichnete Weise des
Betenlernens. Sie nehmen zum einen die Grundsituation des
Betenden wahr und reflektieren sie: Der auferstandene Herr ist
schon anwesend, er ist ganz in der Nähe – ich brauche ihn »nur« zu
begrüßen und einzuladen.

Gleichzeitig ist diese Form des Betens eine erste Weise, sich
als Kirche zu artikulieren: Jede und jeder betet ein kurzes Wort

im Angesicht der Gegenwart des Herrn – und das verändert, wie schon in der einleitenden Symbolhandlung, sofort die Situation der Menschen, die BibelTeilen wollen. Sie wissen nämlich spätestens jetzt, wo sie sind und was an ihnen geschehen soll – denn sie sprechen es aus.

Damit wird deutlich, dass es hier um keine Arbeitssitzung, nicht um eine Gruppenarbeit zur Bibel, aber auch nicht um eine persönliche spirituelle Stunde geht, sondern um eine Begegnung mit dem lebendigen Gott, der uns durch sein Wort neu schafft, umgestaltet – uns und unser Leben. Durch das begrüßende Beten ist also der Ort bereitet und die Situation vorgestellt: Christus unter uns ist anwesend und will zu uns sprechen.

Ganz oft, so meine Erfahrung, verändert die Verehrung des Wortes Gottes wie das anfängliche Beten aller die Atmosphäre im Raum. Gemeinsam werden wir in die wirkliche und so auch spürbare Gegenwart des Auferstandenen gebracht, und gemeinsam erkennen wir den Grund des Zusammenseins und die spezifische Qualität des BibelTeilens. Es geht nicht um eine wissenschaftliche oder exegetische Betrachtung und Diskussion, sondern – noch einmal – um ein göttliches Sprechen und also Handeln an uns.

— *Das Wort hören* —

BibelTeilen lebt aus dem Hören des Wortes. Auch wenn jede und jeder in der Runde möglichst eine eigene Bibel haben sollte, die entsprechend aufgeschlagen ist, bleibt der entscheidende erste Impuls der Annäherung an die Heilige Schrift das Hören. In der Tat soll die Stelle zweimal verlesen werden. Dies hat vielfältige Hintergründe. Zum einen ist das Lesen der Schrift im Kontext des BibelTeilens vergleichbar mit der Verkündigung des Wortes in der Liturgia Verbi: Der Lektor oder die Lektorin verkündet nicht eigene Worte, sondern es ist der Herr, der durch sie sprechen will. Der Verkünder des Wortes steht also im Dienst des lebendigen Gottes, der durch den Verkünder spricht, gewissermaßen seine oder ihre Stimme leiht.

Dieser Dienst am Wort ist wichtig – entscheidend aber ist beim BibelTeilen, dass jeder der Beteiligten das Wort des Herrn hören kann, auch der, der beim ersten Mal gelesen hat. Denn in diesem einfachen *(zweiten)* Schritt des BibelTeilens geschieht Ansprache des Herrn: Gott will sprechen durch sein Wort, und er will zu jedem Einzelnen sprechen. Die Haltung des Hörens ist nicht nur eine biologisch-akustische des Öffnens der Ohren und des Verstandes, sondern sie reicht tiefer: Die gesamte Existenz öffnet sich dem Wort, das gelebte Leben des Einzelnen öffnet sich dem Wort, hält sich ihm hin und wird so erstmals oder wieder »glaubende Existenz«: fides ex auditu. Das Hören des Wortes ist ein Glauben schaffender Akt – das Wort kommt in unsere Existenz und nimmt Raum in ihr ein.

Ein kurzer Blick zurück lässt erkennen, dass in der verborgenen Einfachheit des BibelTeilens ein komplexes theologisches Geschehen initiiert wird: Gottes Gegenwart in Jesus Christus wird angenommen in Verehrung und Gebet, um ihn dann als Handelnden in seinem Wort anzunehmen: Er handelt an uns, indem er zu uns spricht.

— *Sich ansprechen lassen* —

Er spricht in uns hinein. Und wir hören seine Stimme. Dieser kommende Schritt des BibelTeilens macht wiederum die ekklesiologische Dichte des Weges des Wortes Gottes deutlich. Was Gott in Jesus Christus durch sein Wort zu einem jeden sagt, wird nun verlautbart. Das Echo des Wortes erklingt. Aus der Perspektive des Einzelnen ist es so, dass ein Satz, ein Wort, ein Abschnitt eines Satzes in unserem Inneren Resonanz findet. Dieses Wort will Gott in unser Leben hineinsagen, in unsere ganz persönliche Lebenssituation, mit all dem, was uns bewegt in unserem Alltag. Die Gründe, weswegen gerade dieses Wort jemanden anspricht, sind nicht exegetisch objektivierbar, sondern hier will das Wort Fleisch werden, in unserem Leben.

Der Teilnehmende spricht dieses Wort dreimal langsam aus. Es geht darum, dass – auch wenn er es selbst noch nicht ganz durchreflektiert und verstanden hat – dieses Wort noch tiefer in sein Leben einsinken kann. Gleichzeitig aber geschieht diese ganz persönliche Begegnung mit dem Wort in einer Gemeinschaft von Menschen, in der jede und jeder dieselbe Schriftstelle vernommen hat. Wenn nun jede und jeder dieses sein Angesprochensein durch die laute Wiederholung vertieft, dann hat das auch Auswirkungen auf das Gesamt. Hier geschieht mehr als eine Verlautbarung vieler einzelner Sätze. Zum einen wird oft deutlich, dass die verschiedenen Schriftstellen miteinander einer Zusammenhang bilden können, gewissermaßen ein Gespräch beginnen unter den Teilnehmenden, und die Worte Gottes sich einander mitteilen. Und es kann gut sein, dass das Wort, das einen Teilnehmer angerührt hat, für einen anderen bestimmt ist. In dieser Weise wird schon deutlich, dass hier ein Prozess der Gemeinschaftsbildung durch das Wort geschieht – das Wort schafft sich einen Leib in mir, aber auch in uns, indem es Resonanz findet und damit auch fassbar wird.

Das hier ganz einfach sich vollziehende Geschehen ist in der Tat so etwas wie eine anfängliche Ekklesiogenesis, bei der das Wort sich einen Leib schafft.

— *Miteinander schweigen* —

In der nun folgenden Phase des Schweigens geschieht ein intensiver Dialog, eine Begegnung mit Christus im Wort. Hier ist der persönlichste Moment des BibelTeilens. Gleichzeitig erhält dieser Moment seinen Schutz und Raum durch das gemeinschaftliche Schweigen. Es wird noch im Folgenden deutlich werden, dass dieser Schutz des Einzelnen und der individuellen Christusverbundenheit gerade in einer Zeit der Notwendigkeit persönlicher Glaubenssuche wichtig ist und durch Gemeinschaftsbildung eben nicht aufgehoben, sondern gefördert werden will. Schon zu Beginn unserer Reflexionen zum BibelTeilen war ja klar geworden, dass nicht die Gemeinschaft im Mittelpunkt steht und ihre Bereicherung, sondern Christus und die persönliche Begegnung mit ihm zum Geschenk und zur Entstehung der Gemeinschaft führt.

Was sich im Schweigen ereignet, bleibt persönlich und muss nicht mitgeteilt werden. Dennoch geschieht in dieser Stille mehr als die persönliche Christusbegegnung im Wort. Die Kommunion mit dem Wort – ähnlich wie bei der Eucharistie – fügt die Einzelnen in Christus ein und gestaltet sie zu einem Leib. Das Wort wird Leib in uns, und während die Innenseite die Begegnung im Wort ist, ist seine Außenseite die Gemeinschaft im Wort.

— *Einander mitteilen* —

In dieser »Gemeinschaft im Wort« *(G. Steins)* geschieht nun auch zwischen den Gliedern dieses Leibes Austausch. Nicht ein allgemeines Gespräch oder ein Austausch über Lebenserfahrungen ist gemeint, auch wenn diese natürlich mitschwingen werden. Es geht vielmehr darum, einander Anteil zu geben an den Worten, die in uns Resonanz und Wiederhall gefunden haben. Das geschieht freiwillig und in einer fast unerwarteten Einfachheit.

Leibgewordenes Wort wird kommuniziert. »Jesus ging in ein Dorf«, das hatte ein Inder beim BibelTeilen angesprochen. Und jetzt, im fünften Schritt des BibelTeilens, erklärte er warum: »Niemand kommt je in unser Dorf. Es ist viel zu abgelegen. Als ich jetzt davon las, dass Christus in ein Dorf ging, da dachte ich: Also sind wir doch nicht verlassen, Jesus kommt in unser Dorf ...«

Solche Kommunikation – das ist wohl deutlich – verbietet Kommentare und Stellungnahmen. Denn hier werden gehobene Schätze verteilt, zum Reichtum aller. Es geht hier auch nicht darum, ob etwas exegetisch oder theologisch richtig ist *(Ausnahmen bestätigen die Regel)* – es geht um die persönliche Mitteilung dessen, was jemand vom Wort Gottes in sich angenommen hat, was in ihm Fleisch werden konnte und wie.

Gelingt dieser wechselseitige Austausch, wird die Gemeinschaft im Wort gestärkt. Es wird »anfassbar«, was Christus in mir und zwischen uns gewirkt hat. Indem es ausgesprochen wird, erhält es höheres Gewicht für mich selbst, es dient aber auch dem Aufbau des

Leibes Christi. Es ist so etwas wie die prophetische Rede, die Zeugnis von der Gegenwart Christi in der Mitte der Seinen ablegt. Es ist und bleibt eine Gemeinschaft im Wort: Christus ist und bleibt das Subjekt. Es lässt sich sehr leicht erkennen – und muss auch vom Leiter angesprochen werden – wenn Einzelne in der Gemeinschaft andere belehren wollen, predigen oder sogar anderen Hinweise für ihren Lebensstil geben wollen. Wenn solche Gruppendynamik droht, droht auch sofort die Atmosphäre umzukippen. Die großartige Freiheit seiner Gegenwart versinkt in der Taktik und Strategie einer Gruppe, die wortfremde Angelegenheiten spirituell verdecken will. Von daher wird noch einmal deutlich: Bestehende Gruppen, die ein in sich geschlossenes Binnenleben haben, werden sich schwertun, miteinander eine Gemeinschaft im Wort zu werden: die Kultur der Kommunikation und der gemeinschaftliche Rahmen ist ein anderer.

Im Zusammenhang mit den ersten Versuchen des BibelTeilens hoben Teilnehmer hervor, welchen großen Wert es für sie hat, dass sie ohne Kommentare ihre Gedanken äußern konnten. Gerade auch die formal wirkende Durchführung der sieben Schritte ermöglicht eine als erholsam empfundene Distanz, eben nicht jene spirituelle Vereinnahmung, die häufig geschieht. Gleichzeitig aber war die Gegenwart des Auferstandenen unter den Teilnehmern für alle deutlich erfahrbar, ohne jedoch deswegen eine bindende Gemeinschaft miteinander eingehen zu müssen.

In der Tat: Die Verbindlichkeit der Gemeinschaft besteht in der Verbindlichkeit des gemeinsames Hörens auf Sein Wort und ist je neu für alle zugänglich, die sich auf dieses Hören einlassen wollen. Und diese Sehnsucht und also dieser Ruf Christi führt Menschen zum Hören des Wortes. Und er ist es, der dann in diesem Hören Gemeinschaft – seine Ekklesia – zeugt.

— *Als Leib handeln* —

Schaut man auf die Rezeptionsgeschichte des BibelTeilens, so wurde spätestens an dieser Stelle das BibelTeilen unterbrochen. Das gemeinsame diakonische Handeln, so konnte man hören, mag in Afrika und in Asien und in minderentwickelten Gebieten leichter möglich sein, hier bei uns in entwickelten Gesellschaften geht es so nicht.

Der Versuch einer »Inkulturation« bestand nun darin, dass man die Teilnehmer einlud, ein »Motto« oder ein »Wort des Lebens« mit in den Alltag zu nehmen, dass dann – beim erneuten Wiedersehen – noch einmal in den Austausch hineingenommen würde. Bei den Workshops mit den asiatischen Experten fragten wir noch einmal nach.

Zum einen, so sagte uns Wendy Louis, fände gar kein Austausch am Anfang jeder Begegnung statt, da die Menschen ja ohnehin meist Alltagskontakt hätten – als »neighbourhood«. Zum anderen könne beim BibelTeilen eine Reihe von Schritten ausgelassen werden, niemals aber der sechste Schritt.

Warum ist aber der sechste Schritt so bedeutsam? In diesem Schritt verdichtet sich die Frucht der Kirchewerdung durch das Wort, in diesem Schritt verbirgt sich die Sendung des Kircheseins, ihr »Dasein für andere«.

Genau an dieser Erkenntnis wird der Unterschied zwischen kleinen geistlichen Gemeinschaften, die sich aus spirituellen Bedürfnissen oder auch einem Charisma heraus gesammelt haben, und Kleinen Christlichen Gemeinschaften erkennbar. In den kleinen geistlichen Gemeinschaften geht es zumeist darum, dass durch das Hören auf das Wort, durch das gemeinsame Beten, durch das Singen die Gemeinschaft und vor allem auch der Einzelne neue Kraft für seinen Weg als Christ bekommt. Hier handelt es sich im wahrsten Sinne um »Selbsthilfegruppen im Glauben«, die einem Christen neue Kraft geben, seine Sendung in Kirche und Welt wahrzunehmen. Insofern ist es stimmig für solche Gruppen, sich am Anfang der Treffen des Weges der Einzelnen zu versichern, um dann am Ende einen Impuls für den Weg mitzubekommen.

Die Logik einer Kleinen Christlichen Gemeinschaft ist anders: Sie versteht sich nicht zuerst als eine Selbsthilfegruppe im Glauben, sondern als ecclesiola, als eine »Kirche im Kleinen«, die ortsnah und anfassbar die Gegenwart des Auferstandenen in der Mitte der Seinen bezeugt. Zu ihrem Kirchesein aber gehört ihre Sendung, ihr Handeln als Leib Christi.

Die Schwierigkeit im Verstehen des sechsten Schrittes lag und liegt aber auch darin, wie nun konkret dieser sechste Schritt umgesetzt werden kann. Es geht ja darum, sich zu fragen, welche Aufgabe sich den Christen der KCG stellt. Aber wie geht das praktisch? Soll etwa der Text noch einmal neu auf Handlungsoptionen untersucht werden? Das hat sich bei vielen Perikopen als schwierig herausgestellt – und führte zu einem künstlichen »Abmelken« *(Dieter Tewes)* der Texte auf das Tun.

Umso frappierender war es, die einfachen Geschichten zu hören, die uns aus Indien erzählt wurden. Es lag gewissermaßen auf der Hand, was zu tun war. Woran lag das und woran fehlte es bei uns?

Zum einen spielten die Geschichten um Hunger und Nahrung, Krankheit und politisches Engagement immer im Nahbereich der Menschen, die sich zum BibelTeilen versammelten. Damit wurde noch einmal Stärke und Grenze der Kleinen Christlichen Gemeinschaft deutlich. Das Leben der Menschen – und auch das, was sich an Herausforderungen ergibt – spielt sich, auch in Deutschland, zunächst einmal im Nahbereich und im Beziehungsraum ab. Somit bekommt die noch zu erörternde Dimension der »Nachbarschaft« nicht nur im Hinblick auf den Einzugsbereich der Teilnehmer Gewicht, sondern auch im Blick auf die Sendung und damit die missionarischen Vollzüge: Umgang mit Krankheit, Begleitung von alten Menschen, mikropolitische Herausforderungen, Katechumenat und schließlich auch der Beerdigungsdienst erhalten im Nahraum eine persönliche Dimension und sind auch machbar.

Natürlich scheint sich dies kaum zu unterscheiden von der häufig selbstverständlich praktizierten Nachbarschaftshilfe, doch auf einen wesentlichen Unterschied ist hinzuweisen: In der Logik unseres Kircheseins heute sind sowohl die Probleme wie die Nachbarschaftshilfe privatisiert und letztlich anonymisiert. Wer hilft, steht auf Dauer allein da und kann die ihn angehenden Anfragen gar nicht alleine meistern. Wer ein Problem hat, wird sich in der kirchlichen Anonymität unserer Tage zunächst an eine Institution wenden.

Die Kleine Christliche Gemeinschaft hingegen vermag die Hilfeleistung in einen kirchlichen Rahmen – eben der »Kirche im

Kleinen« – zu stellen. So schützt sie den Einzelnen vor Überlastung. Zum anderen vermag eine Nachbarschaftskirche die nahe Not auch deutlicher wahrzunehmen und entsprechend zu handeln. Das hebt Caritaskreise der Pfarrgemeinde und andere spezielle Initiativen nicht auf, macht aber deutlich, dass es durch die Kleinen Christlichen Gemeinschaften zu einer subsidiären und differenzierten Wahrnehmung der Hilfeleistung kommen kann.

Was geschieht also im sechsten Schritt? Wichtig ist es, den abgelaufenen Prozess im Auge zu behalten. Der Weg des Wortes führte dazu, dass sich ein Leib – die Kirche im Kleinen – bildete. So ist es nun diese »ecclesiola«, die mit den Augen und den Erfahrungen ihrer Mitglieder, aber immer als Leib, auf das Umfeld schaut, Not wahrnimmt und in einem gemeinsamen Prozess der Unterscheidung der Geister die Möglichkeiten des Handelns sondiert. Es ist ein geistlicher Prozess und damit eine erste Herausforderung des Kircheseins: es geht nicht darum, möglichst viel zu tun und zu erledigen, sondern gemeinsam zu erkennen, was heute zu tun ist.

Alle sind zu hören, Einmütigkeit ist anzustreben. Ich empfinde diesen sechsten Schritt als Exerzitium gemeinschaftlicher Spiritualität des Kircheseins, als ihr Selbstvollzug und ihre Sendung. Dieser Schritt ist vor allem für den Leiter einer Kleinen Christlichen Gemeinschaft sehr anspruchsvoll, mithin aber auch für alle Teilnehmenden, denn wann je hätten wir gelernt, auf den Geist hörend diakonisch und praktisch zu handeln?

— Das gemeinsame Priestertum vollziehen —

Das BibelTeilen schließt mit dem siebten Schritt ab. Alle Teilnehmenden sind nun eingeladen, im Gebet vor Gott zu bringen, was ihnen durch das Herz gegangen ist. Hier sind einfache Dankgebete denkbar, wie aber auch fürbittendes Gebet.

Es ist natürlich klar, dass sich diese zweite Gebetsschule von der ersten in Intensität unterscheidet. Es ist nicht mehr das einladende Gebet zum Anfang, es ist vielmehr das Gebet des Leibes Christi für die Welt, insofern also Vollzug und Weiterführung der Sendung der Kirche. So wie im allgemeinen Gebet in der Eucharistiefeier kann nun die Welt, die Kirche, können die einzelnen Menschen vor Gott gebracht werden. In der Gemeinschaft des Wortes, die durch den sechsten Schritt über sich hinaus die Welt in den Blick genommen hat, wird dies nicht zu schwierig sein. Es ist zweifellos aber einzuüben und verständlich zu machen, worum es hier geht.

Häufig schließt das BibelTeilen mit einem gemeinsamen Gebet und einem Gesang. Am Ende kann – wie schon am Anfang – die abschließende Verehrung des Wortes Gottes stehen.

Ist BibelTeilen also eine Liturgie? Sehr oft wird die Frage bejaht. Und in der Tat ähnelt der Vollzug des BibelTeilens an vielen Stellen einer Liturgia Verbi und ist in der Tat von großer mystagogischer Dichte. Dennoch empfinde ich diese Qualifikation als nicht ausreichend. Der Vollzug des BibelTeilens ist ein Vollzug des Kircheseins in einer dichten existenziellen Qualität. Hier wird Kirche geboren und hier geschieht Kirchesein. Die »res« des Kircheseins, die Gegenwart des Auferstandenen, wird fassbar und erfahrbar im Vollzug des BibelTeilens.

Von daher vollzieht sich beim BibelTeilen Kirchesein in allen seinen Grundvollzügen: nicht nur in der Liturgie, sondern auch in Verkündigung und Diakonie. Das BibelTeilen erweist sich so als innerer Vollzug des Kircheseins, als Wesen einer Kleinen Christlichen Gemeinschaft.

Vielleicht ließe sich umgekehrt sagen, dass in der extremen Einfachheit der Selbstvollzüge des Kircheseins diese wieder neu auf ihre gründende und zielführende Perspektive sichtbar werden: Was will Liturgie denn anderes, als den gegenwärtigen Herrn und seine Gnade zu erfahren, ihn zu loben und zu preisen? Was ist Martyria anderes, als das Zeugnis des gegenwärtigen Christus zu hören und sich von ihm prägen zu lassen – und was meint Diakonie, wenn nicht das Einstimmen in das dem Menschen dienende Tun des gegenwärtigen Christus? Ist dies alles nicht nur dogmatisch korrekt gesagt und postuliert, sondern auch erlebbar, dann ereignet sich Kirche. Kirche im Kleinen.

5. Kirche bleibt im Dorf

BibelTeilen – damit fängt häufig alles an. Und damit endet auch alles recht bald. Es entstehen BibelTeil-Gruppen. Sie finden sich recht schnell – aus vielen Gemeindemitgliedern, die auf der Suche nach Vertiefung ihres Glaubens sind. Recht schnell ist es möglich, das BibelTeilen zu erlernen – die sieben Schritte werden wohl auch im Neuen Gebets- und Gesangbuch enthalten sein. Dann aber entstehen »Spirituelle Glaubensgruppen«, kleine geistliche Gruppen, die den »Hunger« nach geistlichem Leben stillen. Seit mehr als 20 Jahren entstehen solche Gruppen in Pfarrgemeinden und spiegeln so die spirituelle Sehnsucht unserer Zeit und weisen zugleich auf eine tiefgreifende Veränderung der christlichen Kultur hin. Der ererbte Glaube braucht – angesichts der radikalen gesellschaftlichen Veränderungen, der damit verbundenen Auflösung sozialisierender Milieus und der neuen Unselbstverständlichkeit des Glaubens – eine neue Struktur der »Bewahrheitung« *(Hervieu-Léger)*: Der Austausch der eigenen Glaubenserfahrungen in geschützten und vertrauten Gruppen ermöglicht es vielen Christen unserer Gemeinden, Kraft für ihren ehrenamtlichen Dienst in Kirche und Welt zu erhalten; die spirituelle Beheimatung in Bildungshäusern und die Lektüre überbordender spiritueller Literatur gehören ebenso dazu wie ein neues Interesse an Bibelarbeit und an Wallfahrten.

Und so konnte und kann auch das Das BibelTeilen in diesem spirituellen Aufbruch der geprägten Gemeindechristen eine wichtige Rolle spielen – aber eines ist auch klar: Das BibelTeilen allein führt nicht zu Kleinen Christlichen Gemeinschaften als einer neuen und anderen Weise des Kirchewerdens. Es ist eher eine Übergangsgestalt, ein Brückenteil auf dem Weg zu dieser neuen Gestalt.

Und deswegen ist es bemerkenswert, wie sehr in den vergangenen 15 Jahren – mindestens in unserem Bistum – die Zahl solcher kleiner Gruppen, die ohne große Planung auf dem Boden der Gemeinde entstehen, weiter und stetig wächst, und sie inzwischen auch eine immer höhere Akzeptanz in den Kreisen kerngemeindlichen Engagements wie auch bei den Pfarrern finden[12].

Aber genauso bemerkenswert ist die Erfahrung, dass solche Kleinen Gemeinschaften eben keine neue Kultur basiskirchlicher Gemeinschaften entfalten – sie sind »spirituelle Tiefenstruktur« gewachsener Gemeindegestalt und gewissermaßen angesiedelt zwischen »spirituellen Herzschrittmachern und strukturellen Randsiedlern« *(Medard Kehl)*.

— *Etwas ernüchternde Erfahrungen beim Aufbau Kleiner Christlicher Gemeinschaften* —

Workshops, Abende, Studientage – in den vergangenen Jahren waren wir an vielen Orten und haben immer wieder mit kleinen und großen Gruppen interessierter Gemeindemitglieder über Kleine Christliche Gemeinschaften und den dahinterstehenden Ansatz einer zukunftsorientierten Pastoral nachgedacht. Und immer haben wir auch über das BibelTeilen gesprochen und es eingeübt.

An einer Reihe von Orten sind auch Kleine Gemeinschaften entstanden. Sie teilten miteinander die Schrift, machten aber nach und nach eine Entwicklung durch, die in ihrer Ähnlichkeit zu denken gab und gibt: Wie kommt es, dass diese Gruppen – trotz aller anders lautenden Überlegungen – immer wieder am selben Punkt nicht weiterkamen? Der sechste Schritt des BibelTeilens fand selten statt – »bei uns gibt es keine Armen in der Nachbarschaft«. Es war eher schwierig, über eine kleine Glaubensgruppe hinauszukommen – es blieben immer 7–10 Personen, die sich in Privathäusern oder Gemeindehäusern versammelten, und es stellte sich mehr und mehr heraus, dass diese Gruppen eher zu klein waren, so dass sich für Außenstehende oftmals das Gefühl einstellte, dass man nicht mehr dazukommen könne. Dieses Gefühl wurde noch durch den Ort des Treffens verstärkt: Traf man sich in Gemeindehäusern, dann war die Gruppe oft nicht nachbarschaftlich orientiert, sondern eine Wahlgemeinschaft spiritueller Suchender. Traf man sich in Wohnhäusern, dann stellte sich heraus, dass dies in vielen Fällen zu privat wirkte. Im deutschsprachigen Kulturkontext kann diese private Verortung exklusiv wirken und sein. Und schließlich stellte sich auch immer mehr heraus, dass die Entwicklung einer basiskirchlichen Lebensgestalt des Kircheseins nicht ohne die Förderung und Begleitung durch das pastorale Team und am besten durch den Pfarrer wachsen kann.

— Der »genetische Visionscode« Kleiner Christlicher Gemeinschaften —

Woran lag das alles? Im gemeinsamen Nachdenken mit allen, die diesen Weg fördern wollen, wurde uns in den letzten Jahren vor allem eines deutlich: Wir, die wir diesen Weg gehen und fördern, sind selbst noch am Anfang. Wir selbst lernen erst die Weite und Tiefe dieses neuen Weges. Für mich möchte ich es so beschreiben: Ich erfahre selbst, wie es langsam, Schritt für Schritt, zu einer Neuprägung und Formung der Kategorien des Denkens und Gestaltens kommt. Das ist ein langsamer Weg einer Umkehr des Denkens, Handelns und Tuns – und bei allem Erahnen der anziehenden Perspektiven dieses Weges des Kirchewerdens, stecke ich, stecken wir selbst noch sehr in den Grundprägungen und Erfahrungen der ererbten Gestalt des Kircheseins, die wir selbst weiter fortsetzen, auch wenn wir schon neue Ahnungen haben.

Es ist ein demütigender Weg, weil er noch einmal deutlich macht, wie viel Verwandlung auf diesem Weg noch vor uns liegt. Aber es ist auch ein ermutigender Weg, denn: wir lernen wirklich. Vor allem wird dadurch aber auch deutlich, dass dieser Prozess sich zuerst und vor allem in den Visionsträgern und ihrem Erkenntniswachstum abspielen muss. Wer zunächst geschult werden muss, das sind wir ...

Darüber hinaus gibt es aber auch eine weitere Erkenntnis: Die Gruppen und Gemeinschaften, die in den vergangenen fünf Jahren entstanden sind, tragen zumeist unauslöschlich den jeweiligen »Ist-Stand« des Bewusstseinsstandes der Teilnehmer *(und ihrer »Lehrer«)* in sich, der in den Gruppen selbst, sobald sie eine Weile gelaufen sind, kaum noch veränderbar ist. Die Evolution und Lernentwicklung gehorcht der Prägung des Anfangs. Wenn dann noch die Prägung unserer Pastoralkultur nicht die Lust *(aber auch die Anstrengung)* der lernenden Weiterentwicklung und des Wachstums kennt, bleibt die Gründung einer Gruppe und Gemeinschaft der Höhepunkt der Entwicklung, und es wird in Zukunft nur noch darum gehen, diesen Ursprung zu bewahren. Was fehlt, ist die Ausrichtung auf eine eschatologische Perspektive, die zu kontinuierlichem Wachsen aufruft.

Fehlt diese visionäre Perspektive, springen wir zu kurz: wir gründen BibelTeilgruppen. Und dann unterschreiten wir die Vision der Kirchenentwicklung, die uns geschenkt ist. Und das passiert zu leicht: Wir hören bestimmte Begriffe und Konzepte, und ordnen sie ein in das, was wir schon immer gedacht hatten. Es geht aber darum, das Neue zu verstehen ...

— *»Small« ist nicht »Klein«:*
Eine Kleine Christliche Gemeinschaft ist keine Kleingruppe —

Das ist eine erste These. Seit unseren Besuchen in Indien, aber auch im Hinhören auf die Erfahrungen beim Symposion im November 2008 wurde diese Frage immer aktueller.

Eigentlich war sie es von Anfang an: Als Fritz Lobinger mit 50 Teilnehmern am Anfang seines Workshops BibelTeilen durchführen wollte, da hielt ich das für unmöglich. Aber damals dachte ich, dachten wir noch, dass dies mit dem Setting eines Workshops zu tun hatte. Aber dann machten wir selbst die Erfahrung, dass man BibelTeilen mit beliebig großen Gruppen feiern kann ... Es ist keine Methode für Kleingruppen.

Die Frage stellte sich uns auch noch aus einem tieferen Grund: Überall, wo wir Kleine Gemeinschaften aufgebaut hatten, bestanden diese aus Gruppen mit vier bis zwölf Personen, mit der Tendenz, kleiner und vertraulicher zu werden. Wir hatten einfach das Modell kleiner Gruppen, die eine vertraute Austauschrunde bilden, vor uns. Ein Modell, das von hoher Verbindlichkeit, hoher Vertraulichkeit und hoher Frequenz gekennzeichnet war: Dieses Modell ist vorgebildet in vielen charismatischen geistlichen Gemeinschaften und Bewegungen.

Doch dieses Modell hat zumindest außerhalb des charismatischen Kontextes Geistlicher Gemeinschaften ein großes Risiko: Es führt zu einer gruppendynamischen Enge und zu einer Selbstbezogenheit, die manche Gruppe schon gesprengt hat. Und es gab Teilnehmer, die ihre persönlichen Probleme immer wieder und wieder ins Zentrum stellten. Das führte dazu, dass zum einen die engagierten Teilnehmer nur noch um diese Person kreisen konnten, dass Interessierte wegblieben und Neue erst gar nicht eingeladen wurden und auch nicht kamen – das absehbare Ende der Gruppe lag nahe.

Aber haben Kleine Christliche Gemeinschaften überhaupt Mitglieder? Die Erfahrung, die wir in Indien machen konnten, stellt genau dies in Frage. Die indischen Brüder und Schwestern, aber auch die Südafrikaner denken bei »Small Christian Communities« in der Regel an 20–50 Familien *(!)*, die lokal miteinander Kirche bilden. Zu den Treffen dieser lokalen Gemeinden kommen dabei aber 10–20 Personen, die Verantwortung übernehmen für die Gemeinschaft am Ort. Nicht die Vertrautheit, sondern die Christusverbundenheit und der Wunsch, Kirche zu sein, führen zur Bildung und zur Gestaltung des Kircheseins am Ort. Und natürlich kommen nicht immer alle, und nicht immer dieselben.

An dieser Stelle wird die Perspektive »vertrauter Gemeinschaft«, die ja zweifellos ebenfalls berechtigt ist, geöffnet auf die Weite unseres Kirchenverständnisses, das nachbarschaftlich und lebensraumorientiert ist – und nicht auf Wahlgemeinschaften gründet.

— Der öffentliche Ort einer Kleinen Christlichen Gemeinschaft —

Schon seit langem diskutieren wir die Frage der Treffen in Wohnzimmern. Und schon länger wurden Probleme deutlich, die nicht tout court, aber doch in großer Breite wahrgenommen wurden: Ist nicht in unserem kulturellen Kontext das Wohnzimmer als Treffpunkt in den meisten Fällen zu privat? Und umgekehrt: Ist nicht auf der Südhalbkugel der Ort des Treffens häufig der Zwischenraum zwischen zwei Häusern?

Wir begannen zu diskutieren. »Bei mir ist das kein Problem«, sagt Michael aus Basel, »meine Frau ist Brasilianerin. Und wenn ich manchmal nach Hause komme, dann sind dort schon ganz viele. Insofern ist das für uns kein Problem, wenn sich die Kleine Christliche Gemeinschaft bei uns zu Hause trifft …«

Aber für andere kann das schon ein Problem werden. Und deswegen ergibt sich für unseren kulturellen Kontext eher eine andere Perspektive. Eine ganze Reihe von Personen geben zu bedenken, dass Wohnzimmer auch und gerade neue Personen abschrecken könnten – sie trauen sich einfach nicht in so private Räumlichkeiten. Nun ist in unserem Kulturkreis die Möglichkeit gegeben, viele halböffentliche Räume in der Nachbarschaft zu benutzen: Nachbarschafts- und Sozialzentren, Jugendzentren und Kindergärten, Sozialstationen – es gibt eine Kategorie von Räumlichkeiten, die gerade im Bereich der sozialraumorientierten Gemeinschaften zur Verfügung stehen. Gerade weil die Kleinen Christlichen Gemeinschaften ja offene Orte des Kircheseins im Lebensraum der Menschen sein wollen, könnte das eine Chance sein… »Wir machen das schon«, sagt Priska, »in unserem Wohnblock gibt es einen Gemeinschaftsraum, und da treffen wir uns dann …«.

Entscheidend bleibt hier, dass nicht ein zentraler Raum der Pfarrei benutzt wird, sondern dezentral gedacht wird: Dort, wo die Menschen leben, dort sollen sie auch Kirche leben können.

— *Eine Kleine Christliche Gemeinschaft ohne konkrete Sendung gibt es nicht* —

»We are following Jesus in his mission«, so hatte Thomas Vijay die Sendungsdimension Kleiner Christlicher Gemeinschaften immer wieder beschrieben. Es ist ja, so führte er aus, eben kein Zufall, dass eine Kleine Gemeinschaft in dieser Nachbarschaft lebt. Aber – wir machen ja zuweilen die Erfahrung, dass es bei uns irgendwie schwierig ist: Gibt es keine Not? Kennen wir unsere Nachbarn nicht? Oder geht es nur einfach in Deutschland nicht?

In der Diskussion dieser These wird klar, dass wir hier einen deutlichen Übungsbedarf haben: Zu lange haben wir »Kirche« nur innerhalb der Gemeinde gelebt, und da gab und gibt es ja die Caritas. Doch der überschreitende Blick in die Nachbarschaft ist uns recht fremd. Natürlich gibt es persönliche Nachbarschaftshilfe – aber wir haben uns daran gewöhnt, die Nachbarschaft nicht als den Raum unserer Sendung zu sehen. Sobald aber Beziehungen wachsen, wird auch ansichtig, wo Not ist, wo wir uns engagieren können.

Klar wird in der Diskussion auch, dass einige Worte in diesem Zusammenhang zu vermeiden sind: Die konkrete Sendung ist keine Aktion, ist kein Projekt – sondern die konkrete Sendung ist das Teilen des Lebens, der Trauer, der Hoffnungen und Freuden der Menschen, mit denen ich lebe ...

— *Kleine Christliche Gemeinschaften sind Frucht*
einer lokalen Kirchenentwicklung —

Und schließlich eine letzte Arbeitsthese. In den vergangenen Jahren ist eine Reihe von Kleinen Christlichen Gemeinschaften gebildet worden, gewachsen aus Workshops, die regional oder zentral entstanden sind. Immer waren es Einzelne oder interessierte Kleingruppen, die am Startpunkt standen – und die Erfahrungen der vergangenen Jahre machen deutlich, dass hier jeweils neu Kleingruppen entstanden. Was fehlte, das war die Einsicht, dass es nicht möglich ist, einfach so Kleine Christliche Gemeinschaften aus dem Off zu gründen – denn dann fehlt oft die Eingebundenheit in einer lokale Kirchenentwicklung. Von daher ist auch ganz klar: Der Pfarrer und sein Team sind die ersten Protagonisten einer lokalen Kirchenentwicklung, die zu Kleinen Christlichen Gemeinschaften führen kann. Doch diese Entwicklung ist sehr voraussetzungsreich: Es braucht nicht nur eine Leidenschaft für Kleine Gemeinschaften, sondern vor allem den Wunsch, Kirche mit den Menschen zusammen zu entwickeln, inkulturiert an den Orten des Lebens dieser Pfarrei. Es braucht längere Wege, Beziehungsnetze zu stiften und gemeinsam zu entdecken, was und wie Kirche in diesem Lebens- und Sozialraum sein und dienen kann. Ein solcher Prozess führt nicht sofort zur Bildung oder Weiterentwicklung lokaler Gemeindeformen, sondern kennt ein langsames Wachsen, Schritt für Schritt, mit hoher Partizipation aller Beteiligten.

Die Kriterien lokaler Kirchenbildung, wie sie sich in den vier Merkmalen Kleiner Christlicher Gemeinschaften abbilden *(Nachbarschaft/Sozialraumorientierung – Sendung – BibelTeilen – Kirchlichkeit)* dienen dem möglichen Wachstum an jedem Ort, lassen aber eine große Offenheit der konkreten Gestaltung.

Im Letzten führt eine solche Kirchenentwicklung zur »most local incarnation of the catholic church«, wie es die ostafrikanischen Bischöfe formulierten, zu einer Kirche, die mit den Menschen lebt und »im Dorf bleibt«.

6. Der fantastische sechste Schritt

Im Mai 2009 bin ich mit einem Kollegen dabei. Der Studientag heißt »Diakonie im Lebensraum«, und es sind sehr wenig Teilnehmer aus den Gemeinden gekommen – obwohl die Botschaft elektrisierend ist: den Lebensraum, den Sozialraum als Ort des Kircheseins zu entdecken. Eine bundesweite Untersuchung solcher Projekte der Caritas und der Universität steht im Hintergrund[13], und wir hören spannende Erfahrungen.

Und vorne erzählen Reinhild, eine KCG-Engagierte, und Irina vom örtlichen Caritasverband von ihren Erfahrungen. Ich kenne die Erfahrung von Reinhild schon länger. Ein halbes Jahr früher durfte ich in der Kleinen Christlichen Gemeinschaft in Celle-Vorwerk zu Gast sein. Mit sieben Frauen sitze ich zusammen, wir erleben das BibelTeilen. Und dann, beim sechsten Schritt, packen Ulla und Reinhild an: »Vielleicht könnt ihr mal erzählen, wie es im Altenheim steht – und wer könnte in den kommenden Wochen bei unserer Hausaufgabenhilfe in Mathe helfen? – Kennt ihr jemanden in der Gemeinde, der Russisch kann? ...« Immer erstaunter bin ich: diese Kleine Christliche Gemeinschaft ist ganz klar auf den konkreten Dienst in der Nachbarschaft ausgerichtet. Ich bin hier wohl im »Headquarter« einer Hilfsorganisation gelandet – so komme ich mir vor, nachdem ich die Frauen erzählen höre. Und was mir auffällt – heute ist nur ein Teil der Frauen dabei, einige konnten nicht kommen. Und jede von ihnen hat ein »Spezialgebiet«, hat ihre Beziehungen zu anderen. Und – eine Not oder ein Bedürfnis zu entdecken, das bedeutet hier nicht unbedingt, dass die Frauen auch selbst Hand anlegen. Sie überlegen immer auch, wer aus der Gemeinde für eine bestimmte Aktion und eine bestimmte Hilfeleistung kompetent ist und angesprochen werden kann. So ist der Radius derer, die mitmachen, erheblich größer, auch weil alle, die mitmachen, das in die Hand nehmen, wofür sie »ein Händchen« haben.

Eine der Frauen war Sozialarbeiterin hier in Celle – und natürlich ist die Zusammenarbeit mit dem örtlichen Verband sehr eng. Gemeinsam, in dieser Kombination zwischen charismatischem Engagement und professioneller Kompetenz, gelingt vieles, was an anderen Orten nicht gelingt.

»Aber all das hat eine lange Geschichte«, erzählt mir Reinhild. *»Vor langen Jahren hat der damalige Pfarrer einen Glaubenskurs für Interessierte durchgeführt, der fast zwei Jahre gedauert hat. Nachher haben sich daraus mehrere Initiativen gebildet – wir haben damals begonnen, als Kleine Christliche Gemeinschaft in unserem Lebensraum zu dienen. Ich halte diese Geschichte für sehr wichtig: Erst mussten wir neu unseren Glauben entdecken, und dann konnten wir aus dieser Kraft heraus anderen dienen. Das BibelTeilen ist die Mitte unseres Tuns, aber wir könnten hier nicht Kleine Christliche Gemeinschaft sein, wenn wir nicht auch diese konkrete Sendung wahrnehmen würden. Und es ist sehr schön: die Gemeinde zieht mit. Viele helfen uns, viele unterstützen uns ...«*

Zurück zum Studientag: Irina erzählt von dem sozialraumorientierten Handeln in Zusammenarbeit mit Beatrice und Co. Ihre Augen leuchten:»Eine einmalige Situation für mich – wir können so schnell und so konkret auf die Bedürfnisse der Menschen in unserem Stadtteil eingehen, dank der vielen Ehrenamtlichen, die immer mit ganzem Herzen dabei sind.«

Und auch ich bin beeindruckt: Gerade da, wo bislang die Schwächen der Kleinen Christlichen Gemeinschaften liegen, da ist hier ein Aufbruch. Woran liegt es, dass das konkrete Handeln hier so selbstverständlich eingeübt ist? Liegt es daran, dass die Protagonisten diese Sensibilität in sich tragen und so durch das BibelTeilen einen neuen intensiveren Zugang gefunden haben?

— Der normale Wahnsinn in Broitzem —

50 Kilometer weiter südlich komme ich nach Braunschweig, oder besser: nach Broitzem, einen Stadtteil im Südwesten Braunschweigs, der in den letzten Jahren durch Neubaugebiete stark gewachsen ist. Hier ist 2007 eine mittelgroße Revolution ausgebrochen. Der Pfarrer war mit uns nach Indien gefahren und völlig entzündet aus Indien zurückgekehrt. Und das hat eine Gruppe in Broitzem entzündet, vor allem Angie, die mit ihrer Familie gerade in dieses Viertel gezogen war. Der ganz normale Wahnsinn begann, weil von vornherein klar war: Es geht nicht um ein frommes BibelTeilen, es braucht auch immer den sechsten Schritt. Ob das wohl daran liegt, dass Angie selbst eine begeisterte Sozialarbeiterin ist?

Wie auch immer: Dieser sechste Schritt des BibelTeilens und die Sendung im konkreten Lebensraum wurde sofort aktuell und prägend. Da alle, die mitmachten, auch Kinder im lokalen Fußballverein hatten und dort ein echtes Problem entstanden war, kam es zum »ersten sechsten Schritt«: »Durch das Gespräch mit den anderen Eltern und den Trainern konnten wir erreichen, dass ein Junge, der nicht so gut spielen konnte, wieder mitspielen durfte ... Wir hatten verstanden, was der sechste Schritt bedeutet«, erzählt Dorota.

Dann wurde der Pfarrer versetzt. Für die Anfängergruppe war das ein kleiner Schock. Würde es weitergehen, auch ohne den Pfarrer? Angie:

»Das erste Mal BibelTeilen ohne unseren Pfarrer war für uns schon sehr außergewöhnlich. Unser Pfarrer fehlte uns sehr, aber wir waren schon selbstbewusste Christen geworden, die in sich den Auftrag spürten, diese Liebe unseres Gottes auch in unserer Gemeinschaft zu erfahren und an andere weiterzugeben ... Wir treffen uns zum BibelTeilen einmal im Monat immer freitags um 20 Uhr. Seitdem wir unsere erste Aufgabe im Schritt sechs beim BibelTeilen erlebt haben, gehen wir mit noch offeneren Augen durch unseren Stadtteil und hören sehr genau hin, wenn Nachbarn zum Beispiel erzählen, dass es einem anderen Nachbar schlecht geht. Wir fragen auch in den Gesprächen mit anderen Nachbarn genau nach, wenn wir das Gefühl haben, dass dort jemand Hilfe braucht. Wir haben uns auch in unserem Stadtteil öffentlich präsentiert und uns auch bei verschiedenen Institutionen vorgestellt, z.B. bei der lokalen evangelischen Kirchengemeinde«.

Sich einmal im Monat zu treffen – das reicht allein schon deshalb, weil fast alle im Stadtteil leben und die Aufgaben und Herausforderungen die Teilnehmer eng verbinden. Wie in Braunschweig und in unserem Diasporabistum wohl auch nicht anders denkbar besteht die Kleine Christliche Gemeinschaft in Broitzem aus katholischen wie evangelischen Christen. Dabei ist auch ein pensionierter evangelischer Pfarrer, der seinerzeit als Missionar in Südafrika das BibelTeilen kennen gelernt hat Und wie in keiner anderen Kleinen Christlichen Gemeinschaft in unserem Bistum kommen immer wieder Personen für einige Zeit in diese kleine Kirche vor Ort, um den Weg des Christwerdens zu erproben – sie werden vom Pfarrer geschickt. Aber auch Nachbarn kommen, um mal reinzuschauen. So sind es im Augenblick zölf Personen, die sich abwechselnd in den verschiedenen Wohnungen treffen. Hier klappt das gut, und es wirkt überhaupt nicht »zu privat«: Das liegt sicher auch an den Kindern, die das Ganze extrem verlebendigen – und es liegt vielleicht auch am Neubaugebiet, dass hier die Offenheit füreinander größer ist als an anderen Orten.

In den vergangenen Jahren konnte ich das öfter erleben. Immer wieder war ich eingeladen, auch zu den Festen, die im Garten stattfanden. Ja, hier war das ganz normale Chaos einer großen Familie zu erfahren: Nachbarn, die kamen und gingen, Kinder, die spielten, großherzige Gastfreundschaft – und immer wieder Gespräche darüber, wie es weitergehen kann.

An Not und Herausforderungen mangelt es nicht. Jedes Mal, wenn sich die Kleine Christliche Gemeinschaft trifft, dann wird das »Rapportbuch« aufgeschlagen, in dem die Vereinbarungen zum sechsten Schritt besprochen und evaluiert werden. Dieses Buch liest sich wie ein Sozialkrimi des 21. Jahrhunderts. Dort ist unter anderem zu lesen:

»– Wir haben einer Frau in einer schwierigen Situation geholfen, die in ein Haus hier im Stadtteil Broitzem mit ihren Kindern eingezogen ist. Dort haben wir tapeziert, die Wände gestrichen, Bilder, Spiegel etc. aufgehängt, Teppich verlegt und viele Gespräche geführt. Sie gehört keiner Kirche an – hat aber eine Zeit lang am BibelTeilen teilgenommen.

– Wir haben uns um kleine Kinder gekümmert, die bis spät nachts alleine auf dem Spielplatz waren, sie nach Hause gebracht und Gespräche mit den Eltern geführt.

– Wir helfen einer gehörlosen Frau mit ihrem gehörlosen Kind. Dort helfen wir ihr bei dem Aufbau und Anschluss von Wohnungsgegenständen.

– Wir helfen einer Familie in ihrem Garten.

– Wir helfen einer 80-jährigen Frau mit ihrem behinderten sechzigjährigen Sohn.

– Wir helfen einer Familie mit drei Kindern zu Weihnachten, die nicht viel Geld haben. Unsere Kinder geben von ihrem Spielzeug ab, wir schenken einen Weihnachtsbaum und helfen bei der Dekoration zu Weihnachten.

– Wir nehmen Kontakt zu einer Frau auf, weil uns aus der Nachbarschaft jemand darum gebeten hat. Diese Frau ist fast blind und alleinerziehend mit ihrer dreijährigen Tochter. Wir besuchen sie und erzählen ihr von Kleinen Christlichen Gemeinschaften. Seitdem kommt sie regelmäßig zum BibelTeilen. Wir haben bei ihr auch den Keller aufgeräumt und viele Sachen entrümpelt. Und so weiter.«

Wie Dorota sagt, in der Kleinen Christlichen Gemeinschaft gilt das Prinzip »learning by doing« – und das bedeutet auch, dass sie alle aus Fehlern und Konflikten lernen: Können wir uns mit unseren unterschiedlichen Mentalitäten annehmen? Wie lange dürfen wir jemandem helfen? Wie stark können wir uns auch persönlich an jemanden binden? Wie entscheiden wir darüber, was genau zu tun ist? Diese vielen Fragen beschreiben den Wachstumsweg dieser Kleinen Christlichen Gemeinschaft. Es ist manchmal auch ein schmerzlicher Weg: Leute, die am Anfang mitgemacht haben, verlassen die Gemeinschaft, weil sie doch lieber einen Bibelkreis möchten; es gibt Ärger, weil sich die Gemeinschaft überfordert ... Doch die Perspektive ist auf Wachstum ausgerichtet. Noch einmal Dorota: »Zurzeit sind zwölf Mitglieder in unserer Kleinen Christlichen Gemeinschaft, von denen vier aus anderen Stadtteilen kommen, weil es dort noch keine Kleine Christliche Gemeinschaft gibt. Wenn sie einmal genug in ihrem Stadtteil sind, dann helfen wir ihnen, eine neue Kleine Christliche Gemeinschaft zu gründen und werden sie begleiten.

Und die katholische Gemeinde? Dorota ist im Pastoralgremium vertreten – aber es ist nicht immer einfach, verständlich zu machen, was hier in Broitzem geschieht. Aber natürlich gehört die KCG selbstverständlich zur katholischen Kirchengemeinde in Braunschweig. Sie sind nur etwas anders – und leben die fantastische Erfahrung des sechsten Schritts.

7. Miteinander Kirche werden

Lieber ein Ende mit Schrecken, als ein Schrecken ohne Ende. Damit endet die Erfahrung einer Kleinen Christlichen Gemeinschaft in Hildesheim. Der Start war gut. Mitten im Stadtteil trafen sie sich regelmäßig. Und auch die Personen stammten alle aus dem Stadtteil, mit ihrem Leben und mit ihrer Not. Auch hier waren katholische Christen, Neugetaufte und evangelische Christen zusammen. Doch dann kam es anders. Jemand kam dazu und fixierte mit seinen Problemen jedes Gespräch. Und die Gruppe war zu klein, um das mittragen zu können. Keiner ging mehr gern hin, obwohl jeder und jede an dieser Erfahrung hing. Einen sechsten Schritt gab es nicht. Und es reicht ja auch nicht zu sagen, dass der sechste Schritt in der therapeutischen Begleitung einer Person bestand ...

Also ein Schlussstrich, verbunden mit viel Enttäuschung und Ärger. Aber für Angela und Maria, die die Gruppe begleiteten, ging es nicht mehr. Woran hatte es eigentlich gelegen? In häufigen und langen Gesprächen wurde es langsam deutlich, dass all dies mit unserem eigenen Lernweg zu tun hat: hatten wir schon genügend klar, was eine Kleine Christliche Gemeinschaft ist? Waren wir genügend vorbereitet auf Problemfälle in Gruppen? Hatten wir im Blick, dass wir nicht einfach eine neue Kleingruppenstruktur in der Kirchengemeinde aufbauen wollten? Hatten wir die Vision einer anderen Art des Kircheseins genügend verinnerlicht? Kann es überhaupt reichen, eine Gruppe gut ins BibelTeilen einzuführen ... und dann loszulegen? Und wirkte das alles nicht viel zu speziell und exklusiv? – Wir alle brauchten eine Denkpause. Und dann begann etwas Neues ...

— *Ein Prozess des Kirchewerdens
im Nachdenken über die Kirche* —

Angela und Maria machten sich auf den Weg: Ein Visionsweg mit Interessierten wäre zu entwickeln, ein Weg, auf dem viele entdecken können, was Kirche sein und Kirche werden in Zukunft heißen kann. Es geht hier nicht darum, Kleine Christliche Gemeinschaften vorzustellen, die doch nur verwechselt werden mit Hauskreisen oder kleinen frommen Gruppen – nein, es geht darum, die Grundlagen einer anderen Art von Kirchesein nahezubringen.

Angela als Gemeindereferentin fragt ihren Pfarrer, und der macht einen interessanten Vorschlag: »Wollt ihr das nicht vielleicht ökumenisch machen – bald ist doch das Treffen mit den evangelischen Kollegen ...« Und gesagt – getan: Beim nächsten ökumenischen runden Tisch im Stadtteil schlagen sie das als gemeinsames Projekt vor. Große Begeisterung. Es entsteht eine gemeinsame Arbeitsgruppe aller Kirchengemeinden des Stadtviertels, ein Programm wird erarbeitet, und dann geht es los.

In den kommenden Wochen und Monaten höre ich immer wieder die Begeisterung von Angela und Maria. Bis zu 50 Personen aus dem ganzen Stadtteil kommen zu den monatlichen Treffen. Immer beginnt es mit den ersten Schritten des BibelTeilens, und immer schließt das Treffen mit einem kleinen Gottesdienst in der Kirche ab, der dem Thema entsprechend vorbereitet worden ist.

Der Titel, der sich auf einer wunderbaren Karte fand, auf deren Rückseite die Themen und Termine verzeichnet waren, lautete: »Miteinander Kirche sein – hinauswagen ins Weite«. Die einzelnen Themen wollten die geistliche Dimension des Christwerdens und Kircheseins erschließen: Die Vision des Reiches Gottes, Christus im Herzen, die Menschwerdung Gottes, Erfahrbarkeit Gottes, Leib Christi sein und die pfingstliche Geburtsstunde der Kirche, so hießen einige der Abende. Es war eigentlich eine Art »ekklesiale Mystagogie«: Was Angela und Maria von ihren Vorbereitungstreffen mit den evangelischen Pfarrern und Mitarbeitern erzählten, das machte deutlich, dass es hier um mehr ging, als um ein Projekt: Das Miteinander – Nachdenken, das gemeinsame Gestalten, die Einbettung in geistlichen Austausch und das Beten führten zu einer Erfahrung des Kirchewerdens, die als »kirchliches Bad«, als geistlicher Raum wirkte, in den dann die anderen Teilnehmer eintreten konnten. Und entsprechend verliefen auch die Abende, die von großer und wachsender Freude und einem intensiven freien gemeinsamen Nachdenken und Austauschen gekennzeichnet waren.

— *Herausforderungen und Fragen wachsen* —

Und wie geht es weiter? Klar ist der Wunsch, dass diese Erfahrung weitergeht, denn die Begeisterung ist gewachsen und viele Menschen haben einen ersten Weg und Zugang zum Geheimnis des Kircheseins gefunden. Im Hintergrund steht die Vision einer anderen Art des Kirchelebens – steht die Perspektive des Aufbaus einer basiskirchlichen Struktur. Aber genau hier bilden sich viele Fragen aus, die vielleicht auch das kommende Programm beschreiben.

Denn es geht ja nicht um ein Stück spirituell-theologischer Weiterbildung, sondern um einen längeren Prozess der Bewusstwerdung, die zu einer anderen Form des Christseins und Kircheseins führen soll. Wie lange wird so ein Prozess dauern? Wie wird es gelingen, möglichst viele Menschen in diese Überlegungen mit hineinzunehmen? Ein solcher Prozess ist also nicht kursorisch abschließbar, sondern ein offenes Abenteuer des Wartens auf den Kairòs Gottes.

Beim letzten Treffen des ersten Jahres waren Gäste, Hauptberufliche aus anderen Pfarreien und aus einer anderen Diözese dabei: »Das hat sofort die Atmosphäre geändert«, erzählt Maria: »Als die Hauptberuflichen anfingen zu reden, schwiegen die Teilnehmer ...«

Auch solche Gefahren lauern also. Wir versuchen, auf einem neuen und anderen Weg Kirche zu werden, und fallen doch ganz leicht wieder zurück in eine Kirchengestalt der Experten, die viele zum Schweigen bringen kann, die nicht so gut und kompetent reden können.

— *Dem Weg treu bleiben* —

Die große Herausforderung dieses Weges liegt also nicht zuerst in den Inhalten der Abende, die ja unter dem inhaltlichen Zeichen der gemeinsamen Suche nach neuen Wegen des Kirchewerdens stehen. Viel wichtiger ist es offensichtlich, dass die Form und der Rahmen entwickelt bleiben, die der großen Vision des Reiches Gottes angemessen sind.

Dabei geht es vor allem um Grundhaltungen und Grundwerte, die aus der Vision herauswachsen und fast unbemerkt zum Gelingen dieses Weges beitragen. Diese Grundhaltungen lassen sich in einigen Leitfragen zusammenfassen: Ist die Vision allen Initiatoren und Schlüsselpersonen klar? Wird die Erfahrung einer anderen Art des Kirchewerdens von den Initiatoren selbst gemacht?

Ist klar, dass es nicht darum gehen kann, ein bestimmtes Ergebnis zu erreichen, sondern in einer partizipativen und gleichberechtigten Weise in den Austausch zu kommen? Können die Initiatoren das gegenseitige Hinhören und das Einander-Teilgeben gewähren und ermöglichen? Bezeugen die Initiatoren und Schlüsselpersonen diese neue Wirklichkeit allen anderen und ermöglichen sie es den anderen, an dieser Erfahrung Anteil zu geben und zu nehmen?

Wird deutlich, dass alle auf dem Weg, auf einer Entdeckungsreise sind, bei dem der Auferstandene der einzige »Lehrer« ist – und wir gemeinsam von Ihm lernen? Wissen wir also, dass wir auf einem Weg sind, auf dem wir verwandelt werden, aber nur, um immer weiter verwandelt zu werden?

Ist erkennbar, dass es nicht darum geht, ein ausgefeiltes Programm und eine ausgereifte Planung umzusetzen? Sonst würden sich die Teilnehmer bald missbraucht vorkommen. Können wir mit allen gemeinsam auf den Moment warten, in dem sich uns der nächste Schritt des Wachstums erschließt?

Dieses wirklich prozesshafte Vorgehen lebt aus einer tiefen gemeinschaftlichen Spiritualität, die aber zugleich sehr konkret wirksam und erfahrbar wird. Im Grunde ist das wichtigste Ergebnis dieses Weges die vorschmeckende Erfahrung einer Kirche, die sehnsuchtsvoll auf dem Weg sein lässt.

Vor diesem Hintergrund wird auch wieder deutlich, dass nicht der rasche Aufbau einer Kleingruppenstruktur dienlich ist, sondern der Mut, Schritt für Schritt, mit einer großen Vision im Herzen, der Kirche entgegenzugehen, die Gott uns schenken will – und sie dabei schon zu erleben.

8. Die Summerschool

Am Anfang war es eine etwas schräge Idee. Im Februar 2007, und auch im Februar 2009, waren wir bei Thomas Vijay, unserem Begleiter und Lehrer in Sachen Kleine Christlichen Gemeinschaften, in Nagpur gewesen. Es war einfach genial, was Bischof Hirmer seinerzeit dem jungen Pallottiner empfohlen hatte:

»Du brauchst einen Ort, an dem Menschen leben und lernen können – ein pastorales Zentrum, wo du Menschen aus ganz Indien und Asien mit einem Team begleiten kannst, wo Materialien entwickelt werden können – eine Adresse für die Kleinen Christlichen Gemeinschaften, ein Lumko-Institut in Asien ...«

Wir sind alle sehr dankbar, dass wir diese Reisen unternehmen konnten, und wir werden auch immer wieder solche Momente brauchen, denn: Wo sollten wir selbst uns weiterbilden? Aber auf der anderen Seite: Ein Zukunftsweg ist das nicht, wenn dieser pastorale Weg weiterwachsen soll. Ja, wenn dieser Weg weitergehen soll, dann brauchen wir auch in unserem Bistum, dann brauchen wir in Deutschland ein solches Zentrum. »Ihr braucht ein Team in Deutschland, das dafür freigestellt ist«, drängt Vijay schon seit einigen Jahren – wohl auch im Wissen darum, dass dies im gegenwärtigen Zustand der Anfänglichkeit dieses Prozesses kaum einsichtig zu machen ist.

Und so entstand die schräge Idee: vielleicht könnte ja in Hildesheim so etwas wie eine alljährliche Summerschool entstehen, wo die wichtigsten Schlüsselpersonen einen Ort haben, an dem sie weiter in der Vision wachsen können – eine Woche zu Beginn der Schulferien ...

Eine zunächst vage Idee, die aber mehr und mehr Kraft gewann. Wir brauchen einen Ort und eine längere Zeit, wo wir mit Engagierten und Begabten weiterwachsen können. Einige Akzente kamen noch dazu: Zu Beginn dieser Summerschool sollte ein Tag mit interessierten Priestern stehen. Immer klarer wird die Erkenntnis, dass die eigentlichen Schlüsselpersonen in diesem Prozess des Wachsens hin zu einer anderen Gestalt des Kirchewerdens die Pfarrer sind, die sich einem solchen Prozess öffnen können.

Die inhaltliche Gestaltung der Summerschool, die dann für fünf Tage stattfinden sollte, war geprägt von einer großen Herausforderung, die angesichts des steigenden Interesses an dem Weg der Kleinen Christlichen Gemeinschaften immer drängender wird: Einerseits brauchen wir Schlüsselpersonen, die teamfähig sind und lokale Prozesse begleiten können – und wir brauchen auch »Strategien des Anfangs«: wie genau beginnt ein solcher Prozess und wie kann er gestaltet werden? Natürlich gab und gibt es Materialien für Workshops, die wir inzwischen nach bestem Wissen und Gewissen übersetzt und übertragen haben – aber: Wir können sie nicht einfach übernehmen, wir brauchen ein »Ausprobieren« und »Weiterentwickeln« in Treue zu den Ursprungsprinzipien einerseits, aber auch andererseits im Hinhören auf die schon gemachten eigenen Erfahrungen, damit wirklich Inkulturation geschehen kann – und dieses Material auch hilfreich ist.

Allein fühlten wir uns zunächst ein wenig unsicher. Sollten wir vielleicht Thomas Vijay zu uns einladen, diese geplante Woche miteinander zu verbringen? Gewissermaßen als Coach? Wir fragten vorsichtig an … Ein Lächeln machte sich auf seinem Gesicht breit:

»Wisst ihr, wir hier in Indien verdanken der deutschen Kirche enorm viel. Viele der Kirchen und Gebäude und Zentren wären ohne eure Spenden nicht da. Ich habe mich schon immer gefragt, wie ich der deutschen Kirche zurückgeben kann, was sie mir geschenkt hat … Ich komme«.

Je näher das Datum im Sommer 2009 rückte, desto nervöser wurden wir: Wie sollte das genau gehen? War unsere Idee richtig? Eins allerdings ermutigte uns: Es meldeten sich viele an – und vor allem auch Priester. Am Ende begann der Workshop mit 17 Priestern und Diakonen – und bei der Summerschool wurden insgesamt 20 Personen erwartet – von 30 Eingeladenen.

— *Ein Kairòs für die Priester* —

Ein Tag mit Pfarrern. Ein besonderer Tag. Wir, Vijay und ich, haben uns im Vorfeld überlegt, dass wir zuerst unsere persönlichen

Erfahrungen mit dem neuen Weg des Kircheseins erzählen, um dann in den Austausch darüber zu treten. Der Abend wird ganz anders, als wir dachten: Aufgrund dieser kleinen Beiträge ergibt sich ein intensives Gespräch über unser Priestersein. Unser Priestersein: nicht die Existenz des Einzelnen ist das Thema, sondern der gemeinsame Weg, die gemeinsame Spiritualität – der Austausch ist so dicht, so intensiv, so offen, wie ich es selten erlebt habe.

So ist es auch nicht verwunderlich, dass das BibelTeilen am nächsten Morgen diese Tiefe fortsetzt und zu einem Gespräch über die eigenen Ideale und Visionen wird. Und dabei stellt sich heraus, dass viele meiner Mitbrüder schon seit Jahren nach einer neuen Weise des Kircheseins suchen:

»Wisst ihr, schon 1992, als ich in meine damalige Pfarrei eingeführt wurde, habe ich bei meiner Einführungspredigt von Kleinen Christlichen Gemeinschaften gesprochen und dass ich das BibelTeilen einführen wollte. Warum habe ich das eigentlich nicht gemacht« – *»Ich war damals in meinem Freisemester in Kolumbien, um die Basisgemeinden zu studieren ...«*

Ich verstehe langsam die Logik, der Thomas Vijay folgt. Nein, es geht ja nicht um Vorträge über Kleine Christliche Gemeinschaften, auch wenn dies im Hintergrund steht – es geht darum, dass wir über das ins Gespräch kommen, was uns wirklich zuinnerst bewegt. Und genau dies geschieht. Eigentlich, so kommt es mir vor, machen wir hier auf eine neue Art Exerzitien – Exerzitien in Kirchesein. In dieser Atmosphäre, die nichts Künstliches und Gewolltes hat, kommt dann die Vision der Kleinen Christlichen Gemeinschaften in den Blick, in einer machtvollen und überzeugenden Weise: Kirche erleben und leben, dort, wo wir als Christinnen und Christen leben.

Was Thomas Vijay hier in kurzen Worten sagt, hat eine unglaubliche prophetische Kraft. Und wir alle spüren, dass wir mitgenommen wurden in eine neue Weise des Kircheseins. Ein Tag hat gereicht ...

— Eine visionäre Lerngemeinschaft —

Szenenwechsel. Am Freitagabend sind wir 20 Personen, die mit der Summerschool starten. Etwas überraschend für alle werden wir noch vor der eigentlichen Vorstellrunde in Teams eingeteilt. Denn der Inhalt dieser Summerschool sind nicht Vorträge oder Inputs – wir alle sind Akteure. Eine Reihe von Workshops, die wir aus dem indischen Kontext schon übersetzt haben, soll ausprobiert werden. Drei verschiedene Lernebenen sind angezielt.

Zum einen geht es darum, die spezifische Weise und Methodik des Lernens in einer neuen Weise des Kircheseins noch tiefer kennen zu lernen. Dann geht es aber auch darum, die eigenen Multiplikatorenfähigkeiten auszuprobieren – und schließlich müssen wir ja auch sehen, wie diese erfahrungsgesättigten indischen Workshops bei uns gehen ... Etwas komplex, aber los geht's.

Die Erfahrungen sind neu, zuerst etwas holprig, dann aber einfach überwältigend in Intensität und Freude. Dabei wird deutlich, was Thomas Vijay, als stiller Genießer und Coach im Hintergrund uns entdecken lassen möchte, als er uns zu Beginn die Gesamtvision nahebringt: Es geht um eine Pastoralentwicklung, die Maß nimmt an der Reich-Gottes-Verkündigung Jesu und deswegen auch eine spezifische Methode entwickelt, die diese Verkündigung in sich trägt: Die Methode muss die Botschaft bezeugen, ihre Grundprinzipien beachten. Es geht also niemals darum, jemandem etwas beizubringen, es geht niemals darum, einfach nur Informationen weiterzugeben, sondern es geht darum, eine Lerngemeinschaft zu werden und einen Lernraum zu bilden, in dem der Herr selbst der Lehrer sein kann, in dem wir alle gleich sind, in dem wir alle auf einem Weg des Wachstums sind, an dem alle teilnehmen und teilgeben können – ein Raum, in dem sich das ereignen kann, zu dem wir unterwegs sind: das dreifaltige Leben, die Gegenwart des Auferstandenen, ein Vorgeschmack des Reiches Gottes: »Wir sind als Schlüsselpersonen immer und vor allem diejenigen, die allen gemeinsam ermöglichen, von Jesus Christus zu lernen«.

Von daher: keine Vorträge, keine langen Inputs – sondern eine Einladung zum Mitdenken ... Und es geht darum, dieses Mitdenken zu begleiten und zu schützen, die Beiträge zu würdigen, und vor allem zuzuhören, darauf kommt es an. Je länger wir in diesen Tagen gemeinsam leben, denken und arbeiten, desto deutlicher wird mir, dass wir hier vor allem eine praktisch gewendete Spiritualität der Gemeinschaft lernen. Was Johannes Paul II. in Novo Millenio Ineunte 43 als Spiritualität der Communio entfaltet hat, wird hier, im praktischen gemeinsamen Arbeiten, Wirklichkeit.

— Spiritualität der Organisationsentwicklung —

Und dieser methodische Zugang erinnert mich an eine andere Erfahrung, über die ich seinerzeit staunen musste. In den Jahren zwischen 2005 und 2006 waren die mir anvertrauten Pfarreien in einem schwierigen Prozess der Zusammenführung. Dabei wurden wir begleitet von einem Team von Gemeindeberatern. Ich hatte bis dahin keine wirklich intensiven Erfahrungen mit der Gemeindeberatung gemacht, aber dieses Mal hatte ich Gelegenheit dazu. Und ich erlebte neben der praktischen Zielstrebigkeit und hoher Professionalität eine hohe Achtsamkeit der beiden Berater für das, was ich heute eine ekklesiale Lerngemeinschaft nennen würde. Dabei kam es eben auch darauf an, dass immer alle zu Wort kamen, dass Konflikte deutlich angesprochen und in Geschwisterlichkeit gelöst wurden. Je länger je mehr wurde mir damals deutlich, dass die grundlegende, aber verborgene Architektur dieses Vorgehens von einer spirituellen Grundhaltung geprägt war, die vom Teilhaben und Teilgeben des Leibes Christi geprägt war. Das war für mich eine sehr wichtige Entdeckung gewesen – denn nun konnte ich noch besser die Pragmatik und die Tiefe durchschauen, die zu einer gelungenen und tatsächlich von allen getragenen Zusammenführung führte.

— Die Pragmatik der Visionsentwicklung
als spiritueller Emmausweg —

So ist es wohl kaum zu verwundern, wenn diese Summerschool so etwas wie ein Emmausweg wurde. In unserem Vorgehen spiegelte sich auch das, was die Jünger von Emmaus erlebt haben. Je länger wir auf dem Weg waren, desto mehr erschlossen sich uns neue Erkenntnisse, aber sie »machten etwas mit uns«: Wir wurden durch diese Erfahrungen verwandelt, wir bekamen noch mehr Sehnsucht für diesen Weg, wir wurden immer mehr Kirche auf dem Weg.

Und konkret? Jeden Morgen trafen wir uns zum BibelTeilen. Und danach stellte immer ein am Anfang zusammengestelltes Team einen der Workshops vor, die uns als Arbeitsmaterial vorlagen. Dabei war klar, dass wir dieses Material sehr ernst nahmen, denn es ist als »Grundkurs Kleine Christliche Gemeinschaften« in Afrika entwickelt und in Indien entsprechend modifiziert hunderte von Malen ausprobiert und verbessert worden. Und mir und uns ist im Laufe der vergangenen Jahre deutlich geworden, welche pädagogische und methodische Reife und Erfahrung in diesen Workshops stecken. Ich denke, es gehört zu einer kirchlichen Spiritualität wesentlich dazu, diese gewachsene Tradition treu zu übernehmen: Spiritualität der Communio gilt auch diachronisch durch die Zeit hindurch …

Gleichzeitig war aber auch klar, dass diese Workshops sich im deutschsprachigen Raum inkulturieren müssen. Genau darum ging es nämlich, wenn uns unsere asiatischen Freunde immer wieder sagten: »Ihr sollt uns nicht imitieren – ihr müsst nach dem deutschen Antlitz der Kirche Jesu Christi suchen, nach einer Vision, die die Menschen hier begeistert …«

Was das genau heißen könnte, das haben wir in diesen Workshops erlebt: Als Teilnehmer und als Ermöglicher erlebten wir, welche Resonanz und welche Akzente sich wie von selbst ergaben. Wenn der Workshop vorbei war, dann haben wir genau diese Resonanzen gesichert, damit wir an den Workshops weiterarbeiten können. Änderungen ergaben sich wie von selbst, und ließen in uns einen großen Reichtum zurück.

In der Tat: immer mehr hatten wir den Eindruck, an etwas ganz Großem mitzuarbeiten: an der Gestaltwerdung eines deutschen Weges für die Vision einer partizipativen Kirche, die ihre in Christus gegründete Communio ganz konkret in Kleinen Christlichen Gemeinschaften lebt. Und theoretisch gesprochen hatte ich darüber hinaus den Eindruck, dass an diesem kleinen Beispiel etwas von dem geistlichen und theologischen Prozess kirchlicher Tradierung deutlich wurde – wie ich es noch nie vorher erlebt hatte.

Ein geistlicher Weg voller Überraschungen, der zugleich praktisch und einfach gangbar ist. Schon nach dem ersten Tag änderte sich das Programm. Wir hatten den Eindruck, dass wir mit hineingenommen wurden in einen Prozess, der uns Tag für Tag Neues vorlegte – und das setzte natürlich voraus, dass das kleine Leitungsteam immer wieder versuchte zu verstehen, an welchem Punkt wir standen – und entsprechend die nächsten Schritte plante.

Ein wenig spannend war, dass unser Coach nach der Hälfte der Zeit zurück nach Indien musste. Ob wir auch ohne ihn *(schon)* so weitermachen konnten? Die frohmachende Erfahrung war: Es änderte sich nichts – die Atmosphäre blieb »erleuchtet« und ließ »die Herzen brennen«.

— *Auf dem Weg des Wachsendürfens:* *Die Erfahrung der Evaluation* —

Und wir lernten auf diesem Weg noch einen weiteren wichtigen Akzent dieses Visionsprozesses. Wir lernten, was Evaluation meint. Pater Thomas Vijay hat uns dies in einfachen Worten geistlich nahegebracht:

»Wir sind eine pilgernde Gemeinschaft, wir sind auf dem Weg – und wissen längst nicht alles. Und an diese geheimnisvolle Dimension des Kircheseins müssen wir uns gewöhnen, weil wir den Weg, den Gott mit uns gehen will, nicht genau kennen. Angst brauchen wir deswegen nicht zu haben – er begleitet uns in den schönen wie in den deprimierenden Momenten, in

Momenten des Gelingens wie des Scheiterns. Eine solche Spiritualität der Pilgerschaft bringt uns in eine völlige Abhängigkeit von Gott, unser Vertrauen auf ihn, unser Hinhören auf den nächsten Schritt ... Deswegen ist unsere eigentliche Botschaft das Zeugnis von der Art und Weise, wie wir diesen Weg gemeinsam gehen und dabei immer Lernende bleiben.«

Vielleicht ist es das, was mich an Persönlichkeiten wie Estela Padilla, Mark Lesage *(aus den Philippinen)*, Thomas Vijay und Bischof Oswald Hirmer immer so gefesselt hat: Es war ihre Demut und Offenheit für den nächsten Schritt – in der Tat ein großes Zeugnis. Aber wenn dies so ist, so folgt daraus eine praktische Konsequenz:

»Unsere gleiche Würde und unsere fundamentale Gleichheit, die sich in wechselseitiger Akzeptanz und gegenseitigem Respekt und Vertrauen äußert, drückt sich auch in unserem Willen aus, Lernende und Wachsende zu bleiben. Und von daher können wir einander beim Wachsen helfen – das meint Evaluation ...«

Konkret: nach jedem Workshop, aber auch nach der gesamten Summerschool nahmen wir uns viel Zeit, jeden Einzelnen zu »evaluieren«: Was hat derjenige gut gemacht – und was hat das Team gut gemacht – und worin kann er/sie oder das Team noch wachsen? Das waren sehr fruchtbare Momente, für uns alle: Denn diese spannenden Momente waren unvergessliche Momente, in denen wir alle wirklich zu einem Team wurden, in denen das Vertrauen wuchs und in denen wir wirklich aneinander die Gaben und Talente entdeckten, die jeder unverwechselbar einbringen konnte ...

— *Eine Erfahrung, die sich auf die Zukunft öffnet* —

Das Abenteuer Summerschool ging zu Ende. Es war klar, dass wir diese Summerschool unbedingt weiterführen müssen. In der Tat: Auch wenn wir nur knapp fünf Tage zusammen waren, ist in diesen Tagen doch wirklich mehr gewachsen als nur die Erarbeitung von

Workshops. Wieder einmal wurde uns deutlich, dass wir uns hier in eine mindestens für uns neue Kultur des Kircheseins hineinbegeben hatten – wir hatten diese Kultur nicht nur entdeckt und waren begeistert von ihr, sondern wir haben sie »gelebt« und »gestaltet«, oder besser: sind von ihr gestaltet worden. Offensichtlich kann der Pastoralansatz, der hinter der Ekklesiopraxis der Kleinen Christlichen Gemeinschaften steckt und dessen Absicht es ist, eine Erfahrung des bleibend ausstehenden Geheimnisses des Reiches Gottes, das sich in der Kirche offenbart, den Menschen in ihren Lebensräumen nahezu bringen, nur so weitergegeben werden, indem er sich selbst ereignet als dynamischer unabschließbarer Wachstumsprozess.

Wir können dies also nicht »umsetzen« oder »herunterbrechen«, sondern nur demütig erleben, was Gott unter uns zeugt. Entscheidend bleibt, dass wir eine wachstumsorientierte Gemeinschaft werden, die immer wieder in geistlichen Unterscheidungsprozessen die nächsten Schritte entdeckt. Mit Thomas Vijays Worten: »Lassen wir uns immer daran erinnern, dass Gott, die Kirche, unser Glaube, unser eigenes Leben Teil des Geheimnisses Gottes sind. Nur Gott allein weiß dieses Geheimnis ganz. Wir werden dieses Geheimnis nie ganz kennen, aber wir brauchen es auch nicht, weil Gott es ja kennt. So können wir jetzt schon mit diesem Geheimnis leben, auch wenn wir es nicht kennen und darauf geduldig warten, dass Gott es zu seiner Zeit und auf seine Weise entfaltet. Sorgen wir uns also nicht um morgen – lernen wir mit dem zu leben, was uns heute gegeben ist.«

Diese Kultur des Evangeliums leben zu lernen, darum ging es eigentlich in der Summerschool. Aber damit wird auch deutlich, dass es hierbei nicht nur um Kleine Christliche Gemeinschaften und ihre Weiterentwicklung geht, sondern um uns selbst: unseren zukünftigen Weg des Christseins.

Dann aber braucht es für diesen Pastoralansatz nicht nur eine Summerschool, sondern es braucht Orte, an denen Christinnen und Christen lernen können, wie sie auf eine neue Weise das Abenteuer des Reiches Gottes leben lernen können. Es braucht eben nicht nur Fortbildungen, es braucht eine tatsächliche mystagogische Einführung in die Logik einer Kultur des Evangeliums.

Und deswegen weckt die Summerschool nicht nur die Aussicht auf die nächste Summerschool, sondern auf eine Schule des Evangeliums, eine Art »Seminar«, wo alle Christinnen und Christen in diese Kultur des Evangeliums eintauchen können.

9. Bukal ng Tipan

Asien auf Katholisch. Das gibt es auch. In den Philippinen. Gemeinsam mit Matthias und Gaby nehme ich mir eine Auszeit, sozusagen »Ferien«: um Freunde zu besuchen, um mit ihnen tiefer zu erleben und zu erfahren, was uns mit dem »asiatischen integrierten Pastoralansatz« (AsIPA) geschenkt wurde, der uns in den vergangenen Jahren immer tiefer fasziniert hat – und uns durch Personen wie Wendy Louis aus Singapur, Fr. Thomas Vijay aus Indien oder Estela Padilla aus den Philippinen und Cora Matteo aus Taiwan vermittelt wurden: Die Suche nach einem im europäischen Kontext zu erdenden Verstehen von Kleinen Christlichen Gemeinschaften hat uns ja immer weiter geführt, zu einer »neuen Weise des Kirchewerdens«.

Wir fliegen in die Philippinen, auch weil sich im Oktober 2009 alle unsere Freunde dort treffen. In Davao, an der Südspitze Mindanaos, treffen sich auf Initiative der Asiatischen Bischofskonferenz (FABC) die Engagierten und Verantwortlichen, etwa 250 Personen aus allen asiatischen Staaten, die sich mit der Weiterentwicklung dieses Ansatzes beschäftigen: von Sri Lanka über Indien und Bangladesh, Pakistan, Malaysia, Indonesien und Singapur, Taiwan, China und natürlich Korea – eine einmalige Gelegenheit, bei der wir als Gäste dabei sein können.

— *Sunset in Bukal* —

Doch Manila ist die erste Station. Nein, eigentlich sind es Fr. Mark Lesage, Estela Padilla und das Team, das wir in diesen Tagen kennen lernen. In der schon am Morgen feuchten Hitze von Manila empfängt uns Mark. Auf dem Weg nach *Bukal ng Tipan*, dem pastoralen Zentrum, das sich auf den Hügeln über Manila seit dem Jahr 2000 entwickelt hat, lassen sich noch die Spuren der Verwüstungen und Überschwemmungen erkennen, die vor gerade vierzehn Tagen die Stadt überflutet haben. Bukal ist ein Zentrum der Ordensgemeinschaft der CICM *(Congregatio Immaculati Cordis Mariae)*, Missionare einer ursprünglich belgischen Ordensgemeinschaft, die als Chinamissionare von China auf die Philippinen geflohen sind. Seit dem Jahr 2000 ist Fr. Mark hier in Bukal, nachdem er vorher dreißig Jahre in einer Pfarrei – in »Las Pinas« – gewirkt hat. Mark kam 1969 in diese Pfarrei in einem Vorort von Manila und ihm war klar, dass hier neue pastorale Wege eingeschlagen werden mussten. Er war und ist und bleibt ein Sucher: Und so machte er sich damals auf die Suche, gemeinsam mit Menschen in der Pfarrei, besonders mit einer Gruppe von Jugendlichen. Und auf eine Suche, die ihn, zusammen mit Estela, die der Jugendarbeit seiner Pfarrei entstammt und heute Theologin ist, in das Lumko-Institut in Südafrika führt. Hier beginnt die Entwicklung der Pfarrei Las Pinas hin zu einem neuen Weg des Kirchewerdens ...

Fr. Mark erzählt uns dies am ersten Nachmittag, nachdem wir unseren Jetlag mit einer etwas längeren philippinischen Siesta und anschließendem Kaffee bekämpft haben. Wir sind aber nicht allein mit Mark, sondern dabei sind auch Estela Padilla, Joy Candelario, Epi Casuncad und noch andere, die das Team hier in Bukal bilden. Den ganzen Nachmittag sitzen wir zusammen und erzählen uns nichts als unsere Geschichten, lernen uns kennen – und kommen »nach Haus«. Denn das entdecken wir hier gleich im ersten Moment: Die neue Weise des Kirchewerdens ist nicht zuerst die Frage eines neuen Pastoralansatzes, auch nicht die nach einer notwendenden und notwendigen Kooperation, sondern es geht um viel mehr: wenn Gemeindeaufbau und Gemeindewachstum, wenn Gemeindeentwicklung hin zu einer Kirche des dritten Jahrtausends erfolgen sollen, dann geht es nicht nur um mitreißende Visionen, auch nicht zuerst um Strukturen – wie etwa ein Netzwerk Kleiner Christlicher Gemeinschaften missverstanden werden könnte – sondern um ein Da-Sein in Communio, um eine echte Gemeinschaft, die im Wort und im Leben verwurzelt ist. Wenn die »Methode« die Botschaft offenbart oder verdunkelt, dann gilt dies noch viel mehr für die, die mit anderen diesen Weg gehen möchten: wie sind wir ein »Wir«, das den Auferstandenen bezeugt, nicht im Tun zuerst, sondern im Sein.

Dieser Nachmittag findet seinen Abschluss auf der wunderbaren Terrasse mit Blick auf Metromanila, jener 14-Millionen-Metropole, die uns zu Füßen liegt und hinter der man die Sonne untergehen sehen könnte, wenn da nicht die Wolken wären. Wir dürfen einfach »zu Hause« sein, wir sind keine »Tagungsgäste«, sondern nehmen teil am Leben der Gemeinschaft, die hier lebt: Estela, Epi, Alleli, Joy – sie alle haben diese Erfahrung mit Mark gemacht: Sie wurden mehr als ein Team, sie wurden eine Trägergemeinschaft all dessen, was aus Las Pinas eine Musterpfarrei pastoraler Entwicklung machte. Sie erwähnen es auch immer wieder: Nach einer Anfangszeit kam die Zeit intensiverer Verbindlichkeit. Sie beschlossen, gemeinsam zu beten, sich tagtäglich neu im Evangelium zu verwurzeln, verbindliche Gemeinschaft miteinander zu leben und der Sendung Jesu zu folgen. Das hat sie geprägt – menschlich miteinander verknüpft. Und dabei durften sie ihre Berufung als Christinnen und Christen entdecken. Alle haben an der Universität unterschiedliche Fächer studiert und sind anschließend in verschiedenen Berufen tätig geworden – aber etwas hat sie nicht losgelassen: Die Erfahrungen in der Pfarrei und die gemeinschaftliche Sendung blieb wie ein Ruf. Alle haben an unterschiedlichen Punkten ihrer Karriere und ihrer Familienentwicklung ihren Beruf aufgegeben und arbeiten nun in dieser Sendung »hauptberuflich« – oder besser: ganz gegeben an ihre Sendung. Das war und ist ein echtes Risiko finanzieller Art ... aber sie folgen einer Sendung.

Diese Radikalität ist verknüpft mit einer Weggemeinschaft, die geistlich gegründet ist und wirklich eine ebenso radikale Gleichheit begründet: »Ein echtes Team«, so sagt es Mark, »braucht einen Träumer, aber eben auch den kreativen Umsetzer und den Verwalter – und natürlich den, der die Harmonie in der Verschiedenheit wirken kann – und das ist bei uns so«. Genauso erleben wir es auch.

Und genau das ist auch die erste Lernerfahrung: Die neue Weise des Kirchewerdens verlangt eine Trägergemeinschaft, die diese neue Weise des Kircheseins in allen Dimensionen bezeugt: in der Radikalität der Berufung, in der Weggemeinschaft, in der Orientierung an den unterschiedlichen Gaben, die gleichberechtigt miteinander agieren und auch den Dienst des Priesters und Leiters neu beschreiben: wir dürfen es hier erleben und sehen, und deshalb drückt es sich auch tief in uns ein.

— *Las Pinas* —

Am Sonntagnachmittag, kurz bevor die Sonne untergeht, sind wir in Las Pinas, der Pfarrei, in der dies alles lange gewachsen ist, bis dann durch die Versetzung von Fr. Mark im vergangenen Jahrzehnt Bukal ng Tipan entstanden ist – ein Pastoralzentrum, das pastorale Entwicklungsprozesse in vielen Diözesen der Philippinen, aber auch in Diözesen verschiedener asiatischer Nachbarländer *(bis hin zur Mongolei)* begleitet.

Verschiedene Einflüsse haben in der Pfarrei, die etwa 60 000 Mitglieder hat und in einem Armenviertel Manilas entstanden ist, gewirkt. Schon in den siebziger Jahren wuchsen in den Philippinen die basischristlichen Gemeinschaften, später kamen die Einflüsse des Lumko-Instituts, von Oswald Hirmer und Fritz Lobinger hinzu – und dann auch die Ansätze des Community Organizing aus den USA. Vor allem aber war Mark und seinen Mitbegleitern klar: Eine Kirche des II. Vatikanums braucht die Partizipation aller, ein Mitwirken und Mittun und Mitberaten aller Christinnen und Christen. Und wenn die zentrale Vision einer Gemeinschaft, die in einer lebendigen Christuserfahrung verwurzelt ist und sich in die konkrete Welt des Lebens gesandt weiß, nicht nur Sache eines Priesters oder eines Teams bleiben soll, dann braucht es lange Wege, diese Vision mit allen zu teilen. Genau auf die Art dieses Teilens kommt es aber an: Es ist ein Prozess, in dem diese theologische Vision aus dem Leben und der konkreten Wirklichkeit der Menschen wächst und sich entwickelt. Sie nimmt gerade dann auch die »Gestalt« und »Farbe« des Lebensraums an, in dem sie wächst – und entdeckt die Konkretheit der »Evangelisierung« lokal und vor Ort. Ja, Evangelisierung umfasst dann eben genau jene Art der Verkündigung, die die konkrete Liebe zu den Menschen durch diese vorgibt. Dass damit auch ein Weg gefunden werden muss, auf dem möglichst alle beteiligt werden können und in dem eine Lebensweise begründet wird, die das lokale Zusammenleben fördert, ist evident: Die Bildung von lokalen Gemeinschaften im Lebensraum ist die Konsequenz. Damit zeigt sich aber auch, dass Kleine Gemeinschaften nicht das Ziel pastoraler Entwicklung sind, sondern Mittel auf dem Weg, die Verkündigung des Evangeliums vom Reich Gottes so konkret und lokal wie möglich zu machen. Und so liegt der Schwerpunkt dieser Gemeinschaften immer wieder auf der Frage, wie sie aus der lebendigen Christuserfahrung heraus eine Gemeinschaft von Brüdern und Schwestern werden, die sich in die konkrete Lebenswirklichkeit und ihre Herausforderungen gesandt weiß – und konkret für das Leben aller handelt.

»Von daher ist klar«, wiederholt Estela immer wieder, *»dass man nicht einfach BibelTeil-Gruppen bilden kann. Es geht zunächst darum, die Situation der Menschen mit ihnen zusammen wahrzunehmen. Es geht darum, gemeinsam zu träumen, gemeinsam eine Vision zu teilen – um dann in die Wirklichkeit zu bringen, was gemeinsam entdeckt wurde. Und von daher ist auch klar, dass es eine bestimmte Grundkultur dieses Pastoralweges gibt, aber auch, dass die Erscheinungsweisen und Gestalten des Kircheseins sich überall anders ausprägen werden ...«*

Und natürlich sieht dies in der weithin sehr volkskirchlich geprägten Wirklichkeit der Philippinen anders aus als in Indien oder Korea ... oder im nachmodernen Europa.

In Las Pinas erleben wir auch zehn Jahre nach der Versetzung die große Liebe der Menschen zu Fr. Mark, ihrem ehemaligen Pfarrer, als wir durch die engen Gänge dieses armen Wohnviertels gehen ... Die Liebe bleibt.

— In der größten Stadt der Welt —

Ja, Davao auf Mindanao ist die flächenmäßig größte Stadt der Welt –
mit 1,5 Millionen Einwohnern. Zwei Flugstunden von Manila entfernt beginnt der zweite Teil unserer Reise. Die acht Tage hier prägen
sich uns auf andere Weise tief ein. Natürlich ist es die Tagung selbst,
ihre 250 Teilnehmer, die vierzig Bischöfe aus ganz Asien und die vielen Begegnungen mit den Freundinnen und Freunden aus Asien, die
vielen neuen Freundschaften, die entstehen, die beeindruckenden
Beiträge einer neuen eucharistischen Ekklesiologie, wie sie von den
Bischöfen Chito Tagle, Oswald Hirmer und Fritz Lobinger vorge-
tragen werden, die tiefen Erfahrungen unterschiedlicher Momente
des BibelTeilens, die wir in gemischten Kleingruppen machen dürfen und die gewissermaßen den inneren Takt und Rhythmus dieser
Tage vorgeben – das alles könnte intensiv reflektiert werden. Doch
geradezu paradox ist es, dass wir – zusammen mit den anderen deutschen Gästen aus Osnabrück und von Missio – entdecken, dass diese
Tagung einen Wendepunkt darstellt für das Wachsen des Weges einer
neuen Weise des Kirchewerdens, wie er mit dem Begriff der Kleinen
Christlichen Gemeinschaften in Deutschland nur ungenügend, aber
unvermeidbar ausgedrückt wird: Waren wir in den ersten Jahren durch
die Initiative von Missio in eine weltkirchliche Lerngemeinschaft hineingenommen, in der wir gewissermaßen »Lernende« und »Schüler«
unserer Geschwister in Asien wurden, so wird in diesen Tagen immer
deutlicher, dass wir von nun an vielmehr Partner sein werden. »Ich
glaube, ihr könnt das jetzt auch selbst…«, sagt Thomas Vijay in einem
Nebensatz. Und wir spüren immer deutlicher, dass wir nun wirklich
herausgefordert sind, unseren eigenen Weg zu finden.

So entwickeln sich in diesen Tagen viele intensive Gespräche unter
uns und neue Horizonte zeichnen sich ab. Natürlich ist das Fernziel
für uns, dass in den kommenden zehn Jahren so etwas wie ein im-
pulsgebendes Zentrum entsteht, in dem auch eine Gemeinschaft von
»Impulsgebern« lebt und wirkt. Aber das ist ein Ziel, das sich uns
noch stärker verdeutlichen muss.

Klarer werden uns aber die nächsten Schritte. Natürlich kann es
weiterhin Erkundungsreisen von Missio auf dem Weg dieser neuen

Art des Kirchewerdens geben, damit Interessierte erstmals entdecken können, was seit Jahrzehnten in Asien wächst und außergewöhnliche Früchte bringt. Doch für uns wird es immer wichtiger, dass an verschiedenen Orten in Deutschland und mit verschiedenen Kooperationspartnern die Möglichkeit besteht, intensiver diesen Ansatz kennen zu lernen: Wie wäre es, eine mobile weltkirchliche »Akademie« zu entwickeln, in der dreimal im Jahr ein Einführungskurs mit Partnern aus dem AsIPA-Ansatz möglich wird?

Hinzu kommt auch, dass in Deutschland in aller Ungleichzeitigkeit und Parallelität von kirchlichen Entwicklungen wahrscheinlich sehr unterschiedliche Wege sich entfalten werden, die sich unter dem Dach der »Kleinen Christlichen Gemeinschaften« wiederfinden.

Uns wird aber auch deutlich, dass dieser Weg vor allem eine Weggemeinschaft bedeutet, nicht eine Struktur. Und wir beginnen zu verstehen: Es ist jene Gemeinschaft, in deren Mitte der Auferstandene lebt, aus der heraus die einzelnen Leitungsgaben herauswachsen und in der Teams und konkrete Dienste entstehen werden ...

All das macht uns sehr froh. Dass wir gerade am anderen Ende der Welt so beschenkt werden, das hatten wir so nicht erwartet: mit viel Klarheit und Licht für den künftigen Weg, mit einer weltweiten Gemeinschaft von Brüdern und Schwestern, mit viel Wegweisung durch sein Wort – und der Vorerfahrung einer Kirche, in der das Reich Gottes erfahren, gelebt und verschenkt wird. Und es bleibt der Eindruck, dass der Geist Gottes weltweit eine neue Kultur und Gestalt der Kirche ans Licht bringen will ...

227

IV. Die Zeichen der Zeit im Licht der verheißenen Zukunft

1. Ahnungen einer Kirche im Werden: Prophetische Zwischenrufe

Es gibt eine unerwartete Korrespondenz: Je mehr die Erfahrungen der vergangenen Jahre auf einen fundamentalen Paradigmenwechsel kirchlichen Werdens und Seins verweisen, desto deutlicher wird die prophetische Potenz sichtbar, die im II. Vatikanischen Konzil vorerahnt hat, welche fundamentalen Wandlungen der Gesellschaft auf eine Neukonfiguration kirchlichen Lebens und Existierens verweisen. Die Intuitionen des Konzils auf dem Hintergrund wahrgenommener Umbrüche sind heute mehr denn je aktuell. So ist das Konzil weiterhin ein prophetischer Zwischenruf. Dabei geht es hier nicht um die hermeneutische Schlacht der Interpretationen, sondern um die Sache selbst: Angesichts der gesellschaftlichen Veränderungen zeichnet das Konzil ein Paradigma des Kircheseins, das nach dem Konzil in seiner Tiefe zunächst nicht hinreichend wahrgenommen werden konnte. Und das liegt an jener Wahrnehmungsverzögerung, die sich in der Kirche im deutschsprachigen Raum bis weit in die 90er Jahre ereignete: Der Gedanke, den gesellschaftlichen Wandlungen mit einer intensiven Transformation des bestehenden Kirchenmodells antworten zu können, ist aber inzwischen durch eine tiefgreifende, aktivistische und zugleich depressive Ratlosigkeit abgelöst worden. Hier geht Kirche »über den Jordan« – etwas geht zu Ende, ohne dass eine neue Perspektive in den Blick kommt.

— Eine existenzielle Ekklesiologie:
Zum Neuansatz des II. Vatikanischen Konzils —

Das II. Vatikanum mit seiner prophetischen Theologie hatte aber genau jenen fundamentalen Wandel wahrgenommen und zu einer »anderen Art des Kircheseins«, eingeladen und herausgefordert[14]. Das II. Vatikanum hat wahrgenommen, dass Christwerden und kirchliches Christsein in einem anderen Modus als dem des Erbes geschehen. Es zielt auf einen Weg »zu einer anderen, bewussteren Weise des Christ- und Kircheseins«[15].

Dabei ging es im Grunde um die Aufnahme einer neuen Perspektive der Ekklesiologie, die Guardini mit dem Stichwort »Die Kirche erwacht in den Seelen« bereits zu Beginn der 20er Jahre des 20. Jahrhunderts gegeben hatte: Kirchesein neu zu verstehen als eine geschwisterliche Gemeinschaft des Volkes Gottes – Kirche als eine Gemeinschaft der Kirchen vor Ort. Die damit angesprochene existenzielle Wende der Ekklesiologie ist allerdings bislang nicht hinreichend rezipiert worden. Der Gedanke einer geistlich-existenziellen Partizipation am Geheimnis der Kirche und damit einer bewussteren und geistlich vertieften Weise des Kircheseins konnte sich nicht durchsetzen:

»Tatsache ist, dass sich die erste Rezeption des Konzils bei uns noch weitgehend im Rahmen der noch wirksamen volkskirchlichen Mentalität vollzog. Dem volkskirchlichen Bewusstsein galt die Zugehörigkeit zur Kirche ja noch als selbstverständlich. Nicht diese erschien ihm als ein Problem, vielmehr war ihm ein vordringliches Anliegen die größere verantwortliche Partizipation der Laien, für die die entsprechenden Strukturen zu schaffen waren. Das erklärt, warum uns die Reform der Kirche zu einer Gemeinschaft des Volkes Gottes vor allem eine Strukturreform bedeutete.«[16]

Zusammen mit den Herausforderungen der 68er Jahre und ihrem Anliegen demokratischer Mitbestimmung führte dies dazu, dass das Anliegen einer existenziellen Wende der Ekklesiologie, die im Konzil vorgedacht worden war, nicht so sehr in den Vordergrund trat. Es war weitgehend noch vorausgesetzt, dass Christinnen und

Christen von ihrem Leben her eine kommunale Existenz leben konnten.

Entsprechend dieser vorausgesetzten Existenzkompetenz waren die ersten Rezeptionsversuche dem »kommunionalen Bauplan« des Kircheseins gewidmet: Die Räte- und Sitzungslogik katholischer Ekklesiopraxis ist auf dem Horizont einer Praxis selbstverständlicher Kirchlichkeit ja ein Ermöglichungsraum einer gemeinschaftlichen Spiritualität.

Erst angesichts der Herausforderungen, die das Ende milieuhafter Volkskirchlichkeit deutlich macht, gerät diese Perspektive in veränderter Weise neu in den Blick. Es erweist sich, dass dieser »Bauplan für die Kirche von heute« nur dann ins Leben kommt, wenn christliche Existenz und Spiritualität nicht nur in einer persönlichen Weise aufgenommen wird, sondern auch in gemeinschaftlicher Weise entwickelt wird.

In der Tat hat Papst Johannes Paul II. immer wieder den Versuch unternommen, die vom Konzil gewagte Perspektive einer existenziellen Ekklesiologie in den Fokus kirchlicher Rezeption zu rücken. Einen ersten wichtigen Meilenstein stellt die Bischofssynode 20 Jahre nach dem Konzil dar: Die Neuentdeckung des Communioverständnisses, wie sie dort vorgeschlagen wurde, fand sich in den 80er Jahren allerdings sofort unter Ideologieverdacht. Mit Recht wurde wahrgenommen, dass im Begriff der Communio nicht zuerst eine strukturelle Erneuerung der Ekklesiologie angestrebt war, sondern eine spirituelle Erneuerung. Angesichts der damaligen Auseinandersetzungen wurde der Communio-Ekklesiologie vorgeworfen, mit diesem spirituellen Akzent die Strukturfragen wegbügeln zu wollen. Die Communio-Ekklesiologie konnte sich in ihrer tiefen mystischen Dimension auf diesem Hintergrund nicht durchsetzen.

Johannes Paul II. hat noch ein zweites Mal versucht, dieses konziliare Anliegen in den Blick zu rücken. In seinem Schreiben »Novo Millennio Ineunte« aus dem Jahr 2001, das als sein pastorales Vermächtnis gelten darf, sieht er prophetisch, dass eine zukünftige Kirchengestalt sich wesentlich von einer existenziellen Ekklesiologie her bestimmt:

»Die Kirche zum Haus und zur Schule der Communio zu machen, darin liegt die große Herausforderung, die in dem beginnenden Jahrtausend vor uns steht, wenn wir dem Plan Gottes treu sein und auch den tiefgreifenden Erwartungen der Welt entsprechen wollen.« (NMI 43)

Die »prophetische Intuition« *(Pottmeyer)* des Papstes besteht in der Erkenntnis, dass eine Neugestaltung der Kirche als Communio voraussetzt, sich in eine Spiritualität der Communio einzuleben. In Novo Millennio Ineunte wird diese Spiritualität auch deutlich beschrieben, und zwar so, dass auch die strukturellen Konsequenzen dieses Ansatzes deutlich werden.

Es ist die Theologin M. Eckholt, die dieses Anliegen im Blick auf die Rezeption der Kirchenkonstitution Lumen Gentium weiter vertieft[17]. Auch Eckholt verweist auf die existenzielle Wende der Ekklesiologie des II. Vatikanums. Kirche zu sein, das ist in der Theologie von Lumen Gentium nicht vor allem Struktur, sondern Ort und Erfahrung der lebendigen Gegenwart des Herrn, der sein Volk sammelt. Die hier sich abzeichnende Ekklesiologie orientiert sich dabei – wie schon in der Liturgiekonstitution Sacrosanctum Concilium erkennbar wird – sehr deutlich am Paschamysterium.

Die Kirchenkonstitution Lumen Gentium, die in ihrem ersten Teil die sakramentale Gestalt der Kirche in ihrem Geheimnis beschreibt, und dabei vor allem die Beziehungsgestalt der Kirche ans Licht kommen lässt, bekommt in ihrem zweiten Teil eine existenziell-spirituelle Konnotation. Eckholt verweist im Kontext des Übergangs von einer institutionenzentrierten hin zu einer personal-existenziellen Form des Christseins und des christlichen Glaubens auf die Ordensgemeinschaften, denen hier eine wichtige »Scharnierfunktion« zukommt:

»Es ruft den Kirchen in Erinnerung, dass Glauben ein persönlicher und die Freiheit nicht überspringender Bildungsprozess ist, der sich ausprägt in Lebensformen, deren Attraktivität den Charme des Glaubens, die ›gratia‹ Gottes zum Ausdruck bringt. Die Sichtbarkeit einer Radikalität christlicher Nachfolge, der Zeichencharakter und die besondere Zeugenschaft des

*Ordenslebens und der in ihnen geborgenen spirituellen Ressourcen haben
für viele – sich auch von den Kirchen abwendenden – Zeitgenossen immer
noch besondere Autorität und Anziehungskraft«.*[18]

Es geht Eckholt in ihren Überlegungen besonders darum, die charismatisch gegründeten Ordensgemeinschaften einzuzeichnen in eine
»Ekklesiologie der Freundschaft«. Deswegen ist hier die Lebensform
der Gemeinschaft zu profilieren, wie sie sich biblisch bei Paulus im
Galaterbrief zum Ausdruck bringt *(Gal 3,26–28: »Ihr alle seid einer in
Christus Jesus«)*: Kirche ist in dieser Perspektive eine »Gemeinschaft der
Freunde«, die erwächst aus der Gottesfreundschaft und die sich in diese Welt hinein ausweitet. Was hier von Ordensgemeinschaften Gesagt
ist, kann aber als Ernstfall kirchlicher Existenz insgesamt gelten.

Betrachtet man in diesem Licht die Konzilskonstitution Lumen
Gentium, dann lässt sich ihre innere Logik schlüssig entwickeln:
gerade der II. Teil von Lumen Gentium beschreibt nämlich jene
Existenzvollzüge, ohne die die trinitarische und paschachristologi-
sche Gründung und Grundgestalt der Kirche gar nicht ins Leben
kommt. Kirche, die ja von Gott dem Menschen geschenkt und vorgegeben ist, bedarf einer Weise des Lebens, einer ekklesial gelebten
Taufgnade, wie sie auch Johannes Paul II. in seinen Überlegungen
zu einer Spiritualität in Gemeinschaft andeutet *(NMI 43)*.

*»Kirche als Gemeinschaft der Glaubenden, als Volk Gottes, das in der
Liebe und Freundschaft des lebendigen Gottes gründet, ist nur dann
wirklich und glaubwürdig Kirche, wenn sie aus dieser Freundschaft lebt
und diese Freundschaft sichtbar macht. Dazu ist jeder Getaufte berufen
und herausgerufen. Die Konzilsväter haben in beeindruckender Weise
auf die Verantwortung hingewiesen, die im Taufsakrament und in der
Taufgnade gründen... Dies darf jedoch nicht eine abstrakte theologische
Bestimmung bleiben, die theologische Aussage bewahrheitet sich, wenn
sich auf dem Weg des Hineinwachsens in die Taufgnade Lebensformen
ausbilden, an denen die Freundschaft Gottes mit dem Menschen sichtbar
wird – und zu einer Freundschaft untereinander – in und außerhalb der
Kirche – wird«*[19].

— *Der »existential turn« der Offenbarungstheologie*
des II. Vatikanums —

»In den Heiligen Büchern kommt ja der Vater, der im Himmel ist, seinen
Kindern in Liebe entgegen und nimmt mit ihnen das Gespräch auf. Und
solche Gewalt und Kraft west im Wort Gottes, dass es für die Kirche Halt
und Leben, für die Kinder der Kirche Glaubensstärke, Seelenspeise und
reiner, unversieglicher Quell des geistlichen Lebens ist ... Der Zugang
zur Heiligen Schrift muss für die an Christus Glaubenden weit offen-
stehen.«[20]

Geradezu parallel zu Lumen Gentium mutet die Rezeptionsparabel
der Offenbarungskonstitution Dei Verbum an: Im europäischen
Kontext wurde vor allem der exegetische Zugang aufgenommen und
demokratisiert: Die Blüte nachkonziliarer Exegese und vor allem
auch die Blüte der Bibelarbeit in den Kirchengemeinden sprechen
eine deutliche Sprache.

Weltkirchlich zeigte sich jedoch eine ganz andere Perspektive,
die den Paradigmenwechsel noch deutlicher konturiert. Bewegt von
der Frage einer existenziellen Ekklesiopraxis konnte der Blick auf die
Hermeneutik der Schrift den tendenziell intellektuell-neuzeitlichen
Ansatz einer Popularisierung der wissenschaftlichen Exegese über-
steigen: Denn die Heiligen Schriften werden nicht dann erst zugänglich, wenn jemand über bibeltheologisches Grundwissen ver-
fügt, sondern dann, wenn ein Raum geschaffen wird, in dem sich im
Hören auf die Schrift der Vater seinen Kindern zuwendet und sie in
ein Gespräch einbezieht.

Genau diese Perspektive einer existenziellen Lektüre der Schrift
korrespondiert mit einer kommunionalen Ekklesiopraxis, wie sie
weltweit in den kirchlichen Basisgemeinschaften eingeübt wird, für
unseren Kontext aber noch sehr anfänglich rezipiert wird.

In dieser Sicht eröffnen Wege wie das BibelTeilen einen einfachen Zugang einer kommunionalen Lectio divina, wie sie ansatzhaft
in der vergangenen Synode zum Wort Gottes entwickelt wurden.
Entscheidend aber bleibt auch hier die Intuition, dass das Hören
auf das Wort, das der Vater spricht, nicht nur den Einzelnen in

seiner Christusnachfolge formt, sondern Kirche in jenem kommunionalen Existenzprogramm formt: Kirche als Gemeinschaft des Auferstandenen ist Kreatur, ist Geschöpf des Wortes. Es gehört zu der noch ausstehenden Rezeptionsbewegung der Intuitionen von Dei Verbum, genau diese Dimension in den Blick zu nehmen. Denn im Blick auf eine Erneuerung der Kirche wird immer deutlicher, dass nicht nur den Christen und Christinnen, die sich in unseren Gemeinden engagieren, die Schrift erschlossen werden soll, damit sie aus der Quelle der Schrift noch tiefer zu schöpfen beginnen – es zeigt sich vor allem, dass der Umgang mit der Schrift auch ein Einstiegsweg zum Glauben überhaupt ist und dass es vielmehr darum geht, das Hören auf die Schrift tiefer zu gründen in einem Weg der Ekklesiogenesis durch das Hören auf die Stimme des Vaters. Die Bildung und der Aufbau von Kleinen Christlichen Gemeinschaften und ekklesialen Basisgemeinschaften geschieht gerade auf dem Weg einer Mystagogie des Evangeliums. Dass diese Mystagogie zugleich auch ekklesiale Mystagogie ist, die zu einem tiefen existenziellen Kirchenverständnis führt, macht den Umgang mit dem Evangelium zu einer kirchlichen Priorität[21]: eine Umsetzung des katechumenalen Ansatzes, der für die Zukunft immer mehr gebraucht wird.

— Die charismatische Chance der Kirche —

Im Anschluss an diese Überlegungen kann für unseren Zusammenhang noch einmal deutlicher werden, welchen ekklesiologischen Ort die charismatischen Aufbrüche gerade auch in dieser Übergangs- und Umbruchszeit der Kirche haben. Sie sind ja vor allem existenzielle Aufbrüche zu einem gelebten Christsein, die eben nicht nur die Umkehr und die Berufung des Einzelnen in den Blick nehmen, sondern auch – unter einem besonderen charismatisch bestimmten Gesichtspunkt – eine Sammlung zum Kirchesein beinhalten und mithin für die Kirche insgesamt ein Ort sein können, an dem charismatische Erfahrungen des Kircheseins abgerufen und eingeübt werden können.

Die katholische Kirche entwickelt ihre Ekklesiologie zwar nicht aus der Theologie der Ortsgemeinden, faktisch jedoch hat die katholische Kirche in den letzten Jahrzehnten ihre Ekklesiopraxis immer stärker an einer Gemeindetheologie ausgerichtet, die kirchliches Leben auf die traditionsgeprägte Kirchengemeinde fixierte. Da nun die geistlichen Bewegungen *(wie die Orden auch)* nicht auf dieses einseitige Modell ausgerichtet sind, kam es immer wieder zu massiven Spannungen.

Genau in dieser spannungsreichen Zeit antworten aber – nicht immer ausgereift – die charismatischen Aufbrüche in der Kirche *(und auch außerhalb der Kirche)*. Sie sind in der Tat prophetische Aufbrüche. Man könnte von »Laboratorien« des Geistes sprechen, in denen Zukunftsgestalten und zukünftige Lebensformen des Christentums ausprobiert werden, ohne dass sie natürlich als normativ für die Gesamtkirche eingefordert werden könnten[22].

Der Paradigmenwechsel, für den die charismatischen Aufbrüche exemplarisch und projekthaft stehen, ist ein langfristiger Prozess mit vielen Ungleichzeitigkeiten. Der Kirche muss alles daran liegen, den Geist nicht zu dämpfen, sondern zu bewahren, damit die Bewegungen für diesen epochalen Wandel fruchtbar bleiben. Die katholische Kirche bemüht sich daher, die innovativen und prophetischen Impulse der Aufbrüche zu bewahren, indem sie sie in einer kirchlichen Anerkennung festschreibt: Regeln und Statuten sind keineswegs vor allem rechtliche Festlegungen, sondern »Zielfotografien« für den Geist des Charismas, der ja – je länger sich ein Aufbruch entwickelt – in eine ähnliche Logik gerät wie die Gesamtkirche: So wichtig eine Institutionalisierung ist, so riskant ist es auch, dabei des Geistes verlustig zu gehen, ohne dass man es merkt.

In den langen Prozessen, in denen die Kirche ein Charisma prüft *(und das kann durchaus eine »schwere Prüfung« sein)*, geschieht es aber auch, dass die Kirche als Ganze den Geist der Aufbrüche selbst Schritt für Schritt assimiliert und für das Ganze fruchtbar macht. Dabei stellt sich eben oft heraus, dass die »Laborsituationen«, in denen charismatische Aufbrüche sich entwickeln konnten, natürlich als solche nicht übernehmbar sind. Einzelne Akzente, aber auch die Substanz des Charismas selbst, aber werden oft – ihrer Spezifizität entkleidet – zu Musterelementen einer künftigen Kirchengestalt[23].

— *Das marianische Profil der Kirche* —

Dieses wechselseitige Zusammenspiel liegt gegründet im Verständnis der Kirche. Jenseits einer faktisch gemeindezentrierten Ekklesiologie versteht die katholische Kirche sich selbst als eine Communio in und aus Ortskirchen, als eine Universalkirche. In diesem Verständnis des Kircheseins unterscheidet sich ein marianisches von einem petrinischen Profil. Die Unterscheidung dieser Dimensionen verdankt sich in ihrer Begrifflichkeit Hans Urs von Balthasar. Papst Johannes Paul II. hat diese Unterscheidung aufgegriffen, wenn er in einer bekannten Rede an die Kurie davon sprach, dass diese beiden Profile zu unterscheiden seien. Der Papst betonte, dass das marianische Profil dem petrinischen Profil voranginge.[24]

Was ist gemeint? Die Rede vom marianischen Profil der Kirche verweist auf ihr charismatisches und existenzielles Profil. Immer wieder sind in der Kirchengeschichte prophetisch-charismatische Persönlichkeiten aufgetreten. Durch sie sind Gemeinschaften und Bewegungen entstanden, die ein entscheidendes Element der Erneuerung der Gesamtkirche darstellen. Solche Einbrüche des Heiligen Geistes in die Geschichte hat es immer wieder und in einem überraschend großen Ausmaß gegeben. Es gehört gewissermaßen zur Logik des kirchlichen Lebens, dass es sich aus solchen unplanbaren Einbrüchen des Geistes regeneriert.

Dabei ist dieses charismatische Profil der Kirche – marianisch wird es genannt, weil es die biblische Verkündigungsszene an Maria aufgreift und so in eine tiefe existenzielle Ekklesiologie hineinstellt, die zuletzt in der Kirchenkonstitution des II. Vatikanums aufgegriffen wurde *(vgl. das 7. Kapitel vom Lumen Gentium)* – verwiesen auf das petrinische Profil. Die petrinische Dimension der Kirche verweist auf die gnadenhafte sakramentale Grundstruktur der Kirche, die das theologisch normative institutionelle Gerüst der Kirche beschreibt, die ihrem

Leben Bestand gibt, Erneuerung provoziert und dem Volk Gottes dient oder dienen soll. Im Miteinander dieser beiden Profile und der konstitutiven Spannung zwischen christozentrischer und pneumatozentrischer Perspektive ereignet sich das Leben der Kirche. Benedikt XVI. hat sich – im Kontext seiner Überlegungen zum ekklesiologischen Ort der geistlichen und kirchlichen Bewegungen ebenfalls intensiv mit den beiden genannten Profilen auseinandergesetzt[25]. Er spricht von apostolischen Bewegungen, die nicht einfach der Ortsgemeinde zuzuordnen sind, auch nicht den Ortskirchen, sondern eben zur Apostolizität der Kirche hinzuzurechnen sind: als existenziell-charismatische Aufbrüche zielten und zielen sie nicht darauf, eine eigene Kirche in oder neben der Kirche zu werden. Ganz im Gegenteil ging es den Gründern und Aufbrüchen, den Bewegungen und Gemeinschaften immer darum, in ihrer Zeit das Christsein zu leben – unter einer bestimmten kairologischen Perspektive: mehr nicht. Aber dennoch kam und kommt es dabei immer zu konstitutiven Spannungen mit der bleibenden »Normalform« der Ortskirche und ihren Pfarreien.

Während diese Normalform riskiert, einer bestimmten geschichtlich gewachsenen Gestalt verpflichtet zu sein – und dabei nicht mehr zu unterscheiden zwischen konstitutiven Grundelementen und ihrer geschichtlichen Ausprägung in bestimmten Sozialgestalten –, sind die charismatischen Aufbrüche ihrerseits pneumatisch-prophetische Zeitansagen, in denen das Evangelium sich neu vergegenwärtigt, eine »Auslegung der Christusgestalt« durch die Jahrhunderte.

In den Strukturveränderungen hin zu größeren pastoralen Räumen und neu entstehenden Pfarreien mit drei und mehr Kirchengemeinden liegt nun aber auch eine neue Chance der Geistlichen Gemeinschaften in ihrem Verhältnis zur Großpfarrei. Durch diese Strukturmaßnahmen wird nämlich immer deutlicher, dass in Zukunft mit einer weitaus größeren Vielfalt an kirchlichen Orten gerechnet werden darf: die klassisch geprägte Kerngemeinde ist ja schon jetzt nur einer der Orte des Kircheseins neben vielen neuentstehenden *(früher kategorial genannten)* Orten wie Kindergärten, Schulen, Altenheime. In einem solchen dezentralen »parochialen

Netzwerk« *(Bischof Tebartz-van Elst)* vieler kirchlicher Orte ist auch mehr Platz für charismatische Aufbrüche und Kirchliche Bewegungen.

Angesichts neuerer Ergebnisse der Christentumssoziologie, die jederzeit im alltäglichen Leben einer Kirchengemeinde erkennbar sind *(vgl z.b. die Sinusstudie)* legt sich ohnehin nahe, zum einen mit einer größeren Pluralität kirchlicher Existenzvollzüge zu rechnen und zugleich sehr unterschiedliche Kirchwerdungsprozesse zu fördern.

Dann aber kommt den gegenwärtigen und zukünftigen Pfarrern und den pastoralen Mitarbeiterinnen und Mitarbeitern eine Schlüsselfunktion zu. In einem solchen prekären Übergang braucht es Leitungspersönlichkeiten, die die Weite des Katholischen immer wieder aufbrechen und eine Vielfalt unterschiedlicher Formen der Spiritualität und der entsprechenden Gemeinschaften auch dann würdigen, wenn sie selbst nicht zu einer solchen Gemeinschaft gehören. Der Schutz der bestehenden und kommenden Neuentwicklungen im kirchlichen Leben und die Entwicklung parochialer Netzwerke führt zu einer neuen Vielfalt des Kircheseins in unserem Land. Der Dienst an der Einheit besteht dann darin, die verschiedenen Sichtweisen und Perspektiven immer wieder in den Dialog zu bringen und dafür zu sorgen, dass die Eucharistiefeier für alle zur Herausforderung der kirchlichen Einheit wird.

Es bleibt der Kirche zu wünschen, dass sie – in der Gemeinschaft derer, die ihren Weg in die Zukunft mitgestalten – die immer neuen Einbrüche des Geistes dankbar annimmt, reinigt und integriert und die entstehenden Spannungen aushält – aber nicht auslöscht.

Umgekehrt bleibt natürlich die Frage, ob die neu entstehenden Spiritualitäten und Gemeinschaftsstile auf Dauer Bestand haben können. Fragen richten sich auch auf das spirituelle Niveau der verschiedenen geistlichen Gemeinschaften und Kirchlichen Bewegungen. Auf solche Fragen lässt sich schwerlich generell antworten – die Vielfalt und Unterschiedlichkeit würde Einzeluntersuchungen einfordern. Aber das ist wohl auch nicht leicht im Vorhinein erkennbar. Einige Hinweise mögen hier genügen: Zum einen macht schon die Geschichte des christlichen Ordenslebens deutlich, dass nicht nur große und über Jahrhunderte bestehende Gemeinschaften entstanden sind, sondern dass es ein Werden und Vergehen vieler dieser Gemeinschaften gab, gibt und geben wird. Auch wenn also manche Spiritualität etwas schmalbrüstig wirken könnte, ist über ihre zukünftige Entwicklung noch nichts gesagt.

Die Erfahrungen in der Geschichte der Orden, die sich auch im Kirchenrecht und in den Anforderungen der Kirche an die Gemeinschaften zeigen, machen deutlich, dass es der Kirche immer wieder vor allem darum ging, den Wert eines Charismas in der jeweiligen Regel der Gemeinschaft für die kommenden Zeiten zu verfassen und zu sichern – denn klar ist auch, dass dort, wo ein Charisma nicht mehr in seiner ursprünglichen Kraft gelebt wird, diese Gemeinschaften einen Sterbeweg gehen werden.

Ihren spezifischen Beitrag können Orden und Geistliche Gemeinschaften ohnehin nicht selbst kontrollieren: Ihr Beitrag liegt darin, dass sie entstanden sind auf einen Ruf Gottes hin, der sie in eine bestimmte – oft abenteuerliche – Sendung ruft, unabhängig vom Beifall der Zeitgenossen und auch ohne strategisches Vorhaben. Was der Geist seiner Kirche sagen will durch diese oder jene Gemeinschaft, lässt sich oft erst in der Vogelschau sagen: Die Wirkungsgeschichte einer Gemeinschaft liegt nicht in ihrer Hand.

Als die Pharisäer sich mit dem Problem des Neuen Weges beschäftigten, gab Gamaliel einen weisen Rat: »Wenn denn dieses Vorhaben oder dieses Werk von Menschen stammt, wird es zerstört werden, stammt es aber von Gott, so könnt ihr sie nicht vernichten; sonst werdet ihr noch als Kämpfer gegen Gott dastehen«. Die Pharisäer, so die Schrift, »stimmten ihm zu« *(Apg 5,38f.)*. In dieser Zustimmung steckt eine Gelassenheit und eine Geisteswachheit, die wir gerade angesichts der vielfältigen Umbrüche der Kirche Gottes auch heute gut gebrauchen können.

— *»Liquid church«* —

Während Pete Ward am Anfang seines Buches betont, dass die Rede von der »liquid church« eine Arbeitshypothese ist, die eine

Kirchenentwicklung deuten könnte, scheint mir – sieben Jahre nach Erscheinen des Buches – die eingenommene theologische Grundperspektive Erfahrungen einzufangen, die in der Kirche von England erfahrbar sind unter dem Stichwort »fresh expressions of church«[26]:

»The church must not stand still, because in every age it must seek to be a true expression oft he kingdom«[27]: Zu Beginn der 90er Jahre begann in England eine neue Phase der Evangelisierung, Antwort auf die offensichtlichen Verfallserscheinungen einer klassischen Kirchengestalt. Die Bemühungen um Evangelisierung, die sich vor allem in der Entwicklung und Förderung von Glaubenskursen für Erwachsene ausdrückten, mündeten in einer Erkenntnis: Es entstehen neue Formen des Kircheseins, die neben und in dem Gefüge gewachsener Kirchlichkeit in sehr divergierender Weise anderen, und vor allem jüngeren Menschen, einen Wachstumsraum des Christwerdens und Kircheseins eröffnen.[28]

Genau diese Gemengelage versucht Pete Ward zu reflektieren. Ward entdeckt in den Bemühungen um Evangelisierung eine neue Aufmerksamkeit für die kirchliche Perspektive: Evangelisierung braucht eine ekklesiale Perspektive: mehr noch als eine Verkündigung des Evangeliums braucht es eine Verbindung zwischen den Menschen. Und an dieser Stelle greift Ward die Überlegungen von Zymund Bauman zu einer verflüssigten Moderne auf: Die klassische Kirchenerfahrung zielte auf eine Stabilität ab. In der Tat ist ja bis heute die Zahl der Kirchenbesucher, die mindestens virtuell regelmäßig zur Kirche kommen, ein Indikator der Kirchenentwicklung. Eine formale Zahl wird zum Indikator für die »Gesundheit« des Gefüges, obwohl die Anzahl der Mitfeiernden weder etwas aussagt über das geistliche Wachstum, noch über das Wachsen der Kirche. Ähnliche Kriterien sind die Größe des umbauten Raums und der Gemeindezentren – vor allem aber die Annahme, dass eine Form des Kircheseins für alle Altersgruppen und Kulturen funktionieren müsste. Das stimmt aber für alle, die dabei sind – und für den größten Teil der sich vervielfältigenden und verflüssigenden Moderne – nicht mehr. Schließlich:

»Like a local golf or tennis club, where active members keep the club going through a series of time consuming committees, the church has become an exclusive club run for its members and organized by a team of voluntary helpers. Longterm service gives a degree of authority and deference on the part of others. For many key club members, organizing the club becomes an end in itself«[29].

Mit der Veränderung der gesellschaftlichen Wirklichkeiten verändert sich auch die Bedeutung und Attraktivität solcher festgefügten Kirchengestalten. Denn das ist die Pointe, die auch durch die Rede von der »Mixed economy of churches« *(Rowan Williams)* zu unterstreichen ist: Es kommt zwar zu einer Relativierung der bisherigen Konfiguration der stabilen Kirchengemeinde, aber nicht zu ihrem Ende. Die klassische Kerngemeinde ist eine der vielen Gestaltwerdungen der Verkündigung, die entstehen und wachsen können. Sie wirkt dort attraktiv, wo Menschen eine gemeinschaftliche Identität und Zugehörigkeit suchen – Heimat in der unruhigen und sich ständig wandelnden Wirklichkeit der Welt, eine eigene Lebenswirklichkeit neben anderen Lebensräumen, eine Zuflucht, aber auch ein Ort, an dem Zugang zur Tradition gefunden werden kann.

Ward entwickelt nun aus der theologischen Perspektive einer Leib-Christi-Theologie und im Rückgriff auf die trinitarische Begrifflichkeit der Perichorese eine Kirchenperspektive, die zum einen eine konstitutive Pluralität der Kirchengestalt und zugleich die konstitutive Einheit in Christus denken kann. So kommt er dann zu einer möglichen Beschreibung einer Kirchenentwicklung, die aber nicht mehr planbar ist – eher muss es darum gehen, sie zu ermöglichen. Ganz in der Linie einer inkarnatorischen Ekklesiologie ist es nun nicht mehr eine zentral organisierte Versorgungsstruktur, sondern aus den Lebensumständen und Sehnsüchten wachsende Kirchengestalt, die sich aus der Sehnsucht der Menschen nach Gott, aus ihrem konkreten Lebenskontext und der Verkündigung ergibt. Konstitutive Elemente einer solchen dynamischen Kirchenlandschaft sind dann die Vielfalt von Orten des Kircheseins, in denen unterschiedliche Kommunikationsstrukturen und Zugehörigkeiten, unterschiedliche Dichte der Gemeinschaftserfahrung, unterschiedliche Spiritualitätsstile, unterschiedliche Leitungsstrukturen und unterschiedliche Gottesdienstformen nebeneinander stehen.

Was Ward hier ausmalt, ist an vielen Orten Wirklichkeit geworden: bedeutsam für den Kontext unserer Überlegungen ist die Perspektive einer Vielfalt kirchlicher Orte und eine starke lebensraumorientierte Ekklesiopraxis: Eine solche kreative Praxis führt natürlich dazu, dass an unterschiedlichen Orten sich unterschiedliche Gestalten des Kircheseins entwickeln, die ihre Verbundenheit im Glaubensvollzug finden. Die anglikanische wie auch die katholische Ekklesiologie kann diese Perspektive dann einordnen, wenn sie unterscheiden lernt zwischen der Dienstgestalt der Pfarrei und den in ihr sich ereignenden Kirchenerfahrungen. Hier kommt nun hinzu, dass diese Überlegungen von Pete Ward im Kontext der Evangelisierung gedacht sind. Auf Stabilität setzende Kirchengestalten setzen ja auch immer voraus, dass die Christinnen und Christen schon initiiert sind – »liquid church« offenbart sich als eine mehrdimensionale Initiationswirklichkeit, und nimmt damit auch ernst, dass Kirche als Kirche für »beginner« wachsen will.

Die Erfahrungen, von denen in diesem Buch geredet wird, zeigen dann auch die Möglichkeit einer katholischen Perspektive: Wir leben in einer grundsätzlich katechumenalen Situation einer »liquid modernity«, die viele Aufbrüche des Kircheseins in all ihrer Unterschiedlichkeit ermöglicht. Zugleich aber bleibt die Eucharistie Ziel, Mitte, Höhepunkt und Quelle des kirchlichen Lebens. Zugleich aber werden sich auch als Ausdruck eucharistischer Kirchenkultur neue lokale Zentren des Kircheseins bilden, die ein christliches Leben mit und ohne Katechumenen ermöglichen.

Der Impuls von Pete Ward hat schon vorausgeblickt auf eine existenzielle Sichtweise postmoderner Kirchenwirklichkeit. Diese Gedanken werden von einer anderen Seite aufgegriffen, wenn im englischsprachigen Kontexten von »emerging church« die Rede ist.

— *»Ich muss verrückt sein, so zu leben«*[30] —

»Shane Claiborne. Wohl kein anderer Kollege hat mich in der letzten Zeit so inspiriert wie er. Shane ist radikal. Verwegen. Tollkühn. Mutig. Witzig. Beherzt. Originell ... Shane, der verbindlich in Gemeinschaft lebt und freiwillig ehelos bleibt« *(Christina Brudereck im Vorwort)*.

Kein theologisches Buch, und im Laufe des Lesens auch ein bisschen langatmig – doch die Lebenserzählung des jungen Mannes aus den USA macht etwas von der Mentalität dieser neuen Wege der Suche nach dem Christsein deutlich. Der Begriff der »emerging church«, der in den USA wie in Großbritannien eine postmoderne Kirchenentwicklung beschreibt, kann auch für unser Thema einen interessanten Einblick werfen[31].

Das Szenario ist einfach zu beschreiben: Während wachsende Megachurches und Kirchenaufbrüche noch von einer Tradition gewachsener Kirchlichkeit aller Konfessionen und Denominationen zehren und Gottesdienste und Gemeinden für Kirchendistanzierte erfolgreich gestalten, stellt sich schon längst die Frage, wie nach den massiven Traditionsbrüchen Menschen aller Altergruppen christlichen Glauben finden, interpretieren und leben. Das Beispiel von Shane Claiborne lässt auch einen theologischen Beobachter achtsam werden: Denn seine Suche ist die nach einer persönlichen wie gemeinschaftlichen Radikalität. Die Frage nach einer Konfession stellt sich für diesen jungen Mann nicht mehr. Es gibt keine dialektische Abgrenzung, sondern die Erkenntnis, dass es in allen Kirchenerfahrung Radikalität und Authentizität gibt – und auf diese seine Weise macht dann Claiborne Ernst mit der Geschwisterlichkeit in Leben und Sendung, die er erfährt. Von dieser Warte aus ist dann auch die Erfahrung des Kircheseins in einer doppelten Weise profiliert: Auf der einen Seite lebt er in einer Lebensgemeinschaft, die sich gesandt weiß in das konkrete Leben der Menschen, Gemeinschaft lebt und stiftet, auf der anderen Seite vermag Claiborne auch Zugang zu finden zu den unterschiedlichsten liturgischen Traditionen, an denen er sich beteiligt.

Dieses erstaunliche Zeugnis wird aus der Perspektive eines Protagonisten der Emerging-Church-Bewegung bestätigt: Wer Dan Kimballs Reflexionen folgt, der entdeckt, dass sich hier Christinnen und Christen radikal auf eine postchristliche Welt einlassen: »Die Ausrichtung auf Kirchendistanzierte hat das Verständnis von Kirche revolutioniert. Doch am Beginn eines neuen Zeitalters fühlt sich eine immer größer werdende Gruppe von Menschen durch diese Form von Gemeindearbeit nicht mehr angesprochen. Wie sollte ein Gottesdienst aussehen, damit er Menschen erreicht, die postmodern denken und fühlen?« *(Dan Kimball)*

Ganz parallel zu dem persönlichen Lebensbericht von Shane Claiborne entwickelt sich hier eine Spiritualität und Gemeinschaftspraxis, die Maß nehmen will am Urchristentum: Die Radikalität christlicher Existenz, aber auch der eklektische Rückgriff auf monastische Traditionen und klassische Liturgie machen sichtbar, dass eine solche postmoderne Aufbruchsbewegung als Kirche für Beginner recht gut zu beschreiben ist. Es wird also deutlich, dass auch hier Menschen ganz von ihrer existenziellen Suche bestimmt nach vielfältigen Anschlüssen an die christliche Tradition suchen.

Damit ist auch klar, dass im Blick auf die zukünftige Kirchengestalt unsere Beobachtungen bestätigt werden: Zunächst wird Christwerden und Kirchenentwicklung von existenziellen Impulsen geleitet sein. Dabei ist deutlich, dass es die Gestalt des Kircheseins ermöglichen sollte, dass Menschen auch eine genuine Erfahrung des Gesammelt-Werdens und Zugehörig-Seins mit Christus möglich werden muss: Gemeinschaft des Glaubens als Wachstumsraum des Lebens in Christus will erfahrbar sein. Das ist ein starkes Plädoyer für lokale und differenzierte Glaubens- und Kirchenorte, die in unterschiedlicher Weise auch den Glauben und dessen Sendung bezeugen.

Zugleich aber wird eines deutlich: Immer mehr werden Menschen zunächst einmal lange Zeit auf der Suche und auf dem Weg sein. Inmitten der und umfangen von der sakramentalen Dienstgestalt der Kirche, umfangen vom eucharistischen Geheimnis wird die Zukunft der Kirche einen sehr starken Akzent auf vorkatechumenalen Weggestalten haben. Der eigentlichen Initiation in den christlichen Glauben als einem gestalteten Wegprozess gehen wahrscheinlich auch ganz unterschiedliche Weggestalten des Kircheseins voraus: Kirchen für Beginner.

— *Merkmale kirchlicher Zukunft* —

Mit Philip Jenkins[32] wird man diese unterschiedlichen Weg- und Zielgestalten kirchlicher Existenz an drei konstitutiven Essentials für die Zukunft messen müssen.

Zum einen erweist sich rein zahlenmäßig, dass solche Kirchengestalten in der Tat immer von einem charismatischen und existenziellen Antrieb geprägt sind: Christwerden und Kirchesein geschieht dort mit Wachstumsperspektive, wo in einer ganzheitlichen und geistergriffenen Weise Menschen ihren Glauben als Einzelne wie auch als Gemeinschaft erfahren können. Zugleich aber ist dies keine rein emotionale Geprägtheit. Ganz im Gegenteil beschreibt Jenkins diese Zukunft auch als eher »konservativ« denn liberal-europäisch: Angesichts der vielfältigen Unbestimmtheit und konstitutiver Desorientierung suchen Menschen heute nicht nur nach subjektiven Glaubensmeinungen, sondern nach authentischen und authentisch gelebten Traditionen, die jenseits des bloßen Meinens auf den wirklichen Ursprung zurückverweisen.

Und schließlich ist auch darauf zu achten, dass der Ort des Christseins nicht die bürgerliche und satte Mitte ist. Kirche, so Jenkins, wächst mit der Not und den Leiden der Armen:

»Das Christentum blüht in erstaunlicher Weise auf unter den Armen und Verfolgten, während es unter den Reichen und Abgesicherten zu verhungern scheint. Bedient man sich der traditionellen marxistischen Sicht der Religion als ›Opium des Volkes‹, kann man dazu neigen, sie in Verbindung zu bringen mit fehlender Entwicklung und Modernisierung. In einer sich entwickelnden modernen Gesellschaft werde sie zunehmend verschwinden. Diese Schlussfolgerung ist jedoch töricht, da sich offensichtlich auch unterschiedlichste enthusiastische Formen des Christentums unter gebildeten und hochgradig technologisch orientierten Völkern erfolgreich verbreiten ... Zugleich verdeutlicht die heutige Verbreitung des Christentums auch, dass diese Religion größte Erfolge verzeichnet, wenn sie den tief gehenden Pessimismus gegenüber der säkularen Welt sehr ernst nimmt, der das Neue Testament kennzeichnet«[33].

Mithin kann es in dieser existenziellen Ekklesiogenesis wohl kaum eine Gestalt des Christwerdens wie des Kircheseins geben, die nicht ihr konkretes Eingebundensein in die Welt ernstnimmt und sich als Kirche mit den Armen und Leidenden versteht. Es geht sicherlich nicht darum, sich der Kultur anzupassen – und sich einzurichten, weswegen der Begriff kirchlicher Beheimatung auch sehr ambivalent scheint. Es braucht für eine Kirchenperspektive der Zukunft jenen eschatologischen und apokalyptischen Atem, der am Beginn unseres Nachdenkens steht.

2. Was auf uns zukommt: Die postindividualistische Gesellschaft

Die vergangenen Jahre standen kirchensoziologisch im Zeichen der Sinusstudie. Die brillanten Vorträge ließen deutlich werden, was vorher eher fühlbar war: Es gibt eine starke Milieuverengung in den engagierten Gemeindemilieus, eine starke Überalterung und Traditionsprägung in engagierten Gemeindekreisen, eine »Exkulturation« gemeindlichen Christentums.

Doch was heißt eine solche Studie für die Zukunftsgestalt der Kirche? Lässt sich aus den Ergebnissen der Sinusstudie eine milieugerechte Pastoral entwickeln? Und hat die hier insinuierte »Profilbildung« von Schwerpunktgemeinden ein theologisches Recht – über die soziologische Eingängigkeit hinaus? Daran entzündete sich zu Recht der Streit.

Eine Grenze der Sinusstudie liegt in ihrer methodischen Fixierung auf die kerngemeindliche Dimension der Kirche und ihre vereinsorientierte Gestalt und den damit verknüpften Milieubeschränkungen, die leider auch die Liturgie prägen. Diese Fixierung hält im Hintergrund ein volkskirchlich ererbtes Christentum fest und macht dies vielleicht unbemerkt zur Matrix auch zukünftiger Entwicklungen, so dass kundenorientiert gefragt werden müsste: Wie könnten wir denn alle erreichen, wobei im Hintergrund mitschwingt, dass dies die

Aufgabe der »Institution«, der »Professionellen« sein müsste. Damit erweist sich aber die Sinusstudie befangen in den pastoraltheoretischen Voraussetzungen, aus denen sie ja auch einen Ausweg suchen will. Letztlich zeigt sie sich also eingefangen in dem überkommenen Gefüge volkskirchlich-christlicher Selbstverständlichkeit.

— *Neue Fragen* —

Soziologisch und zeitdiagnostisch wären aber auf dem Hintergrund unserer ekklesiologischen Zeitansagen andere Fragen, neue Fragen zu stellen: Zu bewahrheiten wäre nämlich, ob angesichts der kirchlichen Perspektive eines existenziellen Gefüges des Christwerdens und Christbleibens überhaupt mit Recht von einer »anima naturaliter ecclesiale«, von einer Sehnsucht nach Kirche als Gemeinschaft gesprochen werden darf. In kirchlichen Kreisen, vor allem auch im kirchensoziologischen Milieu, wird ja ein ausgesprochener Individualismus diagnostiziert und zugleich eine tendenzielle Milieuabschottung durch »Ekelgrenzen«, die das Eigentliche des Kircheseins, nämlich die über Wahlverwandtschaft hinausreichende *(sakramentale)* Eingefügtheit in eine Gemeinschaft von Brüdern und Schwestern in Jesus Christus, eher unwahrscheinlich macht. Lässt sich hier zeitdiagnostisch Neueres sehen als die ewige Wiederholung der modernen Trias von Mobilität, Individualisierung und Pluralismus?

Die charismatischen Aufbrüche, in denen ja, wie wir sahen, die Zukunft des Christseins angedeutet sein könnte und die auf kleinere und lokalere Gemeinschaftsbezüge setzen, geben offensichtlich auch eine Antwort, indem sie zum einen ihre Attraktivität gerade im Miteinander der Gerufenen sehen, unabhängig vom Alter und in sich so schon eine hohe Pluralität jenseits der Milieugrenzen bezeugen. Zum anderen machen aber gerade die charismatischen Aufbrüche in der Kirche mehr als deutlich, dass es einen Paradigmenwechsel gibt weg von zu stark institutionalisierten Kirchengefügen hin zu Gefügen, die von Schlüsselpersonen getragen werden: Der charismenorientierte Aspekt steht hier im Mittelpunkt. Hier findet sich auch der Erfahrungsraum für jene »Spiritualität der Gemeinschaft«, die Johannes Paul II. als Lebensform der Communio-Ekklesiologie in den Blick rückte. Aber: lässt sich denn entdecken, ob eine solche Kirchenperspektive auf die Sehnsucht der Menschen von heute antwortet? Deswegen ist ein neugieriger Blick auf Zeitdiagnostik wichtig. In einigen »Bohrungen« sollen im Folgenden Proben entnommen werden. Sie weisen in der Tat darauf hin, dass die kirchliche Ahnung von einer neuen Kirchengestalt sehr wohl genau jene pneumatische Antwort auf die Zeichen der Zeit ist. Sie rücken in den Blick, ganz im Kontrast zum bisherigen Mainstream, dass die Menschen unserer Zeit dringend auf der Suche sind nach einer neuen Mitmenschlichkeit. Diese Orientierung hin zu einer Zivilisation der Mitmenschlichkeit, die heute mehr denn je »in der Luft liegt«, fordert die Kirche unserer Zeit nicht nur zu einer unvoreingenommenen Wahrnehmung heraus, sondern weist sie auch ein in eine zentrale Aufgabe: »Zeichen und Werkzeug« für und damit Protagonist in dieser neuen Kultur der Gemeinsamkeit zu werden und den Lebensstil des Evangeliums als Antwort für die Gestaltwerdung dieser neuen Gesellschaftsphase anzubieten.

— *Von den neuen »Wirlingen«* —

Horst Opaschowski und sein Hamburger Institut, die Stiftung für Zukunftsfragen, haben in ihrer letzten Untersuchung unter dem Stichwort »Vision Deutschland – Neue Wege in die Welt von morgen«[34] einige neue Trends entdecken können, die in überraschender Weise auf eine neue Tendenz weisen: Statt Egomanie in Richtung »Wirlinge«, statt Milieubegrenztheit zur Intergenerationalität, statt passagerer Mobilitätsbeziehung zur Nachbarschaft.

Dies ist genauer zu sichten: Opaschowski möchte mit seinen Deutungen der Diagnosen eine visionäre Perspektive für die deutsche Gesellschaft entwickeln. Dabei konstatiert er – überraschend parallel zur kirchlichen Situation: »Es kann daher nicht weiter überraschen, dass die überwiegende Mehrheit der Bevölkerung bisher ein negatives Zukunftsbild hat. Zukunft stellt für sie keine stimulierende, eher eine abschreckende und entmutigende Orientierungsgröße dar. Es liegen kaum Erfahrungen im Umgang mit positiv aktivierenden Zukunftsentwürfen vor.«[35]

Doch wenn man genauer hinschaut und auch ein wenig gegen den Strich deutet, dann fällt schon eine erste Entwicklung auf: Während die Abkehr der Bürger von der Parteipolitik oft als Politikverdrossenheit und Verlust der demokratischen Tugenden kritisiert wird, ereignet sich faktisch etwas anderes:»Weg von Parteipolitik und Wahlkämpfen – hin zu Bürgerinitiativen und NRO's für Umweltschutz und Menschenrechte, Dritte Welt und soziale Anliegen, Selbsthilfegruppen und Nachbarschaftsnetzwerke. Als Zukunftstendenz zeichnet sich ab: Bürgerbewegungen von heute können postdemokratische Parteien und freie Wählergruppen von morgen sein.«[36]

Was sich schon an diesem ersten Untersuchungsaspekt abzeichnet, gewinnt durch weitere Umfrageergebnisse weiter Kontur:»Die Bevölkerung wünscht sich von einer zukunftsfähigen Politik mehr Vorsorge, vor allem die aktivierende Unterstützung gemeinnütziger Tätigkeiten und sozialer Engagements der Bürger selbst ... Konkret: Die vorrangige Förderung freiwilliger Nachbarschaftshilfen durch Helferbörsen in Wohnquartieren. Die Bürger wollen sich mehr helfen – wenn man sie nur lässt und dabei infrastrukturell unterstützt.«[37]

Was sich hier abzeichnet, ist eine Profilierung lokaler Solidarität, die gesellschaftliche Anliegen ortsnah in den Blick nimmt und in die Hand nimmt. Das spricht für einen dezentralisierenden und subsidiären Ansatz, der ortsnahe und lebensraumorientierte Gemeinschaften unterstützt. Diese Richtung wird noch durch eine weitere Beobachtung gestützt:»Zwei Drittel der Bundesbürger halten generationsübergreifende Baugemeinschaften, Hausgemeinschaften und Wohnungsgemeinschaften für besonders wichtig«.[38]

Das widerspricht geradezu jenen Analysen, die den Zeitgenossen unterstellen, immer nur in ihrem Milieumfeld Gemeinschaftsformen zu entwickeln. Ganz im Gegenteil wird hier die ortsnahe und lokale Prägung generationsübergreifender Gemeinschaftsbildungen gestützt. In der Tat, so Opaschowski, wird als Tendenz deutlich, dass beim Nachdenken der Bürger über nachhaltigen Wohlstand der Blick immer intensiver auf intakte soziale Beziehungen fällt:»Intakte soziale Beziehungen sind beglückender als die Anhäufung materieller Wohlstandsgüter. Beim Nachdenken über nachhaltigen Wohlstand geht es um das Gelingen des Lebens.«[39] Die Umfrage resümiert, dass sich die deutsche Bevölkerung nach einer Gesellschaftsordnung ausstreckt, in der der Zusammenhalt der Generationen ebenso im Mittelpunkt steht wie zugleich eine »Hilfeleistungsgesellschaft« entwickelt wird, in der sich die Menschen wieder mehr selbst helfen.»Die Deutschen rücken wieder mehr zusammen. Das Vertrauen wächst wieder. Und Hilfsbereitschaft steht hoch im Kurs. Statt also wie in Wohlstandszeiten auseinander zu driften, machen die Menschen – wie schon immer in Krisenzeiten – die Erfahrung des Aufeinander-Angewiesen-Seins. Das größte Vertrauen bringen die Jugendlichen ihren Mitmenschen entgegen. Dies lässt für die Zukunft hoffen. Denn nachweislich wächst mit dem Vertrauen auch die Gemeinschaftsfähigkeit«[40].

So resümiert Opaschowski:»Die Zukunft Deutschlands gehört keiner Gesellschaft der Ichlinge, sondern einer Gemeinschaft selbst- und pflichtbewusster Bürger, die gesellschaftliche Verfallsprozesse aufhalten und sozialen Zusammenhalt beweisen wollen«[41]. Das gilt noch deutlicher für die jüngeren Generationen. Sie streben eine Generationengesellschaft als Leitbild an,»in der Alt und Jung konfliktlos miteinander leben und sich gegenseitig stützen und unterstützen können«[42]. Dieser bemerkenswert hohe Wunsch nach sozialer Verantwortung kennzeichnet das Zukunftsszenario unserer Gesellschaft.

Diese Zeichen der Zeit, die hier vom Evangelium her gedeutet werden wollen, entsprechen in frappierender Weise den ekklesiologischen und ekklesiopraktischen Erwägungen, die wir bisher angestellt haben. Während bis in die jüngere Vergangenheit mehr als fraglich war, ob nach der Auflösung selbstverständlicher Milieubindungen überhaupt eine milieuübergreifende Bildung von Gemeinschaften denkbar ist, zeigt sich hier eine gänzlich andere Tendenz. Auch wenn eine hohe Mobilität und eine hohe Selbststeuerung der Individuen auch in Zukunft zu den Charakteristika postmoderner Persönlichkeiten gehört, ist doch zugleich eine höhere und milieuübergreifende Sozialeinbindung zu beobachten. Das bedeutet nicht, dass nun eine Rückkehr in klassische kerngemeindliche Konfigurationen zu erwarten wäre. Dies wird deswegen so nicht geschehen, weil in Zukunft das Wachsen des Glaubens und die Aneignung der Tradition der Christinnen und Christen anders »codiert« ist: Menschen werden anders Christen, und deshalb werden sie auch ihre Ekklesialität anders leben. Zum einen werden die Aufbrüche kirchlicher Gestalt eine große Verschiedenheit aufweisen, zum anderen aber brauchen sie eine lebensräumliche und beziehungsorientierte Anbindung. Damit wird immer mehr möglich, dass Kirche sich im konkreten Lebensumfeld bildet – und doch zugleich verwiesen ist auf die Pfarrei als jenem gewährenden und nährenden Raum der Ermöglichung, Begleitung und Förderung neuer Sozialformen des Christseins.

In diesem Horizont einer postindividualistisch-solidarischen Gesellschaft erweist sich eine Zukunftsentwicklung der Kirche unter dem Leitwort der Partizipation und der lokalen Gemeinschaften als sehr vielversprechend. Dies wird noch viel deutlicher, wenn man in einem zweiten Schritt die brisanter werdende soziale Entwicklung in den Blick nimmt.

— *Nachbarschaft und Solidarität neu denken* —

Pfarrer Kunz lerne ich bei einem bundesweiten Katechumenatskongress im Mai 2009 in Frankfurt kennen. Dort erzählt er von der Plattenbausiedling in Halle: In seiner Pfarrei im Osten Deutschlands hat er sich in lokale Bürgerinitiativen eingebracht ... und dabei seine klassische Diasporagemeinde irritiert: was haben wir denn mit denen zu tun *(zumal wenn sie ehemals Kommunisten waren ...)* Doch sein Mitleben, sein Interesse, seine Dienstbereitschaft ist ein Zeugnis: Ob es um Kinder von Alleinerziehenden geht, um Aktionen im Stadtteil, um eine Armenküche – immer engagiert er sich selbstlos mit. Und so geschieht das Wunder des Glaubens: Ehemalige Genossen der Partei, Mitglieder der Linken, wollen Christen werden. Und werden es.

Auch hier ist es der lokale Bezug, die lokale Verortung, der konkrete Dienst an den Menschen, der zu einer neuen Weise des Kircheseins führt, weil die Menschen sich angesprochen fühlen – weil die Armut und die Not der Ausgangspunkt für eine neue Solidarität wurden. Genau dies aber, so Klaus Dörner, ist eine Bewegung, die schon seit einigen Jahrzehnten eine neue Richtung hin zu einem »dritten Sozialraum« weist[43]. Dörners Interesse stammt aus seiner früheren Berufstätigkeit als Leitender Arzt der Westfälischen Kliniken in Gütersloh. Ausgangspunkt seiner Beobachtungen ist eine Aufgabe, die sich einer demographisch immer älteren Gesellschaft stellt, und die Frage, wie die gesellschaftliche Hilfe für Ältere und Alte, für Demente und Behinderte, aber auch für die vielen psychisch Kranken gestaltet werden kann.

Dörner nimmt dabei besonders die wachsende Zahl der Dementen in den Blick und versucht, ihre Lebenswirklichkeit als zu würdigende Form des Alterns zu beachten. Diese Sichtweise führt dann aber auch dazu, dass das Hilfesystem der Moderne in Frage gestellt wird: »Wenn ihr uns Demente und anders Pflegebedürftige wieder zu eurem Gemeinwesen zählt, das Altern und Sterben wieder resozialisiert, schenken wir euch dafür ein Menschenbild, das vollständiger ist als das der Moderne. Denn ein solches ist einmal vom Letzten her gedacht, und das sind … wir Dementen. Weiterhin bleibt in einem solchen Menschenbild der Mensch in seinen Beziehungen von der ersten bis zur letzten Minute auch kindlich: abhängig, zufallsoffen, verletzlich, spontan-kreativ … zum anderen bleibt der Mensch aber auch bis zur letzten Minute erwachsen …«[44]

In dieser Perspektive und mit solch einem tiefen Menschenbild stellt sich die Frage nach der Funktionalität eines Hilfesystems, das seit 1880 ganz gut funktioniert, aber seit längerer Zeit in Aporien führt: »Ewig konnte die Wirksamkeit der Institutionalisierung des Helfens nicht andauern. Irgendwann musste diese – anfangs erfolgreiche – Problemlösung aus sich selbst heraus scheitern, und zwar an der Realität der Eigenheiten von uns Menschen, auch wenn sich dies erst in ein paar Jahrzehnten vollends auswirken wird. Zu abnorm war dieses flächendeckende Anstalts- und Heimsystem. Noch nie zuvor war eine Kultur auf die Idee gekommen, alle Bürger nach ihrer zeitgemäßen Brauchbarkeit zu sortieren ...«[45]

Die Vision einer solchen Gesellschaft führte dann zur Zerschlagung solidarischer Bindungen unter den Menschen zugunsten einer hohen wirtschaftlichen Funktionalität der »Brauchbaren«. So ist die ursprünglich einmal annehmbare Perspektive der Heime auch aufgrund der faktischen Entwicklungen hin zu Orten, an denen die Würde des Menschen sich nicht mehr entfalten kann, nicht mehr akzeptabel.

Dass Dörner den Ausgangspunkt eines Menschenbildes wählt, das bei den schwächsten Gliedern ansetzt, lässt ihn nicht übersehen, dass die Kostenkrise dieses Systems von einer anderen Seite her wie von selbst zu einer neuen Lösung drängen muss. Aber dieser Ausgangspunkt ist Absicht: »Ich will nämlich damit zeigen, dass die Deinstitutionalisierung des Helfens, und im Einklang damit die stärkere Berücksichtigung der sich renormalisierenden Bürgerwünsche, zu leben und zu sterben, wo ich hingehöre, sich in jedem Fall aus sich selbst heraus ereignen wird, gleichgültig ob die ökonomische Konjunktur besser oder schlechter ist ... man kann auch von der Normalisierung des Helfens sprechen, nicht mehr den Menschen zur Hilfe, sondern wieder die Hilfe zum Menschen bringen«[46].

Aus Gründen eines zutiefst christlichen Ansatzes bei der Menschenwürde, der diese auch zugleich solidarisch begründet, ist also eine Tendenz hin zu einem neuen Hilfesystem zu erkennen. Ein Gefüge, das auch ökonomisch notwendig wird.

Aber wächst eine solche Perspektive? Gibt es Hinweise auf eine »Bewegung« in dieser Richtung? Hier, an dieser Stelle seiner Überlegungen, wird das Nachdenken Dörners auch für unseren Zusammenhang sehr relevant und wichtig. Denn eine deinstitutionalisierende und den lokalen Beziehungsraum ernstnehmende Tendenz menschlicher Entwicklung ist ein starkes Zeichen der Zeit auch für eine mögliche kirchliche Entwicklung.

Angesichts der faktischen Deinstitutionalisierung der Kirche als flächendeckende Pfarrgemeinde wächst neu die Unterscheidung zwischen dem sakramental-institutionalisierten Dienst der Pfarrei, der das Wachsen lokaler Gemeinschaften und Gemeinden fördern will. Nur schien es bislang so zu sein, dass die soziologischen Trends gar nicht in die Richtung lokaler Gemeindebildungsprozesse zielen könnten.

Auch aus einer anderen Sicht sind die Beobachtungen Dörners bedeutsam: Ausgangspunkt seiner Überlegungen ist die Frage, wie die Menschenwürde gerade auch der Schwächsten und Letzten zum Ausgangspunkt für eine neue Gemeinschaftsbildung werden kann. Theologisch findet sich hier eine ekklesiologische Option für die Armen, die ihren Ausgangspunkt in der Frage hat, wie die Verkündigung des Evangeliums zu einer Gemeindebildung mit dem Blick auf die Ärmsten führt.

Es wirkt in diesem Kontext geradezu grotesk, dass zum einen Kirchengemeinden um ihre eigene Zukunft kämpfen und den sozialen Nahraum dabei leicht aus dem Blick verlieren – den Ort, an dem christliche Gemeinschaftswirklichkeit wachsen könnte.

Nur zögerlich entdeckt die Pastoral den Reichtum nachbarschaftlicher Initiativen und behauptet zuweilen immer noch, dass im Zeitalter von Mobilität und Erfahrungsorientierung die lokale Dimension des Kircheseins in ihrer Bedeutung zurücktreten wird. So wahr dies für klassische milieubeschränkte Gemeinden ist, die sich als Spätfrucht der Milieuauflösung auch immer mehr als Sammlung individueller Spartengruppierungen zeigen, so sehr verdienen die Beobachtungen Dörners hohe Beachtung

Für den gesamten sozialen Bereich macht Dörner schon länger wirkende unterirdisch wirkende Tendenzen aus, die zu einer Deinstitutionalisierung der Hilfesysteme führt und zur Entdeckung des »dritten Sozialraums«, dem Gefüge einer ortsnahen »Community«, in der Schwache und Kranke das Zentrum bilden.

Seit 1980, so die überraschende These Dörners, ist faktisch eine neue Bürgerbewegung entstanden, die dabei »den dritten Sozialraum *(zwischen privat und öffentlich)* der Nachbarschaft wiederbelebt«[47]. Er diagnostiziert einen tief greifenden kulturellen Umbruch um den Beginn der 80er Jahre des 20. Jahrhunderts. Was hier mit dem Begriff der Deinstitutionalisierung eher negativ beschrieben ist, wird nun auch immer mehr mit Begriffen wie »community care«, »inclusion« oder »community living« positiv konnotiert.

Dörner weist nun eindrucksvoll eben diese »Zeitenwende« auf, indem er auf Phänomene wie die neue Freiwilligenarbeit und die Freiwilligenbörsen, aber auch das Neuwachsen von Nachbarschaftsvereinen, vor allem aber auch das massive Wachstum der Selbsthilfegruppen beschreibt. Eines dieser Phänomene, die alle vor 1980 kaum wirksam werden, ist die Hospizbewegung. Die Bemühungen um die Aidshilfe, aber auch generationenübergreifende Siedlunsgsbewegungen sprechen eine ähnliche Sprache, wie auch das Faktum, dass immer noch 70 Prozent der Alterspflegebedürftigen und Dementen zu Hause gepflegt werden.

Dörner versucht, diese neue dezentral wachsende Bürgerbewegung vorsichtig zu umschreiben. Sie ist »solidaritäts-orientiert«, weil sie von der Armut und Hilfsbedürftigkeit des Anderen herrührt, der mich »zum Nächsten werden lässt«, wie vom Evangelium des barmherzigen Samariters her zu formulieren ist. »Und ›neu‹ nenne ich diese basale, mich dem konkreten Anderen aussetzende Bürgerbewegung, weil sie den Sprung ins neue Hilfesystem, die neue ›Kultur des Helfens‹ zum Ausdruck bringt. Insofern hat das nichts mit dem uns noch vertrauten ›Ehrenamt‹ zu tun, das das Modernisierungszeitalter der Institutionalisierung des Helfens als schmückendes Beiwerk begleitet hat, als noch ein bisschen schuldbewusstes Alibi der absoluten Helfens-Dominaz der Profis, ... was schon daran sichtbar ist, dass der Begriff des ›Ehrenamts‹ vormodern-vorprofessionell aus der Feudalzeit stammt«[48].

Nichts anderes als eine radikale Umkehrung geschieht hier von einem profizentrischen zum bürgerzentrischen Konzept – ja zu einem Gefüge, in dem die Solidarität der Bürger zu einem Weg gegenseitiger Solidarität führt, und in dem professionelle Dienste stets zu der Befähigung zu diesem mitmenschlichen Dienst führen. Wer Dörners Überlegungen hier folgt, der kommt zu einer weiteren erstaunlichen Parallele. Es scheint ja so, als ob sich – parallel zu den pastoralen Entwicklungen einer Kirche im Nahraum und der nachfolgenden Neubestimmung des Verhältnisses von gemeinsamem Priestertum der Gläubigen und dem Dienstamt – Ähnliches in dem neuen Bürgergefüge des Helfens ereignet.

Von diesen Tendenzen ausgehend entwickelt Dörner die Idee vom dritten Sozialraum: Es ist die Nachbarschaft, denn »die wichtigste Gemeinsamkeit der vielen Initiativen der neuen Bürgerbewegung ist, dass sie überwiegend in diesem Sozialraum der Nachbarschaft stattfinden, ja, dass sie durch ihr praktisches Tun Nachbarschaft überhaupt erst wiederbeleben und dadurch die Struktur der Gesellschaft verändern ... Mit Ausnahme der auch insofern abnormen Epoche der Modernisierung *(1880–1980)* konnte keine Kultur der Menschheitsgeschichte auf diesen dritten Sozialraum verzichten, weil er für das notwendig war, was die Fähigkeiten des einzelnen familiären Haushalts überstieg; also einmal für die Integration zwischen sozial Innerem und Äußerem, Eigenem und Fremden, und zum anderen für das Helfen, also für den überdurchschnittlichen Hilfebedarf, für die Alleinstehenden, die gar keine Familie haben, und für die Bewegungsbeeinträchtigten, damit sie alles fußläufig erreichen können, was sie zum Leben brauchen.«[49]

Dörner entfaltet im Folgenden eine »Kriteriologie der Nachbarschaft«, die die kraftvolle Wirklichkeit dieser Solidaritätswirklichkeit in den Blick rückt[50]. Eine solche Kriteriologie der Nachbarschaft ist auch für unsere Überlegungen zu einer Kirche in der Nachbarschaft mehr als relevant. Es wird hier noch einmal deutlich, dass auch im europäischen Kontext die Neugründung lokaler Gemeinden das Gebot der Stunde ist – umso mehr, als Dörner den lokalen Gemeindebildungen eine neue Chance zumisst: »In der Ära der Moderne galten Diakonie und Caritas ... meist als das fortschrittliche Aushängeschild der Kirchen, während die Kirchengemeinden eher als rückständig belächelt wurden. Unter den Bedingungen der neuen Kultur des Helfens dreht sich diese Wertschätzung um: Institutionalisierung wird abgewählt und die Hilfe soll wieder dahin kommen, wo die Menschen leben und hingehören wollen. Unter diesem Aspekt erhält die Kirchengemeinde einen dramatischen Standortvorteil. Denn, soziologisch gesehen, ... sind die Kirchengemeinden die einzige flächendeckende Institution, die mit ihrem Einzugsbereich ziemlich genau dem Territorium des dritten Sozialraums, des Wir-Raums, der Nachbarschaft, entspricht ... Und diese territoriale Voraussetzung ist, wie wir gesehen haben, entscheidend für die Chance, systematisch Nachbarschaftsmentalität wach zu küssen.«[51]

In dieser von Dörner aufgerissenen Perspektive finden sich unsere Überlegungen zu einem neuen ekklesiologischen Paradigma geradezu überraschend deutlich wieder. Kann man hier nicht wirklich daran denken, dass solche Zeichen der Zeit aus der Sicht der Kirchenentwicklung zu einem neuen Zueinander führen. Denn Kirche, gerade Kirche in der Nachbarschaft, wird so tatsächlich zum »Sakrament«. Durch das Leben der Christinnen und Christen wächst in der Eingebundenheit in den nachbarschaftlichen Sozialraum allen Menschen die Gabe zu, einander zu dienen, während die Christen als Kirche in der Nachbarschaft verwirklichen, was ihnen die Konstitution Gaudium et Spes aufgibt: den Menschen dort zu dienen, wo sie mit ihnen leben. Der größte Beitrag einer solchen Kirche in der Nachbarschaft ist dann nämlich die Gabe der Gemeinschaft und die Gabe und Weisheit einer existenziellen Kirchenwirklichkeit, die alle Menschen aller Glaubensüberzeugungen mit einbezieht.

In der Tat ist dies der Schritt, in der Gesellschaft, in der wir Kirche sind, jene Ressourcen und Tugenden der Gemeinschaftsbildung zu leben, zu bezeugen und zu vermitteln, auf dass wirklich eine »Zivilisation der Liebe« wachsen kann: »Die kirchlichen Basisgemeinden ... sind Gruppen von Christen, die sich auf familiärer Ebene oder im begrenzten Umkreis treffen. Sie kommen zusammen um zu beten, die Heilige Schrift zu lesen, das Glaubenswissen zu vertiefen und menschliche und kirchliche Probleme im Hinblick auf ein gemeinsames Engagement zu besprechen ... Basisgemeinden sind Ausgangspunkt für eine neue Gesellschaft, die gegründet ist auf eine ›Zivilisation der Liebe‹. Sie werden zum Sauerteig zur Umwandlung der Gesellschaft.«[52]

— *Es ist Zeit für eine Kirche in der Nachbarschaft!* —

Die Überlegungen der Trendforschung, aber auch die tiefgreifenden Analysen Klaus Dörners könnten noch erweitert werden. Zu denken ist hier an die amerikanische Perspektive des »Community organizing«, die in Deutschland mehr und mehr Gewicht gewinnt[53].

Deutlich wird im Hinhören auf alle diese Impulse aber vor allem eines: Die Perspektive einer Kirche in der Nachbarschaft ist nicht deswegen attraktiv, weil sie – unter veränderten strukturellen Vorzeichen – eine Fortsetzung des territorialen Pfarrprinzips verspricht. Nein, mit dieser lokalen und partizipativen Perspektive wandelt sich eine Kultur des Kircheseins. Es lässt sich entdecken, dass die Aufbrüche in der Weltkirche – in Asien und Afrika wie in Europa – ein neues pfingstliches Wehen des Geistes zeigen, der die Kirche erneuert.

V. Der kommenden Kirche entgegengehen: Weichenstellungen auf dem Weg zu einer neuen Ekklesiogenesis

1. Kirche wächst: Die österliche Perspektive

Österliche Ekklesiogenesis. Darin liegen unsere glänzenden Aussichten: Sie offenbaren mitten in den schmerzhaften Abbrüchen und Umbrüchen zugleich genau jene Perspektive, die zu einer neuen Kultur des Kirchewerdens führt. Doch wie können wir uns ganz praktisch dieser neuen Wirklichkeit öffnen – wie können wir, gewissermaßen als Hebammen – und nicht als Geburtsverhinderer –, diese Zukunft in die Welt bringen?

Das ist einerseits eine praktische Frage, andererseits aber eine Praxis der Konspiration und Kooperation mit dem Geist Gottes, und mithin ein geistlicher Prozess des ganzen Volkes Gottes. Dieser Prozess ist weihnachtlich: Was vom Himmel auf die Erde kommt, muss aus ihr wachsen können. Wir sind dazu gerufen, diesem gnadenhaften Weg der Inkulturation und Inkarnation mitzugehen und nicht zu verhindern. Denn darum geht es genau: der Zukunft, dem Reich Gottes, dem auferstandenen Herrn den Weg zu bereiten. Was es dazu auf unserer Seite braucht, das soll hier nicht erschöpfend, aber doch in einigen Strichen und Hinweisen beschrieben werden. Und es besteht die Hoffnung, dass alle die, die sich auf eine neue Kultur des Kirchewerdens einlassen, schon jetzt die Erfahrung machen dürfen, wie die Zukunft auf die Welt kommt.

Und dies ist dringend nötig: Denn in der apokalyptischen Umbruchsituation offenbart sich immer mehr, welches »Bild« der

Betrachter für die Zukunft hat. Und es scheint, dass weithin Herzensbilder eine nahe Vergangenheit in die Zukunft projizieren und damit in die Gefahr geraten, eine geschichtlich gewachsene Gestalt der Verkündigung der frohen Botschaft mit ihrer bleibenden Substanz zu verwechseln. Dann ist klar, dass neue Gestaltwerdungen des Evangeliums eher Angst und Misstrauen auslösen. Das Vergehen der Gestalt ist ja in dieser Gleichsetzung Verlust der Substanz.

Es gibt aber wohl niemanden mehr, der das Vergehen der gewachsenen europäischen Kirchengestalt bestreiten würde. Und es gibt auch niemanden, der nicht die Notwendigkeit neuer Wege sieht. Doch wohin? Wenn die ergreifenden und begeisternden Bilder fehlen, wenn Erfahrungen der Zukunft fehlen, dann sind Schritte in diese Zukunft kaum möglich, selbst wenn deren Notwendigkeit vom Kopf her eingesehen wird. Doch das bebilderte Herz führt dann regelmäßig zu anderen Schritten.

Deswegen wurden hier Bilder gemalt. Erfahrungen, die einer neuen Art des Kirchewerdens den Weg bereiten. Es sind Erfahrungen aus der Zukunft, die in Konturen ein Bild erscheinen lassen. In neun Schritten sollen diese Konturen eines neuen Bildes weiter ausgemalt und für eine pastorale Praxis der Zukunft fruchtbar gemacht werden.

— *Kirche wächst* —

Wachstum, nicht Untergang: unter diesem Fokus muss eine zukünftige pastorale Entwicklung wahrgenommen werden. Das Evangelium kennt eigentlich nur diese Perspektive: das Reich Gottes, das auf uns zukommt, ist ganz nah und wir wachsen diesem Reich entgegen. Das ist eine eschatologische und damit zugleich geschichtsmächtige Sicht – eine Sicht des Glaubens: Gott führt sein Volk hin zu einem Ziel, zum himmlischen Jerusalem – zur zutiefst im Menschen verwurzelten Existenzform in der Gegenwart des Auferstandenen.

Was bedeutet das aber für die Kirche? Die Apokalypse macht deutlich, dass es ohne den apokalyptischen Kampf nicht geht. Sie reflektiert in einer brillanten Geschichtstheologie das Geheimnis von

Tod und Auferstehung des Herrn – und macht damit das österliche Geschehen zur Wahrnehmungsmitte aller kirchlichen Entwicklung. Und das ist entscheidend. Die Hermeneutik des Mangels verrät auf ihre Weise einen rückwärtsgewandten und erstarrten, lähmenden Blick, der die eschatologische und damit die biblische Perspektive übersieht. Keine geschichtliche Epoche des Christentums stellt also jemals einen normativen Idealzustand dar. Ganz im Gegenteil stellt jede gewachsene Situation eine Wegmarke für das weitere Wachsen des Reiches Gottes und darin der Kirche dar. Aber genau diese Perspektive will im Kontext des Umbruchs noch deutlicher gefasst werden. Denn wie genau geschieht dieses Wachsen? Die Antwort kann nur heißen: Wachsen ist ein Geschehen von Tod und Auferstehung.

Das gilt gerade auch dann, wenn – wie in der Pastoraltheologie üblich – für das Szenario des Übergangs die Kategorie des Exils bemüht wird und auch in der apokalyptischen Perspektive deutlich gemacht wird, dass das Ziel des Weges ja durchaus verpasst werden kann.

Genauer: mit wie viel Sünde und Schuld gerät das Volk Gottes in eine Situation der Fremde, wie viel Umkehr braucht es, um dem himmlischen Jerusalem entgegenzugehen?

Hier sind wir genau in der Mitte unserer Perspektive angekommen. Denn gerade der als katastrophal empfundene Untergang, der ins Exil führte, ist ja Ort eines ungeahnten Neuaufbruchs – der allerdings ohne eine tiefe Umkehr nicht möglich ist.

— *Umkehr als Kategorie des pastoralen Aufbruchs* —

Umkehr: das ist also die existenzielle Rückseite einer eschatologisch gefassten Wachstumsperspektive. Es ist das »opus operantis« in dem großen Gnadenhandeln des kommenden Gottes. Es ist kein Zufall, dass die Rede von der Umkehr im pastoralen Kontext unserer deutschen Kirche eine merkwürdig marginale Rolle spielt. Das hat etwas zu tun mit der Frage nach der Wachstumsdynamik, die wir hier genauer anschauen wollen.

263

Vielleicht ließe sich der notwendige Perspektivwandel so erklären: In einer milieuhaft geprägten Volkskirche stellte sich die fundamentale Frage nach der Umkehr nicht mehr. Wenn Alfred Loisy in der Modernismusdiskussion davon sprechen konnte, dass Jesus das Reich Gottes verkündigt habe, dann aber die Kirche kam, so reflektiert diese Äußerung die Erfahrung einer Kirchenwirklichkeit, die sich als »angekommen« empfindet: die christianitas ist zumindest europäisch die Norm, die Menschen werden quasi als Christen geboren und hineingenommen in ein selbstverständliches Gefüge des Christwerdens und Christbleibens. Wachsen zur Vollgestalt des Christen ist hier nicht mit Umkehr, sondern mit Zugehörigkeit verknüpft. Wenn Umkehr, dann in der Praxis der Beichte. Doch auch diese Praxis, die ja genau die existenzielle Dimension in diesem Gefüge des Christseins zum Ausdruck bringen sollte, zerfiel zunächst restlos mit der Auflösung der Milieus.

Entscheidend für eine solche Wahrnehmung ist es dann in der Tat, dass das Reich Gottes als geschichtsmächtiges Szenario aus dem Blick gerät: Die Kirche erscheint schon »fertig« zu sein, braucht nicht mehr zu wachsen, braucht bloß noch zu bleiben. Die Christen und die Gemeinschaft der Kirche sind in dieser Sicht das Ergebnis einer kollektiven und strukturellen Umkehr, die schon hinter uns liegt und auf die wir uns nicht mehr ausstrecken und um die wir uns nicht mehr bemühen müssten.

Doch im »Exil«, in der »Fremde«, dürfen wir das Gewicht der Umkehr neu entdecken. Es ist keine moralische Frage: Es geht nicht darum, dass irgendeine Gruppe der Kirche alleine Verantwortung tragen würde für den Niedergang des volkskirchlichen Modells. Diese Moralisierung ist nicht biblisch. Es geht im apokalyptischen Übergang, in dem wir als Christen immer stehen, immer um eine Umkehr zum lebendigen Christus. Genau in dem Moment, in dem gewachsene Strukturen zerfallen, spielt sicherlich auch immer ein persönliches oder kollektives Versagen eine Rolle. Aber da es ja nicht um die Rückkehr zu einem »Originalzustand« geht, der verloren ist, sondern um das Austrecken hin zum unergreifbaren »Mehr« des Reiches, ist die Zeit des Verfalls einer geschichtlich gewachsenen Gestalt der dringende Aufruf dazu, das Geheimnis des Emmanuel, der Anwesenheit Christi in meinem und unserem Leben, neu zu entdecken und mit wachsenden Radikalität zu leben.

Genau das geschieht ja im Exil: Angesichts des Zerbrechens aller Hoffnung wird durch die Propheten dem Volk Gottes zum einen deutlich seine Untreue vor Augen gestellt. Dies geschieht aber nicht im Blick auf eine Rekonstruktion der Verhältnisse, sondern es geht vielmehr um einen neuen Weg, den Gott mit seinem Volk geht: »Doch denkt nicht mehr an das, was früher geschah, schaut nicht mehr auf das, was längst vergangen ist. Seht, ich schaffe Neues. Schon sprosst es auf, merkt ihr es nicht.« *(Jes 43,18)*

Und genau diese Mahnung ergeht in den Briefen der Apokalypse: Der Geist spricht zu den Gemeinden und lädt sie zur Umkehr ein, damit sie im Kampf des Übergangs den Heilsweg mitgehen können, den Gott eröffnet hat.

— *Die österliche Dimension des Wachstums* —

»Wenn das Weizenkorn nicht in die Erde fällt und stirbt, bleibt es allein, wenn es aber stirbt, bringt es reiche Frucht« – dieses Wort des Evangeliums führt uns in die theologische und gnadenhafte Dimension einer Pastoraltheologie, die den Übergang der Kirche reflektiert. Dann nämlich wird deutlich, dass die Rede von Übergang und Umbruch sich keineswegs dem Niedergang entzieht, der sich in einem geschichtlichen Gefüge der Kirche ereignet – aber er sieht diesen Übergang in einer österlichen Dimensionierung.

Das Geheimnis von Tod und Auferstehung, die Gegenwart des gekreuzigten Auferstanden, feiern wir im Geheimnis der Eucharistie, in jedem Sakrament – es ist auch das Geheimnis der Kirche in der Zeit: im Tod ist das Leben – und noch stärker: im Tod ist mehr Leben als vorher verborgen.

Die Wachstumsgleichnisse Jesu warnen jedoch: Instrumentalisierung und Handhabung des Wachstums sind nicht gegeben. Was möglich ist, ist die demütige Begleitung dieses Prozesses: »Er sagte: Mit dem Reich Gottes ist es so, wie wenn ein Mann Samen auf den Acker sät und dann schlafen geht und wieder aufsteht. Nacht und Tag, und der Samen geht auf und wächst empor und er weiß nicht wie. Von selbst bringt die Erde Frucht ...« *(Mt 4,26ff.)* Das Geheimnis des Wachsen ist auch hier der Tod und das Sterben des Samenkorns.

Genau dies aber ist nicht nur ein Verweis auf den österlichen Lebensrhythmus Jesu, sondern Erlösung am Kreuz und Auferstehung des Herrn meinen ja nichts anderes, als dass dieser Lebensrhythmus nun der Rhythmus weltlichen und kirchlichen Wachsens hin auf das Reich Gottes ist.

Genau diese Logik ist also keine Logik spirituellen Wachstums des Einzelnen allein, sondern eben auch eine pastorale Praxis der Wahrnehmung und des Handelns. Das lässt sich in den paulinischen Gefängnisbriefen erkennen. Deutlich wird diese Logik aber auch in der Apostelgeschichte, die den Missionsweg der ersten Gemeinden und des Paulus begleiten. Zwei Episoden illustrieren dies deutlich:

Auf seinen Missionsreisen wird Paulus immer wieder gehindert, den Weg zu gehen, den er sich vorgenommen hatte: gen Osten. Die genauen Gründe kennen wir nicht – aber Paulus sieht und deutet diese Hindernisse als Geistwirken, ein Geistwirken, das ihn dann nach Europa führt *(vgl. Apg 16,6ff.)*. Noch deutlicher wird dies in Korinth: Als dort die Missionierung der Juden verunmöglicht wird, hat Paulus in der Nacht einen Traum. Der Herr spricht zu ihm: »Fürchte dich nicht, sondern rede und schweige nicht! Ich bin mit dir, und niemand soll dich antasten, um dir ein Leid anzutun: denn ich habe viel Volk in dieser Stadt« *(Apg 18,9f.)*.

Angesichts der realen Verhältnisse einer konfliktreichen Hausgemeindegründung und vieler frustrierender Erfahrungen ist dies eine echte Herausforderung: in der Niederlage, in den Grenzen einen Aufbruch zu glauben, den Paulus mit allen Kräften begleitet, der aber nicht »sein Werk« ist.

— *Pastoralpraktische Konsequenzen* —

Doch wie gelingt dies praktisch? Welches sind die Voraussetzungen einer solchen Perspektive? Zunächst und vor allem wird klar, dass auch die praktische wirksame Herausforderung der Pastoral die Frage ist, ob die Handelnden in sich die Vision des anwesenden und ankommenden Reiches Gottes tragen. Im Blick auf diese handlungsleitende Vision allein wird der österliche Rhythmus lebbar und hoffnungsstiftend. Das gilt besonders in unserer heutigen Situation. Der Zusammenbruch und die Auflösung eines Gefüges des Kircheseins ist nur dann keine Endzeitkatastrophe, wenn sie im österlichen und adventlichen Glauben an die Gegenwart des Auferstandenen gelebt wird. Konkret:

Das Sterben einer bestimmten Kirchengestalt verweist eben nicht auf Fehler oder Glaubensabfall, auf eine verlorene und verdorbene Generation von Gläubigen. Dass dies im Einzelfall stimmen mag, sei hier nicht bestritten – es ist aber keine echte Deuteperspektive, sondern beschreibt den Normalfall einer Kirche im Übergang, zu allen Zeiten.

Das Sterben einer bestimmten Kirchengestalt beschreibt hingegen eine österliche Transformation. Das nimmt nicht die Trauer und den Schmerz über das Zerbrechen liebgewordener Selbstverständlichkeiten, aber es eröffnet in all dem eine Perspektive der Auferstehung. Ein Blickwechsel ist angesagt: Denn wenn das Sterben zum Weg des Wachsens hinzugehört, dann ist ja jedes Scheitern, jedes Zu-Ende-Gehen ein Hinweis auf einen neuen Weg, den Gott öffnet. Auf der Seite der Beteiligten will der Weg zur Umkehr eröffnet werden, auf der Ebene pastoralen Handelns geht es hier um eine neue »umgekehrte« Wahrnehmungsperspektive: Wie kann im Zerbrechen einer Gestalt das erneuernde Handeln Gottes ergriffen werden. Wie kann auch in jeder kritischen Situation des Umbruchs das Klagen und Trauern ernstgenommen werden, aber zugleich auf die Perspektive österlichen Wachsens hingeordnet werden?

Eine Pastoralpraxis mit österlicher Hoffnungsperspektive wird also einüben, dass jedes Ende und Zugrundegehen, jedes Scheitern ein Ort der aufbrechenden Christuspräsenz ist, dem zu folgen ist. Darin liegt eine neue pastoraltheologische Perspektive, die eben nicht ein neues Projekt durch ein anderes neues ablöst und weiter in einem quasi deistischen Pastoralansatz das Vergangene immer wieder den eigenen Vergangenheitsprojektionen anpasst, sondern eine glaubenstiefe Begleitung der Wandlungsprozesse, die den Tod und das Sterben auch einer Kirchengestalt nicht ausschließt, sondern durch den Rhythmus der drei österlichen Tage hindurchglaubt.

2. Gemeinsam einen Weg entdecken

Ein Grundmerkmal durchzieht wie ein Wasserzeichen die Erfahrungen und Reflexionen zu einer neuen Weise des Kirchewerdens: Es gibt keinen Aufbruch ohne Vision – und es gibt keinen Weg zur Vision ohne Visionsgemeinschaft. Alle fruchtbaren Entwicklungen kennen dieses Muster. Und dies ist nicht verwunderlich, denn hier spiegelt sich die Grundwirklichkeit des Kirchewerdens wieder: Sie ist Leib Christi – eine Wirklichkeit, in der im Miteinander der Glieder Christus aufscheint.

Ausgangspunkt der Erneuerung ist also ein Team von Personen, die immer mehr sind als eine Arbeitsgruppe: Kompetenz, Chemie und Spiritualität verbinden sich hier. Und aus diesem Raum geistlichen Dienens an der Vision erwächst dann auch die Perspektive eines Weges: »The method is the message« – der Zugangsweg enthält und entfaltet die Botschaft, die verkündet werden soll – dieser Satz unserer weltkirchlichen Partner ist mir immer deutlicher im Ohr.

Jeder Weg zur Ekklesiogenesis, und gerade auch eine Kirchenentwicklung, die auf lokale Gemeindebildung abzielt, braucht damit einen Weg, einen Prozess, der möglichst großen Teilhabe und Teilnahme aller Beteiligten und Betroffenen ermöglicht.

Viele konkrete Erfahrungen, vor allem die gescheiterten Versuche, sprechen da eine deutliche Sprache. Ein Prozess der Kirchenentwicklung, und gerade ein Prozess lokaler Kirchenentwicklung, ist zunächst immer vom Pfarrer und seinem Team abhängig.

Von daher kann eine Agenda in schnellen Strichen gezeichnet werden. Wenn ein Pfarrer eines größeren pastoralen Raumes einen solchen Weg einer Kirchenentwicklung in den Sozial- und Lebensräumen der Menschen beschreiten will, einen Weg, der in einem nachhaltig wachsenden Netzwerk Kleiner Christlicher Gemeinschaften einmündet, dann ist es die Weise des Anfangens, die die Fruchtbarkeit einer solchen Option bestimmt. Dann ist es nicht fruchtbar, einen solchen Weg im Alleingang zu gehen. Natürlich können dann kleine Gruppen gebildet werden, natürlich kann ein Team von Interessierten zusammengestellt werden – aber niemandem wird deutlich werden, dass es hier um einen Weg neuer Kirchwerdung geht: Es bleibt bei Gruppen – es sind dann die »Gruppen des Pfarrers«.

Und dies gilt auch umgekehrt: In den Gemeinden klassischer Prägung gibt es viele Gruppenbildungen und auch den Aufbruch geistlicher Gemeinschaften, Bewegungen und Kreise. All dies ist Reichtum der Kirche. Klar ist aber auch, dass diese Gruppen und Gemeinschaften in unterschiedlichster Weise Menschen mit bestimmten Interessen, Merkmalen und Milieus binden, auch in geistlicher Weise, aber auch hier geschieht kein weitreichender Kirchenentwicklungsprozess. Diese reiche Wirklichkeit braucht einen umfassenden partizipativen Prozess, der das Volk Gottes in seiner Vielfalt und seiner Sehnsucht auf dem Weg begleitet.

Ekklesiogenesis – Kirchenentwicklung am Ort – folgt daher einem anderen Muster. Es erweist sich als Priorität ersten Ranges, die Wirklichkeit der Apostelgemeinschaft *(vgl. Apostelgeschichte)* und ihren Umgang mit dem Volk Gottes neu zu buchstabieren in den Rahmenbedingungen einer missionarischen Kirche in größeren pastoralen Räumen.

— *Wie Ekklesiogenesis praktisch geht* —

In einem ersten Schritt braucht es beim Pfarrer und seinem Team von MitarbeiterInnen eine gemeinsame Vergewisserung über die Vision und die Schritte auf diesem Weg. Ähnlich wie in der Apostelgeschichte ist dies ein geistlicher Weg, kein pragmatischer: Gemeinsam geht es darum, die Zeichen der Zeit im Licht des Evangeliums und seiner Verheißungen zu deuten und die nächsten Schritte zu entdecken. Doch die Schritte auf dem Weg lassen sich nur entdecken, wenn man gemeinsam ein Ziel sehen lernt. Pastoralentwicklung wird ohne ein solches gemeinsames »Wahrnehmen« einer verheißungsvollen Zukunft nicht effektiv: Welche Zeichen der Zeit dann zu welchen Schritten führen, ist ohne gemeinsame Vision fast zufällig und folgt im Letzten dem Muster einer von Events durchbrochenen »Weiter so oder auch anders Pastoral«, die reagierend und nicht zielorientiert ist.

Dabei wird für Außenstehende und auch für Gemeindemitglieder überhaupt nicht sichtbar, in welche Richtung die vielfältigen und in sich alle gelungenen Initiativen führen. Das Gottesvolk bleibt auch hier, selbst wenn es für vielfältige Projekte und Events begeistert wird zur Mitarbeit, letztlich einem solchem Prozess ausgesetzt, der sich ohne ihr Zutun ereignet hat. Eine Trennung von »oben« und »unten« und letztlich eine undurchdachte Versorgungsmentalität wird auch hier weiterhin eingeübt.

Deswegen verweist die gemeinsame Visionsperspektive eines pastoralen Teams auch schon auf die zentrale Aufgabe und den ersten entscheidenden Anfangsschritt: Es geht darum, an allen Orten zu allen sich bietenden Gelegenheiten möglichst viele Menschen in diesen Prozess gemeinsamer Kirchenentwicklung einzubeziehen.

Wenn es eine Grunderfahrung der letzten Jahre gibt, die mich sehr betroffen gemacht hat, dann diese: Überall da, wo ich mit Pfarrgemeinderäten und interessierten Gläubigen über die weitreichenden Perspektiven und Visionen einer wachsenden Kirche ins Gespräch gekommen bin, spüre ich ein hohes Interesse, ja eine vorsichtige Begeisterung – aber auch einen ungestillten Hunger: Es ist einfach erstaunlich, wie wenig Menschen, die doch hochengagiert in den Pfarreien, Verbänden und Gemeinschaften dabei sind, einbezogen werden in das Nachdenken über die kirchliche Zukunft, zum Mit-Sehen eingeladen und beteiligt werden.

Das gibt zu denken. Auch der strukturelle Umbau der Kirche, in dem wir zurzeit stehen, unterbietet sich selbst, wenn die Chris-

tinnen und Christen lediglich einbezogen werden in die Fragen des
»Downsizing« und also miterleben müssen, wie bisherige Bilder ihres
Kircheseins ersatzlos untergehen. Dass dies dann in eine auch massive Verteidigungshaltung einmündet, ist mehr als verständlich: Es
führt zu einem klassischen Verteilungsdilemma und zum Eindruck,
der »Leitung« – und meist ist das Bistum damit gemeint – in Wohl
und Wehe passiv ausgesetzt zu sein. Misstrauen macht sich breit.
    Woran es dann fehlt, ist eine Beteiligung aller am Nachdenken
über die Zukunft. Das ist bislang zu wenig geschehen und hat natürlich Gründe.

— *Die Währung des Vertrauens* —

Wer sich mit den Kirchenerfahrungen in der französischen Diözese
Poitiers auseinandersetzt[54], der wird schnell eine pastorale Grundlinie
entdecken: das zugrunde gelegte Vertrauen. Vertrauen in den Gott,
der uns führt und leitet und uns Vertrauen schenkt, Vertrauen im
Volk Gottes zwischen Bischof, Priestern und den Christgläubigen.
Das Zweite geht nicht ohne das Erste: Dass auch angesichts einer herausfordernden Situation des Zusammenbruchs klassischer
Strukturen ein spirituell durchdachter und missionarisch angelegter
Aufbruch möglich ist, das hängt zusammen mit dem Vertrauen in
den Gott, der uns Zukunft verheißt und Wege eröffnet. Ohne das
Vertrauen in den Gott, der uns Zukunft eröffnet und uns den Weg
dorthin zutraut, gibt es auch in Poitiers keinen Aufbruch.
    Aber dieses Sehen einer verheißungsvollen Perspektive ist gera-
de in Poitiers ein gemeinsamer Prozess des Bischofs mit den ihm
anvertrauten Priestern, Mitarbeitern und dem ganzen Volk Gottes.
Sowohl die synodale Erarbeitung der Perspektive als auch die klein-
schrittige und regional unterschiedliche Umsetzung eines Modells
lokaler Kirchenentwicklung ist von dem Vertrauen getragen, dass
jeder und jede im Gottesvolk, sei es vor Ort, sei es im Dienst der
amtlichen Leitung, mit seinen Gaben befähigt ist zum Aufbau des
Leibes Christi – und dies auch tut.

Und genau dies dürfen wir noch lernen: gemeinsam im Hören auf den Geist die gottgeschenkte Zukunft ergreifen, die uns zugemutet und zugetraut wird. Dafür bedarf es all jener Instrumentarien und Wege, die in den vergangenen Jahrzehnten von Gemeindeberatern und kirchlichen Organisationsentwicklern eingeübt wurden. Diese Instrumentarien sind einzubringen in einen geistlichen Prozess des gemeinsamen Sehenlernens, des gemeinsamen Entdeckens der göttlichen Verheißungen und eines gemeinsamen Deutens der Zeichen der Zeit.

Ein solcher Prozess, das muss von vornherein klar sein, ist ein geistliches Geschehen: Er folgt den Spuren Gottes, dem jeweiligen Kairòs. Klar ist jedenfalls, dass auf allen Ebenen des Kircheseins diejenigen, die Leitungsverantwortung tragen, und vor allem die Teams in den größerräumigen Pfarreien, mit hoher Sensibilität und zum rechten Zeitpunkt einen Weg beginnen, der von der Teilhabe und Teilgabe aller Beteiligten gekennzeichnet ist.

Dieser Weg ist einerseits planbar, indem eine Pfarrei als ganze in einen längerfristigen Visionsprozess einbezogen wird, der möglichst kleinteilig an vielen Orten geschieht. Andererseits lebt er von »günstigen Augenblicken«: Immer dann, wenn sich ein Problem, eine Herausforderung, ein Aufbruch, ein Sterbeprozess zeigt, immer dann ist die Gelegenheit da, mit den jeweils betroffenen Menschen sich in einem visionären Prozess partizipativer Art zu begeben und gemeinsam über die Zukunft zu sprechen, die sich zu ereignen beginnt.

— *Eine visionäre Lerngemeinschaft* —

Der Jünger Christi bleibt ein Lernender: Die Zukunft der Kirche, in die wir geführt werden, macht uns nicht zu Lehrern und zu Wissenden. Wir bleiben Schüler mit dem einen Herrn in unserer Mitte, der allein den Weg kennt, aber der uns auch Anteil geben will an seinem Weg. Wenn das klar ist, wird deutlich, dass ein solcher Weg hin zu einer partizipativen Kirche kein abschließbarer Prozess ist – wir bleiben auf dem Weg hin zu einer immer noch weiteren Erfahrung des Reiches Gottes.

Dennoch können wir gemeinsam konkrete nächste Schritte unternehmen. Diesen Raum gemeinsamen Entdeckens zu eröffnen, das ist die Kernaufgabe pastoraler Teams, das ist die Aufgabe des Hirtenamtes in der Kirche.

Natürlich ist diese Lerngemeinschaft immer auch katholischer als vor Ort sichtbar: Sie bezieht in die lokalen Weggemeinschaften immer auch die Weite katholischer Erfahrungen mit ein. Auch dies ist die Aufgabe des Hirtenamtes. Eine herausfordernde Aufgabe: Denn sie setzt voraus, dass die kommunionale und synodale Logik einer trinitarisch verwurzelten Ekklesiologie auf allen Ebenen eingeübt und gelebt wird – und sich doch ganz konkret auszeitigt in lokalen Prozessen geistlicher Unterscheidung.

3. Auf dem Weg zur Charismenorientierung

Immer deutlicher zeigt sich, dass wir im Werden der Kirche in neuer Weise das Thema des Rufens zu bedenken haben: Während in der vergehenden Kirchengestalt das Christwerden als selbstverständliche Grundlage vorgegeben war, kommt es nun in die Perspektive einer biographisch und individuell getakteter Logik des Rufes. Dieser Ruf zum Christwerden stellt den Einzelnen in eine Lerngemeinschaft derer, die allesamt ihrem Ruf folgen, den Jüngerinnen und Jüngern an den unterschiedlichsten Etappen der Nachfolge.

Die Jüngergemeinschaft, diese Lerngemeinschaft des Christwerdens, ist die Kirche, in deren Mitte der Rufende, der auferstandene Herr, steht, führt, begleitet und lenkt. Wir alle sind hineingenommen in seine Gemeinschaft, wir sind sein Leib, als Einzelne sind wir Glieder.

Doch was bedeutet das konkret im Blick auf das Agieren und Funktionieren dieses Leibes der Kirche? In der klassisch gewordenen Kirchengestalt volkskirchlichen Erbes hat sich dabei die Grundgestalt des »ehrenamtlichen Dienstes« durchgesetzt.

Dieses Modell nimmt Maß an einer Kirche, die mindestens dem Herzen nach »pyramidal« aufgebaut ist. Auch wenn, wie wir sehen werden, dieses Konzept schon auf dem Konzil theologisch an ein Ende gekommen ist, wirkt dies an vielen Stellen noch nach. Es funktioniert da gut, wo Priester, aber auch Diakone und Hauptberufliche die in diesem Gefüge vorgegebene und erwartete Stelle des Versorgers übernehmen. In der Tat wirkt es dann oft so, dass ja die eigentlich wichtigen Aufgaben und Charismen alle in den Dienstämtern und Diensten gebündelt sind.

Da viele Dinge aber nicht allein von Priestern und ihren hauptberuflichen Mitarbeiterinnen und Mitarbeitern zu erledigen sind, bekommen nun Christgläubige »Ehrenämter«, die sich auf die ganze Palette des möglichen Engagements innerhalb eines Gemeindegefüges beziehen. Noch einmal: Alle sind ja »von Geburt an« Christen, und einige von ihnen engagieren sich der Ehre halber und mit hoher Kompetenz in verschiedenen ihnen eröffneten Aufgaben, Räten und Vorständen.

Ohne dieses Engagement würde auch diese Kirchengestalt nicht existieren; die Zahl der mitarbeitenden Ehrenamtlichen ist einerseits sehr hoch, andererseits aber nehmen die Voraussetzungen für die Übernahme eines solchen Ehrenamts in einer sich auflösenden volkskirchlichen geprägten Milieustruktur kontinuierlich ab. So sehr also auf der einen Seite das klassische Ehrenamt in der Kirche von hochkompetenten und spirituell sehr sensiblen Menschen wahrgenommen wird – es zeigt sich zunehmend, dass diese Gestalt des Engagements mit dem sich auflösenden Gefüge an ein Ende kommt.

— *Ruf und Gabe* —

Ist Christwerden und Christsein immer auch an eine Weggemeinschaft des Glaubens gebunden, und ist jeder Christ an dem Ort, an dem er lebt, eingebunden in diese Gemeinschaft der Kirche, unabhängig davon, wie lange und wie oft er schon da war, einfach auf Grund seiner Existenz als Christ, dann ergibt sich ein anderes Bild des Kircheseins, das in Zukunft in den Mittelpunkt der Gestaltung kirchlichen Lebens rücken wird.

Ist jeder als Glied des einen Leibes gerufen, geht es in der lokalen Kirchenwirklichkeit immer zunächst darum, dem Einzelnen zu ermöglichen, in seinem Glauben und in seinem Leben aus dem Glauben zu wachsen. Die konkrete Frage an eine lokale Kirchenwirklichkeit wäre also die: Wie können wir verschiedene Räume und Wege eröffnen, dass Menschen, die auf uns stoßen, im Glauben wachsen können. Konkreter noch: Welche Glaubenskurse, welche katechetischen Vertiefungen, welche spirituellen Wege eröffnen sich – welche gemeinsamen Wege können dem Einzelnen helfen, auf dem Weg seiner Jüngerschaft voranzugehen. Hier finden die Optionen für Glaubenskurse ihren Ort, aber noch mehr für Lerngemeinschaften des Glaubens, wie sie auch Kleine Christliche Gemeinschaften sind.

Wichtig ist dabei: Christ ist man nicht irgendwann einmal geworden und jetzt lebt man es. Sondern: es ist zu schauen für jeden Einzelnen, welchen konkreten nächsten Lernschritt des Glaubens er gehen möchte. Und das macht schon deutlich, dass jenseits der ehemaligen Geborgenheit in einem milieuhaften Ganzen sich nun die Frage stellt, wie das Individuum in einer Gemeinschaft der Mitglaubenden und Mitlernenden zu stehen kommt.

Das ist kein Widerspruch zur individuellen Geprägtheit des Christwerdens und Christseins. Ganz im Gegenteil geht es genau darum, dass wir neu verstehen: Der Ruf des Einzelnen wird je konkreter, je konkreter auch die Erfahrung des Leibes Christi ist. Natürlich kann es nicht darum gehen, Menschen in eine Gemeinschaft zu integrieren, die das gar nicht wollen – aber zugleich braucht es die Bereitstellung von beziehungsreichen Räumen des Glaubenswachstums, braucht es Zeugengemeinschaften, an denen und mit denen es möglich wird, im Glauben zu wachsen.

— *Die Bedeutsamkeit der Gabe* —

Dies ist aber gerade im Blick auf die Frage, die uns bewegt, die Frage nach den Gaben, hochbedeutsam. Eine Kultur des Ehrenamtes gründete in einer Kultur geprägter kirchlicher Selbstverständlichkeit – eine neue Kultur der Mitbeteiligung und der Gabenorientierung lebt aus der Erfahrung des Leibes Christi. Jeder und jede Glaubende ist gerufen, Glied am Leib Christi zu sein. In der wechselseitigen Erfahrung des Glaubenlernens und Glaubenslebens scheint auch das spezifische Charisma der einzelnen Person auf und kommt ans Licht. Jeder und jede – und nicht nur Einzelne, die über ihr Christsein hinaus auch in der Gemeinde ein Ehrenamt übernehmen – haben eine Gabe, die für den Leib wichtig ist, haben ein Charisma, ohne das der Leib nicht ganz er selbst ist.

Damit wird die Frage nach den Gaben eines einzelnen Christen nicht nur die Frage, ob jemand Aufgaben in einer Kirchenwirklichkeit übernehmen kann und Zeit dafür hat. Es geht vielmehr um eine fundamentalere Frage. Zum einen ist die Gabe, die im Miteinander aufscheint, ein Geschenk für die Kirche: Der Leib braucht diese Gabe, um er selbst zu sein – zugleich aber vollzieht der Einzelne im Geben und Einbringen seiner Gabe seine ureigene und einzigartige Berufung zum Christsein.

Von daher also ergeben sich zwei praktische Notwendigkeiten. Auf der einen Seite braucht es Orte und Räume, an denen Christinnen und Christen miteinander die Wirklichkeit des Leibes Christi in ihrem jeweiligen Umfeld leben und bezeugen. Das ist nämlich der Möglichkeitsraum, in dem ansichtig wird, welche Gaben der Einzelne vielleicht hat. Denn in der Tat sind Charismen der Einzelnen nicht einfach gleichzusetzen mit Gaben und Talenten, die jemand mitbringt: Erst im dienenden Einbringen wird deutlich, welche Talente und Gaben dem Aufbau des Leibes dienen. Das heißt natürlich nicht, dass jeder Christ, jede Christin sich in eine enge Lebensgemeinschaft verpflichten sollte – das ist ein Missverständnis. Aber die Gabe und das Charisma eines Einzelnen finden eben ihren Raum der Verwirklichung immer in einem konkreten Sozialgefüge: im Leib Christi.

Es gibt in diesem Gefüge aber keineswegs die Möglichkeit, dass die Gabe eines Einzelnen nicht gebraucht werden kann. Vielmehr ist die Gabe, die ans Licht kommt, auch für das Wachsen des Leibes insofern wichtig, als er über seine bisherigen Grenzen wachsen will, sich durch jede hinzukommende Person ein neuer Weg öffnet.

Von daher bleibt es auch wichtig, eine gemeinschaftliche Weise der Charismenorientierung zu entwickeln, wie sie sich in den Freikirchen fast schon als Standard darstellt: Es gibt Wege und Methoden, wie in einer Gemeinschaft von Christen die spezifischen Gaben entdeckt und fruchtbar gemacht werden können.

Jeder neue Christ, jede neue Christin in einer Kirchenwirklichkeit trägt so wesentlich zur Weiterentwicklung des Ganzen bei. Wenn im Kontext der amerikanischen Katholiken das ursprünglich freikirchliche Konzept der »Stewardship« Aufnahme gefunden hat, dann genau aus diesem Grund: Jedem und jeder muss ein Weg eröffnet werden, wie er seine Gabe einbringen kann. Der Aufbau des Leibes Christi, das Wachsen der Kirche, aber eben auch der Selbstvollzug des Christseins stehen auf dem Spiel.

So zeigt sich auch hier der ekklesiale Kulturwandel: Es geht um Wachstum des Einzelnen wie der Gemeinschaft hin auf eine Kirche, in der jede und jeder seinen Beitrag zum Aufbau des Reiches Gottes geben kann – und es geht nicht darum, eine gewachsene Gestalt einfach nur zu bewahren. Der Wandel, das Wachsen, das Neuwerden im Blick auf Gottes Verheißungen werden zu zentralen Kategorien einer neuen Kirchengestalt.

4. Eine Spiritualität des Volkes Gottes

Oswald Hirmer erzählt die Geschichte der Entdeckung des BibelTeilens immer mit einer deutlichen Ausrichtung: »Als wir darüber nachdachten, auf welche Weise wir die Heilige Schrift den Menschen nahebringen sollten, die hier in Afrika lebten, ging eines Abends die Sonne hinter den Dörfern der Schwarzen unter. Im Licht der untergehenden Sonne wurde uns klar, dass all das, was wir tun wollten, für diese Menschen sein sollte…« So kam es dann ja auch: BibelTeilen ist ein Weg, auf dem einfach jeder Mensch, und eben auch ganz einfache Menschen, einen Zugang zur Schrift, noch tiefer: einen Weg in die Gegenwart des Auferstandenen finden.

Und genau diese Wirklichkeit habe ich in den vergangenen Jahren sehr oft erlebt: Ob in den Wohnungen von Christen in Bombay oder Hannover oder in den Slums von Nagpur – immer ging es darum, dass die Taufberufung des Christen ihn in die Lage versetzt, als Einzelner in Gemeinschaft aus dem Glauben heraus zu leben.

Das gemeinsame Hören auf die Schrift, das gemeinsame freie Gebet – solche und andere Formen einer Spiritualität in Gemeinschaft finden sich nicht nur hier: Die geistlichen Gemeinschaften und Bewegungen, viele Freikirchen, aber auch viele Aufbrüche in der amerikanischen katholischen Kirche oder in Frankreich tragen dieses Merkmal.

Spiritualität, geistliches Handeln miteinander, auch mit einer für unsere deutschen Verhältnisse ungewohnten Offenheit und Öffentlichkeit – das zeichnet alle Aufbrüche und Impulse aus, die zurzeit in der katholischen Kirche zu beobachten sind. Das ist auch an unseren Landen nicht spurlos vorbeigegangen: Die Bildung geistlicher Gruppen und Bibelkreise, die Bildung von Gebetskreisen, die starke Bewegung der Exerzitien im Alltag – all dies bezeugt eine spirituelle Wende, die aber – so könnte man sagen – irgendwie neben der normalen Pastoral herläuft.

— Die Parabel kirchlicher Spiritualität im deutschsprachigen Raum —

Genau hier aber liegt der Unterschied: Man könnte den Eindruck haben, dass persönliche und expressive Spiritualität nicht verknüpft sind mit dem »normalen« pastoralen Tun. Gelebte Spiritualität als Gemeinschaftsform wird eher »strukturellen Randsiedlern« *(Medard Kehl)* zugesprochen: Geistliche Gruppen und Gemeinschaften in den Pfarreien genießen ein wenig Misstrauen, gelten als verschlossen – was sie nicht von den vielen Gemeindegruppen unterscheidet. Aber ihre etwas expressive Spiritualität macht sie fremd in einem

Kontext, in dem Spiritualität sehr implizit in allen Strukturen und Gestalten der Restvolkskirchlichkeit zu finden ist.

In der Tat lässt sich an diesem Phänomen genau der Paradigmenwechsel beschreiben, in dem wir stehen: Die gewachsene Gestalt des Christseins kannte reiche Formen expliziter Spiritualität. Und natürlich war ganz klar, dass diese Spiritualität in Gemeinschaft gelebt wurde. Sowohl die Familie wie die Nachbarschaft, aber auch die vielfältigen Prozessionen, Gebets- und Anbetungsstunden, die Andacht am Sonntagnachmittag und natürlich die Wallfahrten geben Auskunft von dieser tiefen geistlichen Perspektive, in der die Volkskirche lebte.

Doch genau diese Formen gelebter Frömmigkeit setzen ein geprägtes Milieu voraus, das es immer weniger gibt. So lösen sich manche dieser Formen an vielen Stellen auf und können das normale Leben der Pfarrei nicht mehr prägen.

Kirchliche Spiritualität des Volkes hat sich deswegen zunächst jenseits der klassischen Pfarrgemeinden weiter entwickelt. Gerade in den beiden letzten Jahrzehnten wächst eine neue Pilgerbewegung heran, die viele auch junge Christen anzieht: Wallfahrten haben eine erstaunlich hohe Resonanz, geistliche Zentren sind entstanden, die vielen Christen, insbesondere auch Familien, eine geistliche Heimat verschaffen. Und seit einigen Jahren können auch die Impulse aus Taizé und von den Weltjugendtagen nicht mehr übersehen werden: Spiritualität in Gemeinschaft ist aber hier ausgewandert aus den Lebensorten der Menschen und ist zu einem wichtigen Ort des Auftankens für viele geworden.

Damit aber hat die Kirche vor Ort sich oft in doppelter Weise von ihren alltäglichen spirituellen Lebensquellen abgetrennt, die sonntägliche Eucharistie steht zwar spirituell in der Mitte des Gemeindelebens, ist aber häufig kontextlos. Damit riskierte und riskiert die Gemeindekirche die geistliche Verkarstung. Denn das intensive pastorale Agieren und die vielfältigen Treffen, Begegnungen und Beratungen haben zwar einige rudimentäre spirituelle Formen wie das Eingangsgebet, aber merkwürdig abgetrennt von der eigentlichen Arbeit. Diese Trennung von gemeinsam gelebter Spiritualität und gemeinsamen Engagement macht die derzeitige Schwäche und Unattraktivität klassischen Gemeindelebens aus. Spiritualität ist privatisiert und Angelegenheit weniger Einzelner, während das Gemeindeleben zum Vereinsleben degeneriert: Die Eucharistiefeier als Mitte steht isoliert.

— *Neue und erneuerte Wege führen
zu einer neuen Kirchengestalt* —

Spiritualität des Pilgerns, aber auch Spiritualität in geistlichen Zentren und Klöstern sind kennzeichnend für die Übergangssituation, in der wir uns befinden. Gelebte Spiritualität des Einzelnen wie auch eine gelebte kirchliche Spiritualität im Alltag sind die Herausforderungen, vor denen auch die Kirche vor Ort steht. Und wenn sie von der Weltkirche lernt, wird sie dabei auch eine neue Gestalt finden:

Genau das nämlich passiert zurzeit. Dort, wo eine Spiritualität des Volkes Gottes neu entdeckt wird, in den vielfältigen Formen gemeinsamen Betens und des Umgangs mit der Schrift, wachsen auch Erfahrungen der Gemeinschaft. Dabei wird es darauf ankommen, dass diese Spiritualität sich lokal verorten kann und damit das Leben der Menschen und ihr Glauben in neuer Weise zusammenkommen.

Kleine Christliche Gemeinschaften in Korea, Singapur und überall auf der Welt bezeugen, dass es eine solche alltagspraktische Spiritualität gibt, die im gemeinsamen freien Beten, im gemeinsamen Hören auf die Schrift und im Teilen des Wortes Gottes eine Praxis einübt, die dann auch zu einer gemeinsamen Unterscheidung der Geister führt. Es geht ja eben genau um jene Verbindung von Spiritualität und Leben, die auch die Sendung in die konkreten Lebensräume der Menschen als eine spirituelle Wirklichkeit entdecken kann: als Mitleben der Sendung Christi.

Es braucht in dieser Situation des Übergangs eben genau beide Einübungsräume der Spiritualität: die geistlichen Zentren und auch die vielfältigen Orte geistlichen Lernen jenseits der Alltäglichkeit wie auch eine kirchliche Spiritualität des Alltags, die sich im Leben vor Ort ereignet. Beide »Orte« sind Orte der Gemeinschaft, in denen Menschen ihren persönlichen Ruf zur Nachfolge ganz praktisch einüben und erlernen.

Jene Menschen, die heute nach oft langen Wegen den Zugang zum christlichen Glauben finden, sind ganz selbstverständlich als Einzelne unterwegs, als »Pilger und Konvertiten«. Und zugleich suchen sie nach einer gemeinsamen Form geistlichen Lebens, das ihre Individualität respektiert und doch eine Weggemeinschaft ermöglicht. Die sich neu bildenden Formen einer Kirche im Lebenraum der Menschen zeichnen genau jene ausdrückliche Spiritualität aus, die – an die geistlichen Traditionen anknüpfend – existenzielle Zugangswege zum Geheimnis Gottes eröffnet. Und zugleich entstehen dabei Weggemeinschaften des Glaubens, die von einer hohen existenziellen Dichte gezeichnet sind: Kirche wird wirklich als Gemeinschaft des Auferstandenen erfahrbar.

Solche neuen lokalen und lebensraumorientierten Kirchenerfahrungen führen dann aber, so zeigt sich immer deutlicher, auch zu einem neuen Verständnis der Eucharistie: Sie wird immer mehr zu einer existenziellen Sehnsucht all derer, die sich auf neue Wege expressiver Spiritualität einlassen.

— *Praktische Konsequenzen* —

Angesichts der Herausforderungen größerer pastoraler Räume ist die eingangs formulierte Priorität Bischof Hirmers neu für unsere Übergangssituation zu formulieren. Jenseits volkskirchlicher Geprägtheit braucht es eine klare pastorale Option für die Förderung und Entwicklung einer neuen Volksfrömmigkeit, einer Spiritualität im Alltag des Volkes Gottes. Dabei wird die entscheidende Frage sein, wie und wo Menschen eingeübt werden in das, was ihre Taufexistenz ausmacht: ein selbständiger Umgang mit dem Wort Gottes, der sich nicht zuerst an exegetischen Vorgaben orientiert, sondern in sehr dichter und direkter Weise ermöglicht, die Stimme des liebenden Gottes zu hören, sich von Gottes Wort formen, versammeln und senden zu lassen. Das Wort Gottes mit anderen im Alltag zu leben, sich zur Kirche zu versammeln und aus der Kraft des Auferstandenen zu schöpfen, aber auch die gemeinsame Sendung der Kirche am Ort wahrzunehmen und sich auf sie einzulassen, dazu bedarf es der intensiven Begleitung und Befähigung.

Die Rolle der Priester und Hauptberuflichen, aber auch die Rolle der Ordensleute wird hier bedeutsam: Sie sind Zeugen, die anderen glaubhaft von der Nähe Gottes erzählen und als Mystagogen erste Zugänge eröffnen können. Sie sind aber vor allem auch dazu da, den Christen an den vielen Orten des Leben so zu dienen, dass diese selbst ihre geistliche Befähigung zum Kirchesein wahrnehmen und leben können.

5. Ein neues Miteinander

Die beschriebenen Erfahrungen, die sich verbinden mit den strukturellen Herausforderungen und den theologischen Einsichten, die wir versucht haben zu skizzieren, führen zu einem weiteren Merkmal eines erneuerten Kirchengefüges, das uns entgegenkommt: dem Verhältnis von Taufe und Amt, dem Verhältnis von gemeinsamem Priestertum der Gläubigen und Priestertum des Dienstes.

Und hier stehen wir mitten in vielen ungeklärten und zuweilen auch falschen Fragestellungen. Das Gebiet ist pastoralpraktisch heftig umkämpft – auch deswegen, weil sich mit dem Thema »Leitung« Ängste und Sorgen um die katholische Identität und die sakramentale Grundstruktur der Kirche insgesamt verknüpfen.

Da ist zunächst die Frage nach der »Gemeindeleitung«, oder konkreter: In verschiedenen pastoralen Situationen, in denen ein Pfarrer mehreren Pfarreien vorsteht, wurde in den vergangenen Jahren in verschiedenen Diözesen die kirchenrechtliche Lösung von delegierter Verantwortung *(CIC § 517,2)* eingeführt. Genau diese Lösung aber verdunkelt offensichtlich die Frage nach der Leitung und ihrer sakramentalen Verwurzelung: Zum einen konnten die Christen vor Ort kaum erkennen, was denn nun der Unterschied sein könnte zwischen dem Theologen und der Theologin, die nun faktisch leitete und versorgte. In der Sorge um die Bestandswahrung lokaler Kirchenwirklichkeit konnte der Eindruck entstehen, dass – bis auf die Feier der Sakramente – der Dienst der Leitung weitergegeben werden könnte an kompetente Theologinnen und Theologen, denen bis auf die Weihe nichts fehlte und die das ja dann eigentlich auch ganz gut machten.

Mit dieser gefühlten Wirklichkeit verbunden ist eine quasihierarchische Perspektive, die das Verhältnis von in der Taufe gegründetem »Ehrenamt« und »Dienstamt« merkwürdig verzerrt: Bis in die Formulierungen der verschiedenen Akteure hinein hat sich durchgesetzt, dass die »Ehrenamtlichen« den Hauptberuflichen und Amtsträgern mithelfen und so die Kirche lebendig halten.

Und genau hier ist auch das Misstrauen berechtigt, das bei manchen der Engagierten in den Pfarrgemeinden aufkommt: »Wenn im Augenblick Priester und Hauptberufliche fehlen, sollen wir jetzt ersetzen, was diese bisher getan haben. Wir sind also ›Lückenbüßer‹ … Aber was passiert, wenn dann wieder ein neuer Pfarrer oder eine neue Gemeindereferentin kommt?«

Von der anderen Seite stellt sich die Frage anders: Können überhaupt Christen aufgrund ihrer Taufberufung Gemeinden leiten? Hier rächt sich die Unklarheit in der verwendeten pastoralen Terminologie: Pfarreien als sakramentale Grundstruktur der Ortskirche müssen unterschieden werden von den Gestaltwerdungen in ihnen. Die verschiedenen Orte des Kircheseins, die wir Gemeinde nennen, können aber unterschieden werden von der theologischen Institution der Pfarrei, die ja existiert, damit diese verschiedenen Gestaltwerdungen des Kircheseins vor Ort genährt werden können aus der Kraft Christi selbst. Hier sind wir beim eigentlichen nervösen Angelpunkt des Paradigmenwechsels angekommen.

— *Wesentlich anders: wider die pastorale Häresie* —

»*Sacerdotium autem commune fidelium et sacerdotium ministeriale seu hierarchicum, licet essentia et non gradu tantum differant, ad invicem tamen ordinantur; unum enim et alterum suo peculiari modo de uno Christi sacerdotio participant.*« So liest man es in Lumen Gentium 10: »*Das gemeinsame Priestertum der Gläubigen aber und das Priestertum des Dienstes, das heißt das hierarchische Priestertum, unterscheiden sich zwar dem Wesen und nicht bloß dem Grade nach. Dennoch sind sie einander zugeordnet: das eine wie das andere nämlich nimmt je auf besondere Weise am Priestertum Christi teil* «.

In der dramatischen Situation des Abbrechens einer milieuhaften Gestalt der Kirche werden jedoch weiterhin Rollenbilder tradiert, die aus der Erinnerung eines deutlichen hierarchischen Gefälles leben: Es ist der Priester *(und später das Team der Hauptamtlichen)*, der die Pfarrei leitet und versorgt, die Ehrenamtlichen stehen unter ihm und helfen dem Pfarrer und seinen Mitarbeitern bei der Gestaltung des pfarrlichen Lebens.

Die größer werdenden Pfarreien und die geringer werdende Zahl von hauptberuflichen Mitarbeitern bringen nun aber neu ins Licht, was im II. Vatikanischen Konzil so umwerfend formuliert wurde: Wenn nämlich das gemeinsame Priestertum der Gläubigen und das Priestertum des Dienstes dem Wesen und nicht dem Grad nach unterschiedlich ist, dann verbieten sich die oben benannten Auswege.

Die Leitung einer Pfarrei, die durch einen geweihten Priester geschieht, kann gar nicht in den Geruch kommen, durch einen Hauptberuflichen oder »Ehrenamtlichen« ersetzt zu werden. Die Leitungsaufgaben eines Priesters sind nicht delegierbar an begabte Christen, weil der Leitungsdienst des Priesters dem Wesen und nicht nur dem Grade nach verschieden ist.

Von daher gesehen macht die veränderte Gesamtsituation mit ihren dramatischen und zuweilen panischen Zuspitzungen den Blick frei auf die eigentliche Aufgabe des geweihten priesterlichen Dienstes, der gar nicht und nie in Konkurrenz stehen kann zum gemeinsamen Priestertum der Gläubigen. – Das hat Konsequenzen.

— *Kirche umgekehrt* —

John Finney, der anglikanische Altbischof, hat es ja auf dem Punkt gebracht: Es geht darum, Kirche nicht als Pyramide, sondern als »Blumentopf« zu sehen, sie also auf den Kopf zu stellen und damit auf sichere dogmatische Füße.

In der Kirchengestalt, die auf uns zukommt, wird das Priestertum des Dienstes erneut seine eigentliche sakramentale Rolle einnehmen können. Es geht nämlich darum, in Leitung, Verkündigung und Feier der Sakramente jenen Raum zu eröffnen, in dem der auferstandene Christus sich schenkt, zu seinem Volk spricht, es führt und leitet. Die sakramentale Verankerung des Dienstes, die im Übrigen immer eine communional-presbyterale Gemeinschaft mit dem Bischof und mit den Mitpriestern mitsetzt, will nichts anderes ausdrücken, als dass hier der lebendige Christus selbst seinem Volk begegnet.

Dieser Dienst ist nun aber wirklich ein Dienst am gemeinsamen Priestertum der Gläubigen. Die konziliaren Vorgaben geraten hier noch einmal neu ins Licht und gewinnen an Dringlichkeit: Zum inen unterstreicht Lumen Gentium 32 die fundamentale Gleichheit aller Gläubigen. Auf diesem Hintergrund wird klar, dass die Beschreibung des unterschiedlichen Wesens von Priestertum des Dienstes und dem gemeinsamen Priestertum der Gläubigen sich darin konkretisiert, dass das Dienstamt »für« den Dienst am gemeinsamen Priestertum da ist, damit alle zusammen den Leib Christi darstellen und Sendung bezeugen können. Mit Lumen Gentium 18 gesprochen:

»Christus Dominus, ad Populum Dei pascendum semperque augendum, in Ecclesia sua varia ministeria instituit, quae ad bonum totius corporis tendunt. Ministri enim, qui sacra potestate pollent, fratribus suis inserviunt, ut omnes qui de Populo Dei sunt, ideoque vera dignitate christiana gaudent, ad eundem finem libere et ordinatim conspirantes, ad salutem perveniant«. — »Um Gottes Volk zu weiden und immerfort zu mehren, hat Christus der Herr in seiner Kirche verschiedene Dienstämter eingesetzt, die auf das Wohl des ganzen Leibes ausgerichtet sind. Denn die Amtsträger, die mit heiliger Vollmacht ausgestattet sind, stehen im Dienste ihrer Brüder, damit alle, die zum Volke Gottes gehören und sich daher der wah-

ren Würde eines Christen erfreuen, in freier und geordneter Weise sich auf das nämliche Ziel hin ausstrecken und so zum Heile gelangen.«

Was heißt das konkret? – Der Priester als Leiter ist derjenige, der in der Feier der Sakramente und in der amtlichen Verkündigung Christus den Raum gibt, der sich seinem Volk schenkt und mit seinem Volk spricht. Daraus erwächst der Leib Christi, der die Kirche ist, in den unterschiedlichen Gestaltwerdungen und Entwicklungen einer Kirche vor Ort. Die Aufgabe des Priesters ist dann also die, diese verschiedenen Wirklichkeiten geistgewordener Kirche zu begleiten und sie auszurichten auf die göttlichen Verheißungen. Er hat die Aufgabe, den Raum dafür zu schaffen, dass sich verschiedene Dienste und Charismen entfalten können. Der von Fritz Lobinger eingeführte Begriff des »enabler«, des »Ermöglichers«, rückt hier in den Mittelpunkt dieser Reflexion. Mit seinem Team ermöglicht der Amtsträger, dass sich der Leib Christi mit seinen Charismen entfaltet und das gemeinsame Priestertum der Gläubigen ans Licht kommt.

Von daher wird nun klar, dass das Werden der Kirche von morgen auch eine neue Bestimmung des Verhältnisses von Priestertum des Dienstes und gemeinsamem Priestertum freisetzt und zugleich – wie in Lumen Gentium 10 beschrieben – ein wesentliches Zueinander beschrieben ist.

Auf der einen Seite werden in Zukunft vielfältige Gemeindeformen innerhalb der Pfarrei entstehen und wachsen, die Kirche an den verschiedenen Orten und Lebensräumen der Menschen präsent sein lassen. Eine solche dezentrale und vielfältige Kirchenwirklichkeit braucht Christinnen und Christen, die mit ihrer Kompetenz und ihrem Charisma in gemeinschaftlicher Weise Kirche sind und ihre Sendung leben: Verkündigung, Heiligung und Leitung sind gemeinsame Aufgaben des gesamten Volkes Gottes. Damit dies aber gelingen kann, braucht es den Dienst der Leitung, Verkündigung und Heiligung durch den Priester. Ohne den Priester und den von ihm wahrgenommenen sakramentalen Dienst kann diese Entwicklung nicht auf den Weg kommen. Gleichzeitig verändert sich hier der Dienst des Priesters radikal.

Scharf wahrgenommen wurde dies von einem Priester, der sehr intensive Gemeindepastoral treibt und viele Aktivitäten ankurbelt, aber auch in seinen Händen hält. Als ihm jemand von Kleinen Christlichen Gemeinschaften als Kirche in der Nachbarschaft erzählte und ihn bat, sich einmal vorzustellen, wie es wäre, wenn 18 Kleine Gemeinschaften Kirche neu und dezentral aus der Kraft des gemeinsamen Priestertums prägen würden, antwortete er ein wenig ablehnend: »Und was habe ich dann zu tun?«

Genau diese Herausforderung ist es, die die neue Verhältnisbestimmung von gemeinsamen Priestertum und Priestertum des Dienstes beinhaltet. Ausbildung des Priesters, aber auch der Hauptberuflichen im pastoralen Dienst bedürfen einer neuen Agenda, die darauf abzielt, diese im II. Vatikanum grundgelegte Wirklichkeit praktisch fassen und gestalten zu können.

Wenn im Kontext des Pastoralprozesses asiatischer und afrikanischer Ortskirchen von »non-dominating leadership« und »emerging leadership« gesprochen wird, dann wird auch immer klar, dass der so neu zu fassende Dienst des Priesters und des Pfarrteams an den lokalen Kirchenwirklichkeiten eine neue Form von Ermöglichung, Förderung der Selbständigkeit und Vertrauen beinhaltet. Dieser Weg liegt jetzt vor uns.

6. Kirche wird durch das Wort

Die Zeit ist schon längst vorüber, in der wir davon ausgehen konnten, dass Menschen die Tradition des christlichen Glaubens von Kindesbeinen an aufnehmen konnten und so hineinwuchsen in das Christentum. Eine intergenerationelle Glaubensweitergabe aber findet seit mehr als einer Generation nicht mehr statt.

Dieser Wirklichkeit trauern wir nach – mit Recht: Denn dieser Weg hat eine hohe Plausibilität gehabt und konnte – in einem bestimmten gesellschaftlichen Setting – die Weiterführung eines milieukirchlichen oder auch gemeindekirchlichen Sozialgefüges der Kirche sichern. In ihrem Herzen sind die meisten Christen, die das kirchliche Leben prägen, so Christen geworden und entsprechend »konfiguriert«.

Die Auflösung eines christlichen Gesamtkontextes und in ihm milieukirchlicher Gefüge hat zu einer ungeahnten Individualisierung der Glaubensexistenz geführt: Auf der einen Seite gibt es einen kleinen Teil, der sich im Kernbereich der heutigen Kirchengemeinden engagiert und hier um eine Wahrung des Erbes kämpft – ein immer größerer Teil jedoch ist sehr auf der Suche nach Orten und Räumen, nach Beheimatung in unterschiedlichsten Räumen. Nicht wenige sind »ekklesiale Elementarteilchen«, die oft vergeblich und lange auf der Suche sind.

Das führt schon jetzt zu einer Vervielfältigung kirchlicher Orte und Lebensräume. Gleichzeitig erweisen sich viele Kirchengemeinden als nicht mehr anschlussfähig für diese noch geprägten suchenden Christen, die oft mit ihrem hohen spirituellen Anspruch keine wirkliche Heimat mehr in den klassischen Gemeinden finden.

Neben dieser Vervielfältigung von kirchlichen Orten ist hier nun aber noch entscheidender, dass immer mehr Menschen auf uns zukommen, die in ihrer Lebensgeschichte über keinerlei Vorprägungen verfügen und unbefangen auf uns Christen zugehen. So ist als Option und als These zu formulieren: Die Kirche, die auf uns zukommt, ist herausgefordert, mit diesen Glaubenssuchern Wege des Glaubenswachstums zu gehen. Was bedeutet diese Option konkret?

— *Zeugen und Zeugnisorte* —

Es kommt alles auf die Zeugen an. Evangelisierung wird in Zukunft nur dann gelingen, wenn Christinnen und Christen ihren Glauben bezeugen. Dies ist zu präzisieren: Jeder Mensch legt immer und an jedem Ort Zeugnis ab von dem, was er ist, was ihn bewegt. Er kann gar nicht gar kein Zeuge sein. Dennoch war in den vergangenen Jahrzehnten eher die Tendenz spürbar, dass der christliche Glauben »Privatsache« wurde: Nachdem der gemeinsam gefühlte Raum eines christlichen Milieus sich auflöste, wurde der christliche Glaube zum einen private Einstellungsfrage und zugleich oft auf das Lebenssegment der Kirchengemeinde als seinem Betätigungsort reduziert. Damit aber verliert der christliche Glaube seine Lebensrelevanz, seine Beziehungsorientierung und seinen Lebensraum mitten unter den Menschen. Dieser Prozess beschleunigt sich dann, wenn Christen sich ihres eigenen Glaubens nicht so sicher und gewiss sind – dann setzt das große Schweigen ein. Und erstaunlicherweise können dann Menschen, die nicht so eng mit dem christlichen Glauben verknüpft sind, viel unbefangener über ihren Glauben sprechen als manche Christen.

So wird es für die Zukunft darauf ankommen, dass Frauen und Männer, die ihr Christsein leben, in ihrem Glauben gestärkt werden. Dies geschieht zurzeit auf verschiedenste Weise: Glaubenskurse und Exerzitien im Alltag, das neue Interesse an einem lebendigen Umgang mit der Schrift, das Wachsen vieler Bewegungen und Gemeinschaften, aber auch geistlicher Gruppen in den Pfarreien verweist auf diese Tendenz.

Die größere Herausforderung aber liegt wohl darin, dass Christen ihr unmittelbares Lebensumfeld als Ort des Zeugnisses neu entdecken und gestalten. Die Erfahrungen wachsender Kirchengemeinden sprechen nämlich eine deutliche Sprache: Auch wenn Websites und Werbung nicht wenige Menschen neugierig machen können, so sind es doch die Beziehungen mit den Nächsten, die am bedeutsamsten sind. Die Ergebnisse von Studien wie »finding faith today«, aber auch der evangelischen Schwesterstudie »Wie Erwachsene zum Glauben kommen«, die in einigen evangelischen Landeskirchen durchgeführt wurden, sprechen hier eine deutliche Sprache.

Eine Kirchenentwicklung lebt also von Menschen, die in ihren Beziehungen ansprechbar werden und ihren Glauben – keineswegs nur durch Worte – bezeugen. Dieses individuelle Zeugnis braucht aber Verweisorte, an denen Menschen auch erleben können – und mitleben können, was es heißt, Jünger Christi zu werden – in die Schule des Glaubens zu gehen.

— *Ein Plädoyer für »Beginnerkirchen«* —

»Church for beginners«: Wenn hier dieser Begriff aus der anglikanischen Kirchenentwicklung in den Blick kommt, dann deswegen, weil angesichts der enttraditionalisierten Glaubensweitergabe es mehr als unwahrscheinlich ist, dass Menschen in traditionell geprägten Räumen des Glaubens wie einer Pfarrgemeinde einen Lernweg des Glaubens mitgehen können. Die Kirchengemeinden sind eben nicht dazu angelegt, die Initiation als einen gemeinsamen und langdauernden Weg des Glaubenswachstums zu sehen. Kinder- und Jugendarbeit stehen für eine fast 20-jährige Initiation, die allerdings seit langem eben genau dies nicht mehr erfolgreich leisten kann.

Im Wissen darum, dass die Menschen, die auf uns zukommen, in Zukunft nicht mehr die uns selbstverständliche Tradition mitbringen, ist im Blick auf den Weg des Katechumenats das Vorfeld genauer in den Blick zu nehmen: Wo sind die Orte und Gemeinschaften, in denen Menschen sich langsam an die Botschaft des Evangeliums herantasten können und prüfen können, ob sie tatsächlich einen solchen Weg des Christwerdens gehen wollen? Es braucht also »Vorräume«, »Empfangshallen«, in denen Menschen kommen und gehen, bleiben und wachsen können. Es braucht Räume, in denen eine Entscheidung zu christlichem Glauben reifen kann – und von denen aus dann auch der systematische Weg einer katechumenalen Katechese eingeübt werden kann.

Das soll hier mit dem Begriff einer Kirche für »Beginner« gemeint sein. Solche Räume gibt es faktisch schon, sie werden aber nicht hinreichend als solche gesehen: Eltern, die sich im Kontext von Taufe, Kommunion und Firmung versammeln, die Gottesdienste zu Weihnachten, zur Einschulung und anderen Festen, aber auch die Elternschaft eines katholischen Kindergartens oder einer katholischen Schule sind »Gefüge«, in denen sich eine solche erste Orientierung ereignen kann.

Allerdings braucht es noch einer deutlicheren Wahrnehmung der Herausforderung, die in solchen Beginnerkirchen steckt. Eine Kirche für »Beginner« braucht die Anbindung an ein Team von begeisterten Christinnen und Christen, die einladend und offen mit Glaubenssuchenden einen Weg gehen und eine Weise des Kircheseins profilieren, in der Menschen in ihrem Rhythmus und ihrer Weise weiter im Glauben wachsen können. Wie und in welcher Weise es dann zu einer dichteren Verbindung und zu einem Entschluss zur Taufe kommen kann, bleibt offen.

Entscheidend ist aber, dass die Botschaft des Evangeliums – wenn auch auf sehr unterschiedliche und je nach Charisma und Milieu bestimmte Weise – deutlich verkündet wird und die gemeinsame Erfahrung des Miteinander zu einem Einübungsraum des Lebens aus dem Evangelium werden kann, das unterschiedliche Weisen der Dichte kennt. Die beschriebenen Erfahrungen aus dem englischsprachigen Raum, aber auch die Versuche in der Soul-Side-Linden machen deutlich, dass wir hier ganz am Anfang einer Entwicklung stehen.

— *Der Weg der Glaubensschüler* —

Letztlich aber wird eines deutlich: Alle Glaubenden werden sich in Zukunft wieder dem Ursprung entsprechend als »Glaubensschüler« verstehen. Der Begriff der Jüngerschaft und der Nachfolge Christi bergen in der griechischen Sprache ja genau jene fortdauernde Lerngemeinschaft, in der wir stehen. Diese Lerngemeinschaft des Glaubens wird sich an unterschiedlichen Orten unterschiedlich artikulieren, aber immer auf eine Erfahrung der Gegenwart des Meisters, des Lehrers schlechthin, in der Mitte seines Volkes gründen.

Von daher ist Ekklesiogenesis – Kirchewerdung – nicht Ergebnis einer systematischen Kirchenentwicklungsplanung, der die Baupläne der Kirchengestalt schon vorliegen. Es ist eher paulinisch und biblisch anders: Die Grundwirklichkeit des auferstandenen Herrn führt zu unterschiedlichen Kirchewerdungen an unterschiedlichen Orten. Denn Kirche ist hier auch Gnadenwirklichkeit, die Christus selbst schafft. Es ist eine bunte Ekklesiogenesis, die uns blühen wird. Und der Frühling ist schon da.

7. Die eucharistische Mitte

»Ohne den Sonntag können wir nicht« – begründeten im Nordafrika des 3. Jahrhunderts die Christen ihre Übertretung des Verbotes, am Sonntag Eucharistie zu feiern – und starben als Märtyrer. Die Feier der Eucharistie ist »Quelle und Höhepunkt des gesamten christlichen Lebens«, so formuliert es dann das II. Vatikanische Konzil in Sacrosanctum Concilium 7.

Von daher steht in allen Diskussionen um Strukturveränderungen in der Kirche, der Bildung von größeren Pfarreien wie von Seelsorgeeinheiten mit Recht die Frage nach den Gottesdienstzeiten der Eucharistiefeier im Mittelpunkt. Meine Erfahrung ist das auch: Wenn mit viel Vertrauen auf allen Seiten eine neue Gottesdienstordnung erstellt werden kann – dann kann eine Zusammenführung von Pfarreien gelingen.

Entsprechend zielen die Bemühungen der Bistümer mit Recht darauf, sicherzustellen, wie an möglichst vielen Orten die Eucharistie gefeiert werden kann. Und umgekehrt verweist das kämpferische Interesse engagierter Gemeindemitglieder in Sachen Messe genau auf die zentrale Bedeutung der Eucharistiefeier. Es kann kein Zweifel daran bestehen, dass für die engagierten Christen unserer Pfarrgemeinden die Eucharistiefeier die Mitte ihres Gemeindelebens ist.

Und dennoch bleiben viele Fragen: Seit den 60er Jahren nimmt die Zahl der Mitfeiernden an der sonntäglichen Feier kontinuierlich ab. Und es gelingt seit fast genauso vielen Jahren nicht mehr, Menschen in die sonntägliche Feier der Eucharistie so einzuführen, dass sie ihnen der Kern und Stern ihrer Existenz wird.

Zugleich wird eine immer frappierendere Unkenntnis vieler Mitfeiernden deutlich: Hochzeiten, die als Eucharistiefeier gestaltet werden, werden immer schwieriger zu feiern, weil die selbstverständliche Teilnahme an der Liturgie entfällt – bei Firmungen erleben Bischöfe, wie unvertraut junge Menschen mit der Liturgie sind. Der Traditionsabbruch wird hier an vielen Stellen schmerzlich spürbar. Zugleich wird die Schere zwischen denen, die inzwischen aus einer sehr geprägten und innerlichen Spiritualität Messe mitfeiern wollen und oft vergeblich nach einer wirklich mystagogischen Feier der Eucharistie suchen und denen, die sich in der Eucharistiefeier mehr als fremd fühlen, immer größer.

— *Sakramentalisierung ohne Evangelisierung* —

Dennoch gibt es auch deutliche Fragen an die derzeitige Praxis der Eucharistie. Eigentlich nämlich bedarf es einer deutlichen Nachfrage an den Kontext eucharistischen Feierns. Mit dem Verweis auf das Gemeindeleben ist diese Frage nicht alleine zu beantworten. In einer Zeit gewachsener Milieubildung war deutlich, dass die Eucharistie in den Kontext eines Gemeinschaftsgefüges eingebunden war. Heute hingegen, nach der Auflösung der Milieus, wird die Eucharistie seltsam individualisierend verstanden: Man geht zur Kirche. Tatsächlich stellt sich ja eher die Frage, wie die Wirklichkeit des Leibes Christi, der die Kirche ist, nun im Alltag gelebt werden kann. Hier ergibt sich in der derzeitigen Praxis oft eine Leerstelle: Wohl finden sich Einzelne in Gruppen der Gemeinde ein, und mit wachsender Tendenz bemühen sich viele um eine angemessene Vertiefung des Glaubens und um ein Mitleben mit der Liturgie der Kirche.

Was hingegen fehlt, sind »Kirchwerdungen des Alltags«, mitten in den Lebenswelten der Menschen. Was vormals die Familie als Hauskirche sein konnte und damit einen existenziellen Lernraum der Evangelisierung ermöglichte *(wenn er vielleicht auch vor allem in Traditionen und Bräuche einführte)*, das fällt aus.

Damit aber verliert die Eucharistiefeier ihren notwendigen existenziellen Lebenskontext des Kircheseins. Mit schweren Konsequenzen: Denn je weniger die Feier der Eucharistie zu einer lebensmächtigen eucharistischen – und das heißt auch: leibhaft gemeinschaftlichen – Existenz führt, desto schwieriger wird es auf Dauer, die Feier selbst als große Dankfeier zu verstehen.

Denn es geht bei der Eucharistiefeier ja nicht zunächst um einen liturgischen Vollzug, ein Ritual, das auch anders gestaltet werden könnte *(z.B. als Wort-Gottes-Feier)*, sondern um eine Feier, in der die Erfahrungen mit dem auferstandenen Herrn, der inmitten des Lebens der Menschen und inmitten seines Volkes anwesender Emmanuel ist, verdichtet werden in der vergegenwärtigten und ursprunggebenden Hingabe seines Lebens an uns – aus der wir dann wieder leben dürfen.

Das bedeutet noch weitaus mehr: Eucharistische Prägung als Transsubstantiation der vielen Christen in den Leib Christi sendet ja auch aus, selbst Hingabe zu werden für die Menschen, vor allem in der Perspektive, die so genial und bedeutsam die Konstitution »Gaudium et Spes« aufgedeckt hat: Freude und Hoffnung, Trauer und Angst der Menschen werden Freude und Hoffnung, Trauer und Angst der Christen in dem Maße, wie diese, gestärkt aus der Eucharistie, der Welt die frohe Botschaft durch ihre Hingabe und ihr Mitsein mit den Armen bezeugen

Die grundlegende Schwäche aller Sakramentenvorbereitung liegt nun aber genau hier: Es fehlt ihr oft der gelebte Kontext eucharistischer Existenz als konkreter Lebenswirklichkeit des Kircheseins im Leben der Menschen. So bleibt es bei der Sakramentenvorbereitung, und es fehlt wirkliche evangelisierende Initiation. Es reicht der Ritus, das Leben braucht sich nicht zu ändern? Wie in einem Spiegel reflektiert die Sakramentenvorbereitung deswegen die Grenzen heutiger Gemeindeexistenz.

— *Evangelisierung steht vor der Eucharistie* —

Die Kirche selbst schlägt einen anderen Weg vor. Der Katechumenat als Normweg des Christwerdens kennt einen biographieorientierten gemeinschaftlichen Initiationsweg, der erst langsam hinführt zur Feier der Sakramente. Das bedeutet aber auch, dass für Katechumenen die Feier der Eucharistie nicht angemessen ist. In der Tat gibt es für diese zunächst katechesetheoretische Feststellung existenzielle Belege: Die Erfahrungen in der Firmvorbereitung in der Perspektive von San Egidio[55], aber auch Gottesdienstformen wie der

Expowal in Hannover oder mystagogische Weggottesdienste in der Sakramentenvorbereitung weisen darauf hin, dass Menschen sehr tief vom Geheimnis Gottes berührt werden und langsam Wege zur Mitfeier des eucharistischen Geheimnisses beschreiten müssen. Damit aber ergibt sich eine herausfordernde Weichenstellung. Die meisten Menschen, auch die meisten Getauften, sind nicht existenziell evangelisiert worden und haben auch keinen inneren Zugang zur Eucharistie entwickeln können. Der Traditionsabbruch, so braucht hier nicht erklärt zu werden, ist umfassend. Es braucht also in weitaus höherem Maß als bisher den Mut, sich mit diesen Menschen auf den Weg des Glaubens zu machen.

Deswegen braucht es hier auch eine deutlichere evangelisierende und liturgische Entwicklung. So wahr es ist und bleibt, dass der Sonntag für die Gemeinschaft der Glaubenden ohne eucharistische Mitte nicht zu denken ist, so wahr ist es auch, dass weitaus deutlicher und kreativer über verkündigende Veranstaltungen und Liturgien nachzudenken ist, die sich an die richten, die erst am Anfang eines Weges zum Glauben stehen.

Auch für diese größte Gruppe der Getauften und Suchenden ist der Sonntag der Tag, an dem sie sich versammeln könnten. Wir brauchen hier dringend eine Differenzierung: Diese eher katechumenalen Gottesdienste und Katechesen stehen eben nicht gegen die sonntägliche Eucharistie, sondern führen zu ihr hin.

Es kann natürlich gut sein, dass Menschen, die bislang »zur Kirche gehen«, nun durch so eine Katechesefeier oder Stufenfeier des Glaubens angezogen werden. Dann weist dies aber darauf hin, dass auch manche von unseren »Stammgläubigen« eine Sehnsucht nach Einführung in den Glauben haben, die bislang nicht offenbar werden konnte.

In der Diskussion um die zentrale Bedeutung der Eucharistiefeier kann hier nicht diese Herausforderung einer katechumenalen Hinführung gegen die Eucharistie gestellt werden. Im Gegenteil brauchen wir nichts dringender als eine wöchentliche Versammlung der Suchenden im Kontext unseres Sonntags. Es mag sein, dass eine solche Perspektive auf lange Sicht auch die Eucharistiefeier noch einmal innerlich verändert – denn je mehr Menschen diese Feier existenziell ersehnen, desto intensiver kann erfahren werden, was Christus uns hier schenkt.

Als Konkurrenzangebot eignen sich katechumenale Feiern nicht: Sie sind Orte, an denen Menschen mit dem Evangelium in Berührung kommen und durch das Wort verwandelt werden. Sie werden Kirche aus dem Wort, die hinzielt auf die eucharistische Fülle. Wer hier Angst bekommt, eine solche Kultur des differenzierten und katechumenalen Zugangs würde die Eucharistiefeier schwächen, der unterschätzt die Kraft der Feier, die doch Zentrum unseres Glaubens ist.

8. Lokale Kirchenentwicklung

Die Erfahrungen und Reflexionen dieses Buches zielen auf eine neue Ekklesiogenesis: Kirche wird neu und wächst, in unterschiedlichen Gestaltwerdungen und Dimensionen. Ein wesentlicher Impuls waren uns dabei weltkirchliche Entwicklungen. Der Pastoralansatz einer partizipativen Kirchenentwicklung führt zu einer existenziellen Ekklesiologie, die in der Kirchenbildung vor Ort ihre Mitte findet. Von Kleinen Christlichen Gemeinschaften ist hier die Rede.

Eine solche Option wird im deutschsprachigen Raum zunehmend attraktiv[56], weil angesichts der strukturellen Umbrüche paradoxerweise nicht die institutionelle Zentralisierung das Ziel der pastoralen Entwicklung sein will, sondern die Lokalisierung und Dezentralisierung, die einhergeht mit einer neuen Kultur des Kircheseins: Vertrauen in den Geist Gottes, der in den Getauften lebt, Mut zu einer katechumenalen Kirchengestalt, Mut zur Verantwortung und Sendung vor Ort, Neuprofilierung des gemeinsamen Priestertums aller Gläubigen und des Dienstamtes.

— *Stadt und Land im Fluss:*
eine lokale Topographie der Kirche —

Nun ist klar, dass, angesichts der nachchristlichen Situation der Kirche, eine solche dezentrale Kirchenentwicklung sich an unterschiedlichen Orten und in unterschiedlichen Lebensräumen der Menschen ereignet: Vermutlich werden solche Kirchenbildungen in Städten und Ballungsgebieten nicht nur und zuerst territoriale, sondern sozialraum- und lebensraumorientierte Gestalten annehmen.

Die »bunte Ekklesiogenesis« in der Stadt wird ein mehr oder weniger verknüpftes Nebeneinander verschiedener Orte des Kircheseins aufweisen, die vor allem eine Fülle katechumenaler Kirchenbildungen zeigt: Neue quasi-monastische Gemeinschaften, Katechesekirchen, Kirchenbildungen in Altenheimen und Kindergärten, alternative Gemeinschaftsbildungen um Klöster herum und klassische Suchergottesdienstgemeinden werden sich um die klassischen Gemeinden herum bilden. Die Feier der Eucharistie ist die Feier der Einheit all dieser vielfältigen Orte des Kircheseins: Sie reflektiert den einen Leib Christi in seinen vielfältigen Konfigurationen.

Zugleich aber wird sich Kirchenbildung auch territorial in Stadt- und Wohnvierteln ereignen, besonders aber auf dem Land, in den vielen nachchristlichen Dörfern der modernen Diaspora. Gerade hier gewinnt die lokale Dimension des Kircheseins neue Kraft: Mit allen Christen gemeinsam, mit allen Sympathisanten und werdenden Christen kann hier, im Lebensraum eines Stadtviertels oder eines Dorfes, Kirche ganz basisnah gelebt werden.

So wie es scheint, kann – bei aller Unterschiedlichkeit der Kulturen und vor allem der kirchlichen Milieus in Südamerika, Afrika und Asien – hier eine neue Weise des Kircheseins und der Ekklesiogenesis eingeübt werden.

Doch der Weg dorthin ist lang. Er knüpft zum einen immer an die Erfahrungen der Menschen vor Ort und ist also immer beziehungsorientiert: Was sich Menschen wünschen, was ihre Sehnsucht ist, was ihre Not ist, was ihr Leiden ist, wird zum Ausgangspunkt einer neuen Kirchenbildung, die sich neu vor Ort inkulturiert. Das ist ein langer Weg des Miteinanders der Menschen, die in einem Umfeld leben, an einem Ort sind und arbeiten. Es ist ein Weg des Vertrauens und damit auch des Risikos. Kirche wird zum unabsehbaren Abenteuer des Weges Gottes mit seinem Volk.

— *Die eine heilige katholische und apostolische Kirche am Ort* —

Schon in den sechziger Jahren sprachen afrikanische Bischöfe von den »Small Christian Communities« als der lokalsten Inkarnation der katholischen Kirche. Angesichts der möglichen und wahrscheinlichen Ausdifferenzierung der Kirchwerdung an den Orten und in den Räumen des Lebens stellt sich die Frage nach der Einheit der Kirche.

Natürlich war es einfacher, von territorialer und kategorialer Seelsorge zu sprechen und zunächst alle Institutionen auf die Mitte der Kerngemeinde zu verweisen. Die Perspektive einer solchen Orientierung verrät viel über das zugrundeliegende Kirchenbild. Zum einen liegt hier der Schwerpunkt auf der Frage, wer beruflich seelsorgt: es geht also eher um eine Zuordnung der verschiedenen Typen hauptamtlicher und hauptberuflicher Seelsorger für »Gemeinden« bzw. bestimmter »Kategorien«. Dabei war immer klar, dass die Pfarrgemeinde der Dreh- und Angelpunkt der kirchlichen Wirklichkeit ist.

Die zunehmende Auflösung der Milieus wie auch die Individualisierung der Christen, vor allem aber auch die zunehmend katechumenale Situation, lassen die Wirklichkeit des Kircheseins weniger unter dem Gesichtspunkt der Seelsorge, als vielmehr unter dem der Kirchenbildung wichtiger werden: Die zentrale Frage ist nämlich, wie das Evangelium, das in Wort und Tat verkündet und bezeugt wird, an den verschiedenen Orten des Lebens kirchliche Gestalt gewinnt.

Von daher ist klar, dass solche Kirchenentwicklungsprozesse aus der Natur der Sache heraus nur dezentral stattfinden können, auf der anderen Seite aber der Begleitung und Förderung bedürfen. Es geht ja eben nicht darum, überall eine Zersplitterung und Gruppenbildung zu fördern, sondern Kirchenentwicklung zu ermöglichen, die Anschluss hält an die eine heilige katholische und apostolische Kirche.

— *Kirchenentwicklung mit Kriterium:*
Prophetische Merkmale des authentischen Kircheseins —

Eine solche Kirchenentwicklung kann sich dabei gut orientieren an den vier Merkmalen Kleiner Christlicher Gemeinschaften *(siehe Grafik)*. Sie sind gewissermaßen »Zielfotos« einer dezentralen Kirchenentwicklung. Solche Maßstäbe sind wichtig, damit die Ziel- und Wachstumsperspektive der sich bildenden Gemeinschaften im Blick auf ein lokales Kirchesein beschrieben werden kann.

Klar ist dabei immer, dass solche Prozesse an jedem Ort unterschiedlich sind, an jedem Ort andere Schwerpunkte und Schwachpunkte kennen. Aber die Einheit in der Vielfalt ist keine Uniformität, Vielfalt in der Einheit keine Beliebigkeit.

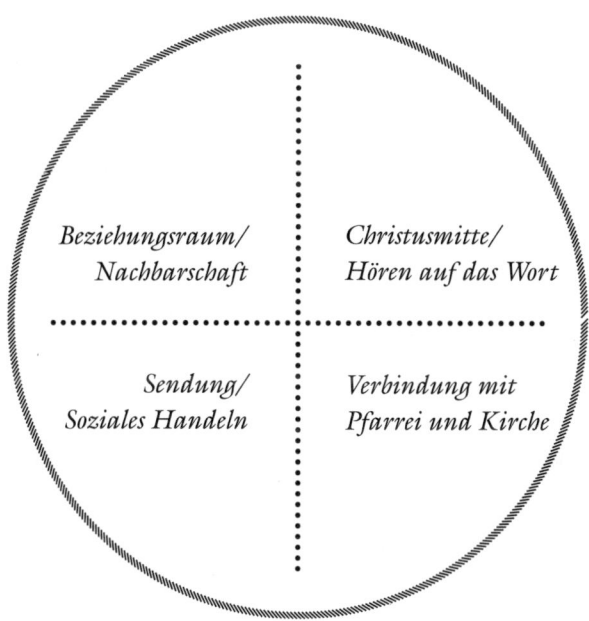

Beziehungsraum/
Nachbarschaft

Christusmitte/
Hören auf das Wort

Sendung/
Soziales Handeln

Verbindung mit
Pfarrei und Kirche

Die vier Merkmale
Kleiner Christlicher Gemeinschaften

— Zielmerkmal »Nachbarschaft« —

Eine kleine christliche Gemeinschaft als Kirche in den Lebensräumen der Menschen konstituiert sich aus Menschen, die einen gemeinsamen Sozialraum, eine gemeinsame Nachbarschaft teilen und somit im Kleinen abbilden, was die Kirche ausmacht. Damit unterscheiden sich lokale Kirchenentwicklungen von Gruppenbildungen unterschiedlichster Art. Es geht darum – wie auch einstmals in der Pfarrgemeinde – nicht etwa nur ein bestimmtes Milieu oder eine bestimmte Wahlverwandtschaft abzubilden, sondern eine offene Gemeinschaft der Gerufenen zu konstituieren. In der Tat sind Kleine Christliche Gemeinschaften eben keine Gruppen aus Mitgliedern, sondern Gemeinschaften, zu denen potentiell all jene gehören, die sich in einem Lebens- oder Sozialraum, in einem Dorf oder einem Stadtteil, in einem Kindergarten oder einer Schule von Christus sammeln lassen. Dass dabei ein Kern für die Stabilität sorgt, schließt eben ein, dass viele Menschen aus diesem Umfeld kommen und gehen und in differenzierter Weise teilnehmen und teilhaben können.

— Zielmerkmal »Gospelsharing« —

Eine kleine christliche Gemeinschaft als lokale Kirchenbildung lebt aus dem Wort des Evangeliums und also aus der Gegenwart des Auferstandenen. Diese Gegenwart des Auferstandenen macht sie erst zu einer Kirche am Ort. Es geht bei diesem Kirchenentwicklungsprozess nicht um die Bildung von Vereinen oder Bürgerinitiativen, sondern es braucht die spirituelle Mitte – es braucht die Wirklichkeit des auferstandenen Herrn. In den lokalen Kirchenwirklichkeiten, die zum großen Teil katechumenal sein werden, wird nicht die Eucharistie das Zentrum sein, sondern eher das Wort Gottes. Es braucht aber hier geprägte Christen, die dieser Wirklichkeit des lebendigen Gottes den Raum bereiten und ihn bezeugen. Solche Orte des Kircheseins werden also in besonderer Weise auch Orte des Christwerdens sein können.

— *Zielmerkmal »Kirchlichkeit«* —

Eine kleine christliche Gemeinschaft ist keine private Initiative, sondern eingebunden in das Kirchesein der Ortskirche und steht in einem Wechselverhältnis zur Pfarrei: Sie lebt aus der der Communio mit der ganzen Kirche, bedarf daher der Unterstützung durch eine ermöglichende und begabende Leitung der Pfarrei. Damit ist auch mitgesagt, dass solche Prozesse der Ekklesiogenesis immer ein Prozess der Pfarrei und des Pfarrers sind. Ohne weit ausreichende Perspektive der Entwicklung, ohne Unterstützung und umfassende Begleitung der Verantwortlichen vor Ort wird Kirche nicht lokal wachsen. Umgekehrt werden die Grundvollzüge des Kircheseins in den Lebensorten der Menschen gelebt.

— *Zielmerkmal Sendung* —

Eine kleine christliche Gemeinschaft, eine Kirche am Ort, teilt die »Freude und Hoffnung, die Trauer und die Angst« der Menschen an dem Ort, an dem sie entsteht. Im Rahmen des konkreten Sozialraums agiert »Kirche in der Nachbarschaft« als »Sakrament«, Zeichen und Werkzeug der Einheit unter den Menschen, lässt sich von Christus anrufen in den konkreten Nöten der Menschen, ermöglicht auf dieser Graswurzelebene Christwerden und Kirchenerfahrung.

Eine lokale Kirchenentwicklung in diesem Sinne bedarf einer deutlichen Ermutigung von diözesaner Ebene. Denn auch wenn vor Ort eine solche Entwicklung angestoßen werden soll, braucht es eine intensive Aus- und Fortbildung der beteiligten Pfarrer und ihrer Teams. Dazu bedarf es ganz sicher einer neuen Justierung der Aus- und Fortbildung für Pfarrer, Hauptberufliche und die beteiligten Teams. Im Vordergrund wird dabei für längere Zeit ein Bewusstwerden der Situation stehen. Ohne eine gemeinsame Anstrengung in dieser Richtung wird nämlich der Prozess einer lokalen Kirchenentwicklung zu kurz greifen. Es geht in der Tat nicht, dies noch »zusätzlich« oder als neues Projekt zu tun. Zu verstehen ist, dass hier ein Paradigmenwechsel eingeleitet wird, der sich aus der ekklesiologischen Reflexion der Kirche des II. Vatikanums ergibt.

9. Wie wir den Übergang begleiten können

Wir haben beobachtet und reflektiert. Und das, was wir erkennen können, ist verheißungsvoll: Glänzende Aussichten zeichnen sich ab, denn Gott erneuert seine Kirche, und die Spuren und Ahnungen sind schon mehr als sichtbar.

Und dennoch dienen solche glänzenden Aussichten zunächst einmal dem Entdecken der eigenen Vision. Und da ohne Vision, ohne eigene Perspektive ein Weg der Erneuerung nicht gestaltet werden kann, ist dies der notwendige erste Schritt – aber wie geht es weiter? Die Überlegungen dieses Buches sind ja keine Umsetzungsanweisungen, das wäre viel zu kurz und viel zu pragmatisch gedacht. Aber dennoch bleibt die Frage, welche Strategie des Umbruch pastorale Akteure anwenden können, um den Übergang der Kirche zu gestalten.

— Würdige Prägungen und gib ihnen die Chance des Wachsens —

Erneuerung geschieht, indem die Räume für sie geöffnet werden. Erneuerung geschieht nicht, wo das Bestehende abgewertet wird. In der Tat, die über Jahrzehnte gewachsene Kirchengestalt der »Pfarrgemeinde« und das Gefüge territorialer und kategorialer Seelsorge stellen eine bedeutsame Weiterentwicklung einer Pastoral dar, die in der schleichenden Auflösung der Milieus versuchte, Zeugnis und Gemeinschaft des Glaubens zu gewährleisten. Und auch heute ist dieses pastorale Grundgefüge für jede weitere Entwicklung unhintergehbar – und unverzichtbar: Die Neuaufbrüche, die ihrerseits sehr klein und unbedeutend anmuten, brauchen den Halt und den schützenden Rahmen der bisherigen Struktur.

Deswegen braucht es einen sehr würdigenden Blick auf alles, was ist. Immerhin sind die Gestalten und Strukturen des Kircheseins, die durch den Verlust der selbstverständlichen Voraussetzungen ererbten Christseins erodieren, selbst in einem Wandlungsprozess: Die Suche nach Spiritualität und die engagierte Kraft für eine selbstverantwortliche Gestaltung des Gemeindelebens sind klar zu erkennen und zeigen noch einmal deutlich, welche kraftvolle Prägung, inmitten aller Ermüdung und Überalterung, auch dieser Gestalt der Kirche einmal zu ihrem Glanz verholfen hatte.

Ein solcher realistischer Blick auf die uns geschenkte Gestalt der Kirche kann also auch jene Prägungen würdigen, die jetzt zuweilen den Eindruck machen, nicht mehr Antwort geben zu können auf die kommenden Herausforderungen.

Und es kann gut sein, dass diese Antwort auch gar nicht nötig ist. Wichtig wäre nur, dass auch die geprägte endvolkskirchliche Gestalt der Kirche einen Raum eröffnen kann für Entwicklungen, die kommen. Vielleicht sind dabei gerade die strukturellen Maßnahmen der Zusammenführungen von Pfarreien und der Bildung größerer Pastoralräume eine Chance für neuere Aufbrüche, die in den zuweilen eng wirkenden Milieus der Pfarrgemeinden schwer möglich sind.

Jedoch bleibt eines wichtig: Auch wenn an vielen Orten eine Art pastorale Sterbe- und Trauerbegleitung notwendig sein wird, ist es für die pastoralen Akteure unerlässlich, allen Christen der Gemeinde den Weg in die Zukunft anzubieten. Da der Weg der Erneuerung ein göttliches Gnadenhandeln ist, ist es möglich, wenn auch eher unwahrscheinlich, dass das Wahrnehmen und Reflektieren der Situation und das Gespräch über die zukunftsträchtige Vision für viele milieuhaft Geprägte zu einem Neuaufbruch führt – oder doch zumindest dafür, dem Neuen, das Gott uns entgegenbringt, dankbar Raum zu schaffen.

— *Entscheide dich mit Lust zur Zweigleisigkeit* —

Die Erfahrungen der ersten Kirche gehen in diese Richtung. Die erste Gemeinde der Apostel bestand natürlich aus Christen, die alle in der jüdischen Tradition beheimatet waren. Entsprechend herausfordernd war es für die traditionell judenchristlich geprägten Gemeinden, auf Menschen zu treffen, die jenseits dieser Tradition aus den »Völkern« kamen *(»ecclesia ex gentibus«)*. Von dem Konflikt zwischen geprägter und heiliger Tradition und dem neuen Zugang zum christlichen Glauben lässt sich auch heute lernen: Die Kontroversen auf dem Apostelkonzil bezeugen eine intensive Auseinandersetzung mit der Neuheit dessen, was Gott der werdenden Kirche zumutet. Die ganze Stärke der Tradition scheint hier auf, wenn Petrus und die Apostel aufgrund der Lebendigkeit ihrer eigenen traditionsbewussten Gottesverbundenheit das neuartige Handeln Gottes entdecken und von ihrer Tradition her erschließen können.

So konnte eine geistgewirkte Entscheidung fallen, die zu einer gewollten Zweigleisigkeit führte, zu einer internen Pluralität wachsender und bleibender Traditionen, die sich – wie wir wissen – unterschiedlich entwickelten. Eine solche positive Bewertung der eigenen Tradition und zugleich die Offenheit für das unableitbare Wirken des Geistes Gottes in Blick auf neue Gestaltwerdungen setzt eine starke Identität und Verwurzelung voraus: Nur dann wird es gelingen, andersartige und neue Gestalten des Christseins nicht als Bedrohung zu verstehen.

Wie die Apostel sich für eine weise Zweigleisigkeit entscheiden, und damit zulassen, dass Gott wachsen lässt, was wachsen soll, so sind wir auch heute dazu herausgefordert, eine solche Mehrgleisigkeit zu ermöglichen, die überdies schon immer in der ekklesiologischen Tradition verankert ist: Orden und geistliche Gemeinschaften, die innerhalb der Pfarreien eigene Gemeindebildungen ermöglichten, waren immer Reichtum einer bunten Vielfalt katholischer Kirchlichkeit. Nun gilt es auch heute, diese Vielgestalt zu ermöglichen. Und dies in der Erinnerung an die Worte Jesu, der den alten Wein in den alten Schläuchen aufbewahren wollte – und dem neuen Wein neue Schläuche zuwies: Nur in einer solchen gegliederten Pluralität kann es offen bleiben, wie Gott wachsen lässt – und genau hier liegt der »Dienst an der Einheit«, der sich im Schutz katholischer Vielfalt zeigt.

Noch einmal zurück zur Apostelgeschichte: Als Petrus dem Cornelius begegnete *(Apg 10),* ließ er sich auf die Überraschung ein, dass Gott außerhalb des gesetzten traditionellen Rahmens handelte und Menschen in die Begegnung mit Jesus Christus führte. Die Frage, die sich uns heute stellt, ist vielleicht ähnlich: Wie können wir Überraschungen wahrnehmen und annehmen, die uns außerhalb unseres traditionellen Rahmens begegnen? In der Tat: Visionen und neue Erfahrungen sind ja keine immer nur angenehmen Fortsetzungen unserer Überlegungen, sondern eben sperrig neu. Es braucht eine tiefe Gottvertrautheit, um auch wahrnehmen zu können, was Gott außerhalb des gewohnten Rahmens schafft und zeigen möchte.

Dabei bleibt es wichtig, dass diese Entdeckungen und Aufbrüche immer wieder in den Raum gemeinsamen geistlichen Unterscheidens eingebracht und mit der Tradition in Verbindung gebracht werden können. Das Risiko nämlich könnte darin bestehen, die eigenen Ideen und Initiativen maßgeblich werden zu lassen. Hier gilt die deutliche Warnung, nicht dem »Selbstgemachten« zu trauen, sondern sich immer wieder auf kirchliche Unterscheidungsprozesse einzulassen. Denn hier zeigt sich der ganze Wert der Tradition: Wenn sie nämlich lebendig ist, hat sie immer den Rhythmus von Vergehen und Auferstehen, von Altem und Neuen gewusst und sich einlassen können auf neue Gestalten, die ja ihrerseits nichts anderes sein wollten als Zugänge zur immer neuen Begegnung mit dem Auferstandenen.

— *Wehre den Versuchungen auf dem Weg der Erneuerung* —

So ist also zwei Versuchungen zu wehren: Zum einen ist das Zurückschauen auf die bisherige Gestaltwerdungen mit dem Anspruch der Normativität oft nichts anderes als der Versuch, einen Entwicklungsprozess zu stoppen, den nicht Menschen, sondern der Geist Gottes wirkt. Eine Vergangenheit verklärender pastoraler Traditionalismus aber führt genau so in die Erstarrung, wie wir sie biblisch bei der Frau des Lot erkennen können. Und umgekehrt führt ein Vertrauen auf die Kraft selbstmächtiger Erneuerung zum tödlichen Identitätsverlust und zu einem Tanz um goldene pastorale Kälber.

Ein Ausweg aus diesen Versuchungen ist ein Lernprozess kirchlicher Kommunionalität: Nur im Hinhören aufeinander, im gemeinsamen Wahrnehmen, und vor allem im Hören und im Gehorsam auf den Auferstandenen und seinen Geist lassen sich Versuchungen dieser Art bezwingen.

Praktisch geht es also darum, eine neue pastorale Haltung auf allen Ebenen der Kirche, auch und gerade vor Ort, zu entwickeln: Es geht darum, eine Gemeinschaft der apostolischen Unterscheidung zu werden. Jenseits der Versuchungen des Aktivismus und der Erstarrung geht es darum, Prozesse einzuüben, bei denen möglichst viele Beteiligten in eine Spiritualität geistlichen Unterscheidens hineinwachsen können. In Kleinen Christlichen Gemeinschaften, aber auch in Räten und Gremien ginge es also darum, immer wieder neu das, was wahrgenommen wird, auf die Verheißungen Gottes hin zu »deuten« und einzubringen in die größere Communio des Gottesvolkes.

— *Folge der Verheißung, aber sei geduldig und gehorsam* —

Eine solche Bemühung ist ein langwieriger Prozess. Und vielleicht ist dies die eigentliche Herausforderung an die Pastoral in unseren Breiten. Soweit ich sehe, gibt es zwar konkrete und langangelegte Strukturmaßnahmen – aber noch ist es nicht so üblich, mit Gottes langem Atem pastorale Übergangsprozesse zu gestalten. Schaut man auf die Kirchenjahrstruktur pastoralen Handelns, dann gilt weiterhin, dass nur an wenigen Stellen hartnäckig Prozesse pastoraler Entwicklung angestoßen werden, die planmäßig weiterverfolgt werden, weil sie auf ein langsames Wachsen angelegt sind.

In der Tat, ohne eine gelebte und große Vision, die auch mit anderen geteilt und weiterentwickelt wird, ist eine solche Wachstumsperspektive nicht wahrscheinlich. Und umgekehrt: Wo Visionen geteilt werden, sich bewähren und entwickeln können, wo Prozesse angestoßen werden, dort ist auch ein langsames Wachsen möglich. Dann nämlich kann einerseits geduldig gewartet werden auf den Kairòs des nächsten Wachstumsschritts und kann zum anderen ein »Vor-sich-hin-Wursteln« verhindert werden, weil der Kairòs des nächsten Schritt eingeborgen ist in die großen Verheißungen Gottes. Der Verheißung zu folgen, verlangt also vom Einzelnen wie von der Gemeinschaft der Gläubigen geduldiges Hinhören und demütiges Warten auf den Moment Gottes. Die Begleitung der Erneuerung der Kirche ist und bleibt also ein Weg, der jeden hineinfordert in eine tiefe Gottesbeziehung.

— *Säe und pflege Innovationskeimlinge* —

Es ist »Zeit zur Aussaat« – aber das Säen alleine reicht nicht. Es braucht in jenem Kontext der entschiedenen Zweigleisigkeit auch eine Entscheidung für den Schutz und das langsame Wachsen der »Innovationskeimlinge«: Was neu und ungewohnt sich zeigt, ist auch Angriffen ausgesetzt und kann leicht niedergetrampelt werden. Das Errichten von »Gewächshäusern« für solche »Innovationskeimlinge« gehört also zur Begleitung der Erneuerung hinzu. Der Schutz der vielfältigen Aufbrüche kostet Energie – ist aber bedeutsam für zukünftige Entwicklungsprozesse. Es wäre sinnlos, mit neuen Perspektiven und experimentellen Versuchen direkt bestehende Gleichgewichte zu belasten: Denn entweder würden die Neuaufbrüche eingepasst werden in das Bisherige und damit ihre Kraft verlieren – oder sie würden abgestoßen. Erfahrungen dieser Art sind im Blick auf den Katechumenat, aber auch auf lokale Kirchenentwicklungsprozesse zu beobachten. Und was aus dem BibelTeilen werden kann, wenn es als Methode missverstanden wird, haben wir zu deutlich erleiden müssen.

Es gehört also zur pastoralen Weisheit und Klugheit, die Schutzräume der Erneuerung zu bauen und das langsame und ungestörte Wachsen zu ermöglichen. Damit werden pastorale Wachstumsprozesse einer nicht einholbaren Logik göttlicher Gnade gehorchen, die uns zu aufmerksamen Betrachtern werden lässt. Denn solche Erneuerung wird nicht flächendeckend und nicht gleichzeitig erfolgen: Wir werden dem Charme göttlichen Handelns erliegen, wenn wir uns auf den Weg der Erneuerung machen.

VI. Wie Abraham und Gideon die Zukunft erbten: Eine abschließende Wegbetrachtung

Die Erfahrungen und Überlegungen dieses Buches gründen in der Überzeugung, dass die Zukunft des Volkes Gottes nicht in unseren Händen liegt, sondern in Gottes Händen: »Seht, ich schaffe etwas Neues, merkt ihr es denn nicht!«. Doch eine solche Perspektive braucht Personen, charismatische Vorbilder, die uns helfen können zu verstehen, wie denn in concreto sich ein Weg in diese Zukunft öffnet und in welcher Weise wir mitgehen können.

Dieser Versuch geschieht aber nicht abstrakt, sondern in der konkreten Situation, in der sich die Kirche hierzulande befindet. Und diese Position erscheint nicht stark: Wer sich zurzeit umsieht, entdeckt viele auch alte Menschen, die sich engagieren. Ein Blick auf das Durchschnittsalter der Priester und Ordensleute könnte den Eindruck vermitteln, dass keine fruchtbare Energie der Erneuerung mehr vorhanden ist. Ein näherer Blick auf die pastoralen Akteure vermittelt einen Eindruck permanenter Überforderung. Genau in diesem Gefüge anscheinender Kraftlosigkeit und vorprogrammierten Scheiterns kann ein Blick auf Abraham und Gideon der Logik der geistvollen Erneuerung nachzugehen helfen.

Offensichtlich ist der Weg Gottes mit seinem Volk, wie er uns durch diese Protagonisten nahegebracht wird, nicht ein Weg der Helden, sondern der Schwachen. Und offensichtlich wird der Weg Gottes mit seinem Volk dann deutlich konturierter wahrgenommen, wenn das Volk – wie in der Phase der Verschriftlichung des Alten Testaments – sich in einer Situation innerer Umkehr und der Reflexion auf das eigene Scheitern befindet. Von daher gibt es einen guten Grund zur Hoffnung.

— *Aufbruch trotz Erfahrung* —

Wie ist es denkbar, sich mit 75 Jahren noch einmal auf ein Abenteuer ungewissen Ausgangs einzulassen?

»Der Herr sprach zu Abram: Ziehe fort aus deinem Land, von deiner Verwandtschaft und aus deinem Vaterhaus in das Land, das ich dir zeigen werde! Ich will dich segnen und deinen Namen groß machen; du sollst ein Segen sein. Ich werde segnen, die dich segnen, und die dich verwünschen, werde ich verfluchen. Durch dich sollen gesegnet sein alle Generationen der Erde. Da zog Abram fort, wie ihm der Herr befohlen hatte, und mit ihm zog Lot. Abram war fünfundsiebzig Jahre alt, als er von Haran wegzog.« (Gen 12,1–4)

Abraham bleibt mit diesem gehorsamen Aufbruch Modell auch für die herausfordernde Situation des Übergangs, in der wir stehen.

Zunächst wird deutlich, dass dieser Aufbruch als Zug in eine verheißene und verheißungsvolle, aber unbekannte und ungewisse Zukunft nur aus Gehorsam geschieht. Unabhängig von Alter und Lebenserfahrung Abrahams, die ihn ja eher zum Bleiben und Festhalten bewährter Lebenspraxis bewegen könnten, wählt Gott hier einen Menschen aus, von dem er Loslösung, auch Orientierungslosigkeit verlangt. Er verheißt ihm einen langen Weg, er verheißt eine bedeutsame Aufgabe und eine Rolle, die schier atemberaubend ist, er verheißt keine schnellen Erfolge und Ergebnisse. Vor allem aber zeigt er seine Präsenz und seine Macht.

Es sind diese, immer wieder neuen Zeichen seiner Gegenwart und Machtfülle, aus denen heraus Abraham zu einer Gewissheit seines Weges findet. Und deswegen kristallisiert sich hier noch einmal deutlich heraus, worauf es im Blick auf die weiteren Aussichten unserer Kirchenentwicklung ankommt. Nicht nur bei Abraham, auch an anderen Schlüsselaufbrüchen des biblischen Gottes, wird deutlich, dass das Alter oder die unfruchtbare Aussichtslosigkeit kein Kriterium für den weiteren Weg sind. Die Fruchtbarkeit der von Gott eröffneten Zukunft liegt nicht bei der Jugend, auch nicht beim Alter, sondern darin, ob Menschen sich auf ihn einlassen, gerade auch in Situationen menschlicher Grenzen.

Sich auf einen Weg in das Unbekannte einzulassen – ohne dabei absehen zu können, wie lange der Weg dauert und wo genau er hinführt, das wirft Abraham und auch uns zurück auf die Frage, ob und wie intensiv wir uns auf Gottes Gegenwart und Macht einlassen mögen. Diese Grundhaltung der eigenen Machtlosigkeit, das Bewusstsein des Ausgeliefertseins und des Geführtwerdens braucht es, um auch dann noch den Verheißungen Gottes zu folgen, wenn die eigenen Möglichkeiten nicht ausreichen, um die Zukunft zu vergewissern.

— *Aufbruch und Schwäche* —

Noch deutlicher wird diese Logik des Aufbruchs und der Verheißung in der Geschichte des Richters Gideon. Auch sie ist »typisch«. Ausgangspunkt ist eine bedrängende Situation: Das Volk Israel hat sich den anderen Völkern angepasst und ist so in die Situation absoluter Bedrängnis geraten. Und mitten in dieser Situation geschieht der Aufbruch. Er geschieht in drei Etappen:

Zum Einen wird die Situation so unerträglich, dass das Volk zum Herrn schreit. Natürlich war die Situation auch vorher schon bedrängend, aber es gab so etwas wie ein Arrangement mit der Bedrängnis, bis zum Punkt wirklich großen Elends. Natürlich darf man der hier beschriebenen Ausgangssituation durchaus nachfragen, ob angesichts der weitgehend immer noch als aushaltbar empfundenen Situation der Moment schon gekommen ist, bei dem wir bei Gott um Hilfe schreien ...

Zum Zweiten schickt Gott einen Propheten. Dieser Prophet allerdings macht vor allem deutlich, was der eigentliche Hintergrund der midianitischen Belagerung ist: Auch hier geht es um die Frage, in welchem lebendigen Verhältnis das Volk Gottes zu seinem Gott steht – auch hier geht es dann darum, wie lebendig die Gegenwart Gottes erfahren wird.

Und schließlich wählt Gott aus. Und diese Wahl – und auch die anschließenden Folgen dieser Wahl – zeigen noch einmal die Herausforderung, die für uns darin steht, Gottes neues Handeln an seinem

Volk zu entschlüsseln. Es ist eine durchgehende biblische Linie, dass Gottes Ausgangspunkt für den Aufbruch die Schwäche ist:

»Da erschien ihm der Engel des Herrn und sprach zu ihm: Der Herr sei mit dir, starker Held ... Geh und befrei Israel mit deiner Kraft aus der Hand Midians. Bin ich es nicht, der dich sendet? Gideon antwortete ihm: Vergib, mein Herr. Wie soll ich Israel retten? Meine Sippe ist die schwächste in Manasse und ich bin der Geringste im Haus meines Vaters« (Ri 6,12ff.)

Die Geschichte Gideons geht weiter. Er nimmt den Autrag des Herrn an und stellt ein Heer gegen die Midianiter auf. Doch dieses Heer ist zu groß. Durch die Stärke des Gideon und des Volkes Israel kann die Zukunft nicht gewonnen werden:

»Da sprach der Herr zu Gideon: Das Volk, das mit dir ist, ist zu zahlreich, als das ich Midian in seine Hand geben könnte; Israel würde sich gegen mich rühmen und sagen: meine eigene Hand hat mich befreit ...« (Ri 7,2)

Die Erzählung führt den Leser zu einem spektakulären Sieg der klein gewordenen israelischen Streitmacht. In der Tat wird deutlich, dass nicht die Stärke des Einzelnen noch die Übermacht des Volkes die Zukunft sichert. Gott geht mit seinem Volk einen anderen Weg: Er selbst ist es, der seinem Volk die Zukunft eröffnet. Und das geschieht nicht »automatisch«, sondern durch die Berufung des Schwachen und der Schwachen. Nur so kann klar werden, dass die Zukunft des Gottesvolkes in den Händen Gottes liegt, und nur ererbt werden kann – als Geschenk Gottes an sein Volk.

— *Die Zukunft erben* —

Die Erfahrungen und Reflexionen dieses Buches wollten sich genau auf diese Perspektive einstimmen. Es ist ja nicht so, dass hier »Rezepte« verteilt worden sind, und die Überlegungen dieses Buches gewissermaßen als »Kochbuch« Verwendung finden könnten. Nein, es ging und geht vielmehr um eine Perspektive und eine Kultur des Kircheseins und Kirchewerdens, die Kirchenentwicklung als zuerst gnadenhaften Prozess ansieht, der von Seiten der Christen eine Hinkehr und Umkehr in die Gegenwart des lebendigen Gottes und seines geschichtsmächtigen Handelns erfordert. Es geht um eine Kunst der Wahrnehmung, die gemeinschaftlich zu üben ist, um Gottes Wege zu entdecken. Es geht um eine Kunst des Handelns, die Gott den ersten Schritt tun lässt, und es geht um eine Kunst der Liebe zu Gott, die weiß, dass Seine Zukunft uns als Geschenk entgegenkommt.

Abraham und Gideon – sie stehen biblisch für einen Weg, der eben überraschend anders ist: Die Zukunft, die Gott uns schenken will, lässt er uns entdecken und will sie mit uns gemeinsam entwickeln. Er bleibt der Hauptakteur, wir können als sein Volk mitgehen. Abraham und Gideon lehren uns auch, in anderen Kategorien zu denken, wenn es um die Zukunft geht: nicht Stärke, sondern Schwäche, nicht energiereiche Jugend, sondern gereiftes Alter – so und in vielen anderen Episoden der Schrift immer ganz anders als erwartet, schenkt sich ein neuer Aufbruch.

—Aufbruch ohne Ende —

Es ist der Hebräerbrief, der in der Reflexion auf das Christusereignis immer wieder die »Väter im Glauben« in den Blick nimmt und also noch einmal die Perspektive weitet, denen auch unsere Überlegungen verpflichtet sind. Der Umbruch und Aufbruch der Kirche, in dem wir stehen, führt nicht zuerst in eine neue Beheimatung und Ruhestellung, sondern ist offen für die Apokalypse: Kirchwerdung, Ekklesiogenesis ist ein Prozess, der im Werden bleibt, weil das Ziel des Handelns Gottes nicht die Kirche und ihre Bewahrung, sondern das Reich Gottes ist, auf das das Volk Gottes zugeht.

Der Gedanke, dass Kirchenerneuerung zum Ankommen in bleibender Beheimatung führen könnte, reicht also nicht weit genug: vielmehr geht es darum, in diesem bleibenden Werden zu wachsen auf das Reich Gottes hin:

»Durch Glauben gehorchte Abraham dem Ruf wegzuziehen an einen Ort, den er zum Erbe erhalten sollte; und er zog weg, ohne zu wissen, wohin es ging. Durch Glauben ließ er sich als Fremder im Land der Verheißung nieder und wohnte mit Isaak und Jakob, den Miterben derselben Verheißung in Zelten. Denn er erwartete die Stadt mit den festen Grundmauern, deren Planer und Baumeister Gott ist.« (Hebr 11,8–10)

Damit ist die Weite des Raumes beschrieben, in dem sich unser Versuch einer Standortbestimmung der Ekklesiogenesis inmitten der derzeitigen Umbrüche wiederfindet. Im Blick auf die uns entgegenkommende Vision der Apokalypse befinden wir uns weiter im Werden: »Denn wir haben hier keine bleibende Stadt, sondern wir suchen die künftige« *(Hebr 13,14)*

Damit aber kehren wir zum Anfang zurück: Ohne die Vision des Himmlischen Jerusalems und ihre jetzt schon vorscheinende Gegenwart lässt sich gar nicht erst erkennen, welche Wege Gott mit seinem Volk geht. Dann würde jeder Verlust das Ende sein. In Wirklichkeit aber ist es anders, selbst und gerade dann, wenn dieser Weg persönlich wie gemeinschaftlich durch Sterbeprozesse läuft: Vor uns liegt Seine Zukunft. Und wir wissen gewiss, dass Gott selbst uns in diese Zukunft führt.

Kirchenentwicklung in Zeiten des Übergangs geschieht also nicht ohne Kriterium: Immer bleibt die Vision des Reiches Gottes, das himmlische Jerusalem, das Kriterium, an dem wir uns ausrichten und auch bewerten und unterscheiden können, ob und in welcher Weise neue Aufbrüche uns diesem Ziel entgegenführen.

So und in dieser Art das zu sehen, was ist – so und dieser Art das zu tun, was möglich ist – und so und in dieser Weise lieben, was ewig ist – darum ging es bei der ausschnitthaften Beschreibung der glänzenden Aussichten und der Zukunft einer Kirche, die uns Gott verheißt.

Anmerkungen

1 Ausführlicher lässt sich dies nachlesen bei K. Vellguth, Eine neue Art Kirche zu sein, Freiburg 2005.

2 Dieser Bemühung dient vor allem mein »Kirche, die über den Jordan geht«, Münster [4]2010.

3 Vgl. hierzu z.B. die Kommentare von E. Lohse, Die Offenbarung des Johannes, NTD 11, Göttingen [12]1979, und vor allem U. B. Müller, Die Offenbarung des Johannes, ÖKTNT 19, Gütersloh / Würzburg 1984. Siehe auch H. Urs von Balthasar, Das Buch des Lammes, Einsiedeln / Freiburg 2004.

4 Zeugnis dafür ist der beschwerliche Umgang der deutschen Kirche mit den geistlichen Erneuerungsbewegungen. Vgl. dazu C. Hegge (Hg.). Kirche bricht auf, Münster 2005. Dass dies auch für die Ordensgemeinschaften gilt, ist den deutschen Bischöfen erst kürzlich schmerzlich und vielleicht zu spät deutlich geworden. Vgl. dazu das bemerkenswerte Dokument der deutschen Bischöfe: »Gemeinsam dem Evangelium dienen«.

5 Dies ist auch das Anliegen des Jesusbuches von J. Ratzinger / Benedikt XVI., Freiburg 2007, passim.

6 Vgl. M. Kehl, welche »pastorale Strategie« braucht die deutsche Kirche heute? (http://www.sankt-georgen.de/kehl/pdf/sKehl_Pastorale_Strategie.pdf).

7 Vgl. H. Müller/R. Feiter (Hg.), Was wird denn aus uns Herr Bischof?, Ostfildern 2009, und der Beitrag von M. Lätzel, »… damit der Friedhof nicht zum letzten Treffpunkt wird«, in C. Hennecke, Kleine Christliche Gemeinschaften verstehen, Würzburg 2009, 207–240.

8 Alle diese Dokumente sind im Internet auf der Homepage der US-amerikanischen Bischofskonferenz aufzufinden (http://usccb.org/).

9 Übrigens unterstreicht auch die prophetische Schrift Novo Millenio Ineunte von Johannes Paul II. aus dem Jahr 2001 diese Dimension sehr stark.

10 Zum CO und zu den Katechesen mit Pater Stefano vgl C. Hennecke, Kirche, die über den Jordan geht, aaO., 39–44, 49–54.

11 Siehe ausführlich R. Huning, Die Bedeutung der gemeinschaftlichen Bibellektüre für die katholische Kirche, in C. Hennecke (Hg.), Kleine Christliche Gemeinschaften verstehen, Würzburg 2009, 159–186.

12 Im Bistum Hildesheim ist diese Entwicklung anhand von Umfragen belegbar. Die Ergebnisse dieser Umfragen und ihre Auswertung sind erhältlich im BGV, Fachbereich Missionarische Seelsorge, Bereich Evangelisierende Pastoral, Domhof 18–21, 31134 Hildesheim.

13 Vgl. U. Schmälzle (Hg.), Menschen, die sich halten – Netze, die sie tragen. Analysen zu Projekten der Caritas im lokalen Lebensraum, Münster 2008.

14 H. J. Pottmeyer, Neue Sammlung und Sendung – die Chance eines Endes, Tag der Priester und Diakone im Bistum Essen, 2007, 7. Vgl auch Ders., Die konziliare Vision einer neuen Kirchengestalt, in C. Hennecke, Kleine Christliche Gemeinschaften verstehen, Würzburg [2]2009, 31–46.

15 Ebd., 18.

16 Ebd., 20.

17 Vgl. zum Folgenden M. Eckholt, Freundschaft und Weisheit, Zur ekklesiologischen Verortung des Ordenslebens, in M. Gruber/S. Kiechle (Hg.), Gottesfreundschaft. Ordensleben heute denken, Würzburg 2007, 143–166.

18 Ebd., 146.

19 Ebd., 154f.

20 Dei Verbum 21,22.

21 Vgl. dazu den Beitrag von Ralf Huning, a.a.O., in C. Hennecke (Hg.), Kleine Christliche Gemeinschaften verstehen, Würzburg [2]2009.

22 Vgl. hierzu Michael Hochschild, Zukunftslaboratorien. Soziologische Aspekte der Neuen Geistlichen Gemeinschaften, in C. Hegge (Hg.) Kirche bricht auf, Münster 2005, 11–34.

23 Vgl. hierzu ausführlich C. Hegge (Hg.), Kirche bricht auf, Die Dynamik der Neuen Geistlichen Gemeinschaften, Münster 2005.

24 Vgl. zum Zusammenhang grundlegend B. Leahy, The marian principle of the church, Frankfurt 1995; eine Überarbeitung findet sich bei B. Leahy, Il principio mariano della chiesa, Roma 1997. Die genannte Rede von Johannes Paul II. wurde am 22. Dezember 1987 an die Kardinäle und Mitarbeiter der römischen Kurie gerichtet: »... in diesem Sinne geht die marianische Dimension der Kirche der petrinischen Dimension voran und ist dabei immer eng mit ihr verbunden und ihr komplementär ...«

25 Vgl. Benedikt XVI./Joseph Kardinal Ratzinger, Kirchliche Bewegungen und neue Gemeinschaften. Unterscheidungen und Kriterien, München 2007, besonders 15–58.

26 Zum Folgenden Pete Ward, Liquid church, Carlisle [4]2005.

27 Ebd., 10.

28 Vgl. hierzu den Bericht M. Herbst (Hg.), Mission bringt Gemeinde in Form, Neukirchen 2006.

29 Vgl. Pete Ward, Liquid church, Carlisle [4]2005, 20.

30 Shane Claiborne, Ich muss verrückt sein, so zu leben, Gießen 2007.

31 Als Einführung Dan Kimball, Emerging Church. Die postmoderne Kirche, Asslar 2005.

32 Vgl. P. Jenkins, Die Zukunft des Christentums, Gießen 2006.

33 Ebd., 338f.

34 Horst Opaschowski, Vision Deutschland. Neue Wege in die Welt von morgen, Hamburg 2009.

35 Ebd., 21.
36 Ebd., 17.
37 Ebd., 27.
38 Ebd., 28.
39 Ebd., 34.
40 Ebd., 40.
41 Ebd., 43.
42 Ebd., 50.
43 Zum folgenden Klaus Dörner, Leben und sterben, wo ich hingehöre. Dritter Sozialraum und neues Hilfessystem, Neumünster [4]2007. Ich verdanke die Kenntnis seiner Ideen den Verantwortlichen des Caritas Forum Demenz in Hannover, mit denen ich über nachbarschaftliche Kirchenbildung ins Gespräch kommen konnte.
44 Ebd., 18.
45 Ebd., 23.
46 Ebd., 35.
47 Ebd., 55.
48 Ebd., 66.
49 Ebd., 93.
50 Vgl ebd., 94–102.
51 Ebd., 114.
52 Johannes Paul II., Redemptoris Missio, 1991, 51.
53 Vgl. Leo Penta (Hg.), Community Organizing. Menschen verändern ihre Stadt, Hamburg 2007. Nicht ohne Grund ist diese Perspektive an der Katholischen Fachhochschule Berlin angesiedelt.
54 Vgl. Hadwig Müller/Reiner Feiter (Hg.), Was wird denn jetzt aus uns Herr Bischof, Ostfildern 2009.
55 Vgl. C. Hennecke, Kirche, die über den Jordan geht, Münster [4]2010.
56 Vgl. C. Hennecke (Hg.), Kleine Christliche Gemeinschaften verstehen, Würzburg [2]2009.

Klaus Müller

Dem Glauben nachdenken

Eine kritische
Annäherung ans
Christsein in
zehn Kapiteln

2010, 284 Seiten, geb.
mit Schutzumschlag
24,80 € / sFr 43,50
ISBN 978-3-402-12835-0

»Das Buch Klaus Müllers ist in der Tat das geworden, was es sein will: ›eine Art Einführung ins Christliche unter den Bedigungen der Spätmoderne‹. Klarer wird, was der Welt fehlen würde, wenn ihr das Evangelium fehlte, und welche Verpflichtung deshalb Christen haben, nicht nur betend, sondern denkend zu erkennen und zu bekennen, was nur sie sagen können«.

Gotthard Fuchs

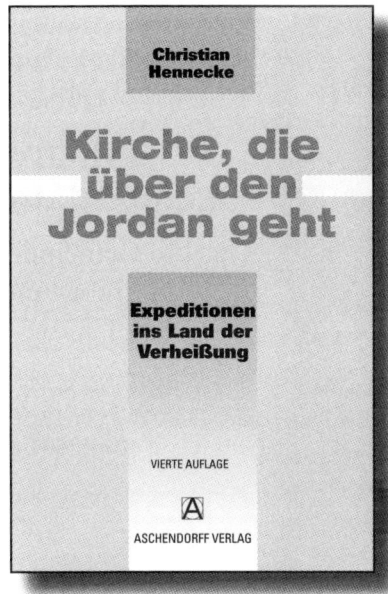

Christian Hennecke
Kirche, die über den Jordan geht
Expeditionen
ins Land der
Verheißung

240 Seiten, Paperback,
12,80 € / sFr 23,30.
ISBN 978-3-402-00224-7

SCHON IN 4. AUFLAGE

Kirche, die über den Jordan geht ...
Der Titel klingt doppeldeutig, beschreibt aber eine eindeutige Richtung: Das Volk Israel, das aus der Sklaverei in Ägypten aufgebrochen ist in das verheißene Land, findet sich in der Wüste wieder. Zweifel, Murren, rückwärtsgewandte Sehnsucht behindern den weiteren Weg Gottes mit seinem Volk. Die Situation unserer Kirche ähnelt dem biblischen Szenario. Der Exodus liegt hinter uns, unser Ort ist die Wüste. Wie geht es weiter? Wie in der biblischen Erzählung gibt es auch heute Kundschafter, die von Expeditionen ins verheißene Land berichten können.

 Aschendorff
Verlag

Andreas
Henkelmann
(Hrsg.)
„All are
welcome!"
Gelebte Gemeinde
im Erzbistum
Chicago

2010, 264 Seiten,
geb. 24,80 € / sFr 43,50
ISBN 978-3-402-12804-6

Die Pfarrgemeinden in Deutschland erleben seit etwa einem Jahrzehnt einen tiefgreifenden Wandel, dessen Abschluss bis heute nicht abzusehen ist – umso wichtiger erscheint es, den Blick über den deutschen Tellerrand zu wagen. Dieser Band dokumentiert an Beispielen aus dem Erzbistum Chicago Konturen amerikanischen Gemeindelebens aus der Perspektive von deutschen Seelsorgerinnen und Seelsorgern. Im Mittelpunkt steht die Erfahrung einladender Gemeinden. „All are welcome": Ein Anspruch, dessen Realisierung über die Zukunftsfähigkeit des Gemeindelebens auf beiden Seiten des Atlantiks mitentscheiden wird.

Aschendorff
Verlag